Gert-Joachim Glaeßner
Der schwierige Weg zur Demokratie

Gert-Joachim Glaeßner

Der schwierige Weg zur Demokratie

Vom Ende der DDR zur deutschen Einheit

Westdeutscher Verlag

Der Westdeutsche Verlag ist ein Unternehmen der Verlagsgruppe Bertelsmann International.

Umschlaggestaltung: Horst Dieter Bürkle, Darmstadt
Druck und buchbinderische Verabeitung: Lengericher Handelsdruckerei, Lengerich
Gedruckt auf säurefreiem Papier
Printed in Germany

ISBN 3-531-12318-1

"'Wir sind das Volk!' ist eine schöne Parole, aber als Verfassungsmaxime ist sie ein Spiegelbild des totalen Staates, der gerade erst beseitigt worden ist. Wenn das Monopol der Partei durch den Sieg der Massen ersetzt wird, dann wird binnen kurzem alles verloren sein, denn die Massen haben weder Struktur noch Dauer."

(Ralf Dahrendorf, Betrachtungen über die Revolution in Europa)

"Die Tradition aller toten Geschlechter lastet wie ein Alp auf dem Gehirne der Lebenden. Und wenn sie eben damit beschäftigt scheinen, sich und die Dinge umzuwälzen, noch nicht Dagewesenes zu schaffen, gerade in solchen Epochen revolutionärer Krise beschwören sie ängstlich die Geister der Vergangenheit zu ihrem Dienste herauf, entlehnen ihnen Namen, Schlachtparole, Kostüm, um in dieser altehrwürdigen Verkleidung und mit dieser erborgten Sprache die neue Weltgeschichtsszene aufzuführen."

(Karl Marx, Der 18. Brumaire des Louis Bonaparte)

Inhalt

Abkürzungsverzeichnis

AJL   - Alternative Jugendliste

BK   - Berliner Konferenz europäischer Katholiken

BRD   - Bundesrepublik Deutschland

BSA   - Bund Sozialistischer Arbeiter

CDU   - Christlich-Demokratische Union Deutschlands

CFK   - Christliche Friedenskonferenz

CSFR   - Tschechoslowakische Föderalistische Republik

CSSR   - Tschechoslowakische Sozialistische Republik

CSU   - Christlich-Soziale Union Deutschlands

DA   - Demokratischer Aufbruch

DBD   - Demokratische Bauernpartei Deutschlands

DBU   - Deutsche Biertrinker Union

DDR   - Deutsche Demokratische Republik

DFD   - Demokratischer Frauenbund Deutschlands

DKP   - Deutsche Kommunistische Partei

DSU   - Deutsche Soziale Union

DVP   - Deutsche Volkspartei

EFP   - Europäische Föderalistische Partei - Europa Partei

EFTA   - Europäische Freihandelszone

EG   - Europäische Gemeinschaft

EU   - Europa Union (der DDR)

FDGB   - Freier Deutscher Gewerkschaftsbund

FDJ   - Freie Deutsche Jugend

FDP   - Freie Demokratische Partei

FDU   - Freie Deutsche Union

KPD	- Kommunistische Partei Deutschlands
KPdSU	- Kommunistische Partei der Sowjetunion
KSZE	- Konferenz für Sicherheit und Zusammenarbeit in Europa
LDP	- Liberal-Demokratische Partei
LDPD	- Liberal-Demokratische Partei Deutschlands
MNP	- Partei der Mitteldeutschen Nationaldemokraten
NATO	- Nord-Atlantik-Pakt
ND	- Neues Deutschland
NKFD	- Nationalkomitee Freies Deutschland
NPD	- Nationaldemokratische Partei Deutschlands
NDPD	- National-Demokratische Partei Deutschlands (der DDR)
NSDAP	- Nationalsozialistische Deutsche Arbeiterpartei
PDS	- Partei des Demokratischen Sozialismus
SBZ	- Sowjetisch besetzte Zone
SDP	- Sozialdemokratische Partei in der DDR
SED	- Sozialistische Einheitspartei Deutschlands
SMAD	- Sowjetische Militäradministration in Deutschland
SpAD	- Spartakist-Arbeiterpartei Deutschlands
SPD	- Sozialdemokratische Partei Deutschlands
USPD	- Unabhängige Sozialdemokratische Partei
UVP	- Unabhängige Volkspartei
VVA	- Vereinigung der Arbeitskreise für Arbeitnehmerpolitik und Demokratie
VdgB	- Vereinigung der gegenseitigen Bauernhilfe
VL	- Vereinigte Linke
ZK	- Zentralkomitee

Einleitung

"Wir sind das Volk!" lautete der Ruf hunderttausender Demonstranten auf den Straßen der DDR im Herbst 1989. Es waren diese Demonstranten, die das SED-Regime stürzten. "Wir sind ein Volk" hieß es zu Beginn des Jahres 1990. Es waren nicht mehr dieselben Demonstranten, die damit die Forderung nach schneller Vereinigung der beiden deutschen Staaten erhoben.

Das "Volk der DDR" hat sich nur für einen kurzen Augenblick konstituiert - als es die alte politische Ordnung hinwegfegte. Danach zerfiel dieser einheitliche politische Körper in viele Bestandteile. Ralf Dahrendorf hat zutreffend darauf hingewiesen, daß die Parole "Wir sind das Volk!" als Maxime eines demokratischen Staates und seiner Verfassung, also als dauerhaftes Element einer politischen Ordnung, nur ein Spiegelbild des totalen Staates sei, der gerade überwunden wurde. Einig war sich "das Volk" im Herbst 1989 in der Ablehnung der alten Verhältnisse. Diese Parole spiegelte in einer kurzen historischen Konstellation den Willen wider, sich der alten politischen Ordnung und der Herrschaft einer Diktatur zu entledigen. Danach zerbrach, wie vergleichende Untersuchungen von Revolutionen und politischen Umstürzen zeigen, diese Einheit. Zum Vorschein kamen die von Diktaturen zugedeckten sozialen, politischen und kulturellen Unterschiede, zum Vorschein kommen lange unterdrückte Konflikte, für deren Regelung keine allgemein akzeptierten Normen und Institutionen zur Verfügung stehen.

Mit allen anderen post-kommunistischen Ländern hatte die DDR gemeinsam, daß sie sich auf den mühsamen Weg der Neukonstituierung einer Gesellschaft begeben mußte, die von der "Partei der Arbeiterklasse" nach ihren ideologischen Vorstellungen vereinheitlicht worden war. Jede Form autonomer Interessenartikulation, der Aggregation und Organisation von Interessen war unterbunden worden.

Im Unterschied zur Tschechoslowakei, zu Polen oder Ungarn wurde diese Selbstfindung der Gesellschaft nicht wirklich in Gang gesetzt, da sie schon wenige Wochen nach dem Sturz der SED-Herrschaft durch den Ruf nach Vereinigung der beiden deutschen Staaten überlagert wurde.

In den wenigen Monaten zwischen dem Tag, an dem die alte politische Führung gestürzt wurde, und der deutschen Einheit am 3. Oktober 1990 unterlag das politische Geschehen in der DDR drei widerstreitenden Trends:

1. Der politische Formierungs- und Differenzierungsprozeß führte zur Gründung unterschiedlicher Parteien, Interessenorganisationen, Vereinen etc., die eine Antwort auf die vielfältigen neuen Probleme der DDR-Bürger im Prozeß der Transition suchten. Dies ist eine typische Erscheinung nach der Ablösung einer Diktatur.

2. Der transitorische Charakter wurde immer stärker von der Tendenz überlagert, möglichst schnell die Voraussetzungen für die staatliche Vereinigung zu schaffen. Alle politischen Gruppen und die am 18. März 1990 frei gewählte Volkskammer der DDR versuchten in diesen Monaten, zwischen der Scylla eines bloßen Anschlusses der DDR an die Bundesrepublik und der Charybdis einer möglichst weitgehenden Festschreibung alter Strukturen hindurchzusegeln. Nur für kurze Zeit erschien die Vorstellung realistisch, daß es eine eigenständige, demokratische und sozialistische DDR geben könne. Formuliert wurde sie am 4. November in Berlin, auf dem Alexanderplatz. Diese Illusion dauerte bis zur Nacht des 9. November.

3. Die politischen Kräfte in der DDR, Regierung und Opposition, verloren immer mehr an Bewegungsfreiheit. Ihr Handeln wurde von den sich dramatisch verschlechternden ökonomischen Rahmenbedingungen, wachsender sozialer Unruhe, Massenauswanderung und Massenprotest und schließlich durch die Bedingungen eines permanenten Wahlkampfes, den die Parteien der DDR mit Hilfe von überlegenen Partnern aus dem Westen führten, determiniert. Auf eigenständiges politisches Handeln waren die politischen Kräfte in der DDR nicht vorbereitet. Politische Konzepte für die Transition standen nicht zur Verfügung. Da erschien es nur zu verlockend, sich die Themen und das taktische Vorgehen von westlichen Partnern vorgeben zu lassen.

Vor diesem Hintergrund vollzog sich die Vereinigung der beiden deutschen Staaten nach einem Muster, das der Verfassungsgeber der Bundesrepublik 1949 nicht vorgesehen hatte. Die Bundesrepublik hatte sich bei ihrer Gründung 1949 als Provisorium verstanden. Niemand hätte damals geahnt, daß daraus ein dauerhaftes staatliches Gebilde werden würde.

Der Glaube, daß die Zweistaatlichkeit noch in diesem Jahrhundert überwunden werden könnte, war im Laufe der Jahre geschwunden. Das Gebot des Grundgesetzes, die Einheit Deutschlands in Freiheit zu vollenden, schien keine Aufgabe einer Realpolitik zu sein - bis zum Jahre 1989.

Der revolutionäre Umbruch in Mittel-Osteuropa veränderte die Situation dramatisch. Plötzlich war die deutsche Einheit auf die Agenda der Weltpolitik gesetzt worden. Die Politiker in Ost und West reagierten zuerst zögernd und nach erlernten Mustern. Sie rieten zur Vorsicht und Behutsamkeit. Anfang des Jahres

1990 aber wurde erkennbar, daß eine behutsame längerfristige Annäherung der beiden deutschen Staaten und Gesellschaften von der Mehrheit der Bürger der DDR abgelehnt wurde - sie wollten die Einheit so schnell als möglich. Die Sowjetunion gab dazu Ende Januar 1990 den Weg frei.

In den Wochen nach den ersten freien Wahlen in der DDR vom 18. März 1990 wurde das Tempo des Vereinigungsprozesses erkennbar beschleunigt. Dies lag, neben der Verschärfung der wirtschaftlichen und sozialen Krise in der DDR, auch an einer Neueinschätzung der weltpolitischen Situation, die einen möglichst schnellen Vollzug der Einheit geboten erscheinen ließ. Es galt, das "window of opportunity" zu nutzen, das die Revolutionen in Mittel-Osteuropa und die Politik der Sowjetunion geöffnet hatten.

Das erste frei gewählte Parlament und die erste demokratisch legitimierte Regierung der DDR standen vor der Notwendigkeit, in kürzester Zeit drei wichtige Grundsatzentscheidungen zu treffen:

1. Auf welchem Wege sollte die DDR das Ziel der Einheit erreichen? Sollte die DDR der Bundesrepublik beitreten oder ein längerer Weg zur Einheit gewählt werden, der einer Konföderation?
2. Im unmittelbaren Zusammenhang damit stand die Frage, ob sich die DDR für diese Übergangszeit noch eine neue Verfassung geben sollte.
3. Nachdem die Entscheidung für einen sofortigen Beitritt der DDR gefällt war, galt es, die Interessen der DDR-Bürger im Vereinigungsprozeß zu sichern.

Viele Bürger und viele Politiker der alten Bundesrepublik waren im Jahre 1990 der irrigen Auffassung, der Beitritt der DDR zur Bundesrepublik, also die staatliche Einheit Deutschlands, werde sehr schnell dazu führen, daß auch die ökonomische, soziale und kulturelle Spaltung in zwei antagonistische Gesellschaften überwunden werden könne. Heute zeigt sich, daß die staatliche Einheit Deutschlands, die am 3. Oktober 1990 erreicht wurde, nur der Anfang eines langen, mühsamen Prozesses ist, in dem die zwei deutschen Gesellschaften zusammenwachsen, die fast ein halbes Jahrhundert durch antagonistische Systemstrukturen geprägt worden sind. Der gegenseitige Gewöhnungsprozeß ist schwierig. Die Bürger der alten Bundesrepublik fühlen sich verunsichert und gestört. Die ehemaligen DDR-Bürger können, aufgrund ihrer alltäglichen Sorgen, die Früchte der neugewonnenen Freiheit nicht voll genießen. Eine neue "Dolchstoßlegende" droht: Die verratene Revolution, verraten durch die Politiker, Geschäftemacher und "Abwickler" aus dem Westen. Wenn der Einigungsprozeß gelingen soll, muß viel getan werden, um die Fremdheit zwischen den Deutschen Ost und den Deutschen West zu überwinden. Die Politik ist vor eine Aufgabe gestellt, die der nach 1945 gleicht - ein neues demokratisches Gemeinwesen zu gestalten, das am Ende anders aussehen wird als die alte Bundesrepublik.

In diesem Buch werden die Ursachen und Folgen dieser Entwicklungen in ihren verschiedenen Dimensionen beleuchtet werden. Es geht darum, die strukturellen Ursachen der Krise darzulegen, die Beweggründe der Akteure zu beleuchten, den Prozeß der Transition einer Diktatur zur Demokratie unter besonderen nationalen Bedingungen zu beschreiben. Schließlich werden die äußeren Aspekte der Einheit und ihre Folgen für Deutschland und Europa analysiert.

Der Verfasser ist sich der Tatsache bewußt, daß im Sommer 1991 viele Bewertungen, Einschätzungen, ja selbst die Darstellung der Fakten vorläufiger Natur bleiben müssen. Dieses Buch unternimmt gleichwohl den Versuch, eine Gesamtdarstellung des wichtigsten Jahres der deutschen Nachkriegsgeschichte zu geben. Es wird allerdings Jahre dauern, bis das "Binnenleben" der alten DDR, das die westliche DDR-Forschung nur von außen, ohne direkten Zugang zu den einschlägigen Daten, Archivmaterialen und vor allem den Menschen untersuchen konnte, in allen seinen Facetten neu beschrieben worden ist.

Ich danke Ilona Beyer und Ursula Böhme für die Unterstützung beim Schreiben des Manuskripts. Ilona Beyer und Monika Schröder habe ich für die mühsame Arbeit bei der Erstellung der Druckvorlage zu danken. Monika Schröder verfaßte das 7. Kapitel "Deutschland in Europa". Die fremdsprachlichen Zitate wurden von der Verfasserin übersetzt. Mein Dank gilt schließlich den vielen Gesprächspartnern aus den neuen Bundesländern, von denen ich viel gelernt habe.

Berlin, im Sommer 1991   Gert-Joachim Glaeßner

1. Das Ende des "realen Sozialismus" - Aspekte seiner finalen Krise

1.1. Revolution oder Konterrevolution?

Kriege und Revolutionen, so meinte Lenin, würden das 20. Jahrhundert bestimmen. Wir haben zwei Weltkriege und einen "Kalten Krieg", und wir haben 1917 eine vermeintliche Epochenwende erlebt. Doch die neue Epoche dauerte, so scheint es, gerade 70 Jahre, und sie begann mit Bürgerkrieg und Terror.

Revolutionen waren zumeist von Gewalt bestimmt, die des 20. Jahrhunderts waren es in einem bis dahin unvorstellbaren Maße. Hannah Arendt hat in ihrem Buch "Über die Revolution" geschrieben:

> "Die Unterschiede zwischen Krieg und Revolution - daß der Krieg sich auf die Notwendigkeit und die Revolution sich auf die Freiheit beruft, daß der Akzent des Weltgeschehens sich mehr und mehr vom Ereignis des Krieges auf das der Revolution zu verlagern scheint - dürfen doch nicht verschleiern, daß wir es mit Phänomenen zu tun haben, die historisch in einem sehr engen Zusammenhang stehen. Das sie verbindende Glied ist die Gewalt, und diese Rolle der Gewalt darf um so weniger gering geachtet werden, als sie Krieg und Revolution gleichermaßen als politische Phänomene zu disqualifizieren scheint."[1]

Die großen Revolutionen des 20. Jahrhunderts, die russische und die chinesische, waren in entscheidendem Maße Folge eines Krieges. Mit der Ausnahme Jugoslawiens war die Errichtung sozialistischer Systeme in Mittel-, Ost- und Südosteuropa die direkte Konsequenz des Aufstiegs der Sowjetunion zur Weltmacht. Sie schuf sich nicht nur einen politischen und militärischen cordon sanitaire, wie dies Großmächte traditionell zu tun pflegten, sondern sie formte diese Gesellschaften zugleich nach ihrem ideologischen Bilde um. In keinem dieser Länder, schon gar nicht im östlichen Teil Deutschlands, konnten die kommunistischen Parteien ihre Herrschaft damit legitimieren, daß sie an der Spitze einer siegreichen Revolution gestanden hätten. Gleichwohl muß von revolutionären Umwälzungen gesprochen werden. Sie wurden von außen, durch die Sowjetunion und ihre Parteigänger im Lande, und von oben, durch eine selbsternannte Avantgarde vollzogen, die sich nie demokratisch legitimierte.

---

[1] Hannah Arendt, Über die Revolution, München: Piper 1974, S. 19; vgl. auch: Carl Joachim Friedrich (Ed.), Revolution, New York: Atherton 1966; Samuel Huntington, Political Order in Changing Societies, New Haven, CT: Yale University Press 1968; Michael S. Kimmel, Revolution. A Sociological Interpretation, Cambridge: Polity Press 1990.

Sigmund Neumann hat 1949 in einem Aufsatz mit dem Titel "The international civil war" Revolutionen als "reißende, fundamentale Veränderung in der politischen Organisation, sozialen Struktur, Kontrolle wirtschaftlichen Eigentums und des vorherrschenden Mythos einer sozialen Ordnung"" beschrieben, die einen grundsätzlichen Bruch mit der bisherigen Entwicklung darstelle.[2] Legt man diese Definition zugrunde, dann war das, was nach 1945 in der Sowjetischen Besatzungszone (SBZ) und nach 1949 in der DDR geschah, durchaus eine Revolution.

Von der alten politischen Ordnung blieb nichts übrig, auch wenn, wie später erläutert wird, bestimmte Elemente des tradierten Autoritarismus unter anderen ideologischen Vorzeichen überdauerten. Die soziale Struktur der Gesellschaft wurde völlig durcheinander gewirbelt. Alte Eliten wurden durch neue ersetzt, die breite Differenzierung der bürgerlichen Gesellschaft künstlich, mit politischen Mitteln beseitigt. Die Besitzverhältnisse wurden innerhalb von wenigen Jahren fundamental verändert. Schon bei Gründung der DDR, 1949, gab es kein nennenswertes Privatkapital mehr und kein landwirtschaftliches Privateigentum über 50 Hektar. Die Kontrolle über das neue "Volkseigentum" und das genossenschaftliche Eigentum in der Landwirtschaft lag in den Händen einer neuen, von der SED gelenkten Staatsbürokratie (sie entstand ebenfalls, bevor der Staat DDR gegründet wurde). Die tradierten Vorstellungen über das Wesen der sozialen Ordnung wurden sukzessive durch die Ideologie des Marxismus-Leninismus ersetzt. Sicher, dieser Prozeß dauerte Jahre, bis er sein Ziel erreichte: eine "formierte Gesellschaft" nach dem Muster des Sozialismus sowjetischen Typs, aber die entscheidenden Weichen waren bereits gestellt.

In ihrem einflußreichen Buch ("States and Social Revolutions") hat Theda Skocpol darauf hingewiesen, daß soziale Revolutionen sich von Rebellionen, Revolten und politischen Revolutionen dadurch unterscheiden, daß sie "schnelle, grundlegende Transformationen des Zustandes und der Klassenstruktur einer Gesellschaft" seien. Sie seien "begleitet und teilweise getragen von klassengestützten Revolten von unten".[3] Die empirische Basis ihrer Untersuchung war die französische, die russische und die chinesische Revolution. Aus dieser Sicht kann von einer sozialen Revolution nur gesprochen werden, wenn die erfolgreiche Transformation von Politik (polity) und der sozialen Struktur der Gesellschaft das Ergebnis eines massiven Aufstands einer Klasse und nicht

---

[2] Sigmund Neumann, The International Civil War, in: World Politics, 3. Jg. (1949), Nr. 1, S. 333.

[3] Theda Skocpol, States and Social Revolutions, New York: Cambridge University Press 1979, S. 4.

das Werk einer kleinen Elite sind. Ich halte diesen Teil der Argumentationslinie für eine Mystifikation.

Obwohl die sozialistischen Umwälzungen nach 1945 das Werk einer kleinen politischen "Elite" waren, die ihren Erfolg nicht ihrer Massenbasis in der eigenen Gesellschaft, sondern der Sowjetunion verdankte, obwohl sie nicht im Zuge einer politischen Revolution an die Macht kam, sondern, wie in der Tschechoslowakei 1948, durch einen Putsch, durch die Ausschaltung bislang als legitime Vertreter der Nation angesehener politischer Kräfte wie in Polen 1944/45 oder als Beauftragte der Besatzungsmacht, wie in der SBZ, war das Ergebnis die revolutionäre Umwälzung der alten Gesellschaft. Es war die Fortführung der "Revolution von oben", wie sie in der jungen Sowjetunion Ende der 20er Jahre vorexerziert worden war. Es war ein neuer Typus von Revolution. Es war die Revolution einer selbsternannten Avantgarde, die vorgab, im Interesse und im Auftrag einer revolutionären Mehrheit der Bevölkerung, der Arbeiterklasse, zu handeln.[4] Das Ergebnis der von ihr ausgelösten und in ihrem weiteren Verlauf dirigierten politischen, sozialen und kulturellen Umwälzung war eine neue Gesellschaft, die freilich einen entscheidenden, am Ende tödlichen Geburtsfehler hatte: sie war auf Gewalt gegründet, und es gelang der politischen Führung nie, bei der Mehrheit der ihrer Herrschaft Unterworfenen Legitimität zu erlangen.

Die originären sozialistischen Revolutionen fanden nicht, wie Marx prognostiziert hatte, als Aufstand der Arbeiterklasse gegen das Kapital in den entwickelten Ländern Mittel- und Westeuropas, sondern in relativ unterentwickelten Ländern statt. Das Stalin'sche Entwicklungsmodell, mit dessen Hilfe die Sowjetunion, mit ungeheuren humanen und sozialen Kosten und mit bisher nicht gekanntem Terror, innerhalb von nur wenigen Jahrzehnten zur zweiten Weltmacht entwickelt wurde, brachte nur einigen der Länder Mittel-Osteuropas, denen es übergestülpt wurde, einen ökonomischen und sozialen Fortschritt, kuppelte sie aber politisch und kulturell von Europa ab.

Der Stalinismus hat in diesen Ländern die Entwicklungslinie zum Typus rationaler Herrschaft unterbrochen bzw. zurückgeschraubt und politische Strukturen geschaffen, die weitgehend dem entsprachen, was Max Weber mit dem Begriff "Sultanismus" bezeichnet hat.[5] Er verstand darunter eine Tendenz traditionaler Herrschaft, die zum Patrimonialismus und "im Höchstmaß der Herrengewalt zum Sultanismus" neige. Unter sultanistischer Herrschaft verstand Weber "eine

---

4   Vgl. dazu ausführlich: Gert-Joachim Glaeßner, Herrschaft durch Kader. Leitung der Gesellschaft und Kaderpolitik in der DDR am Beispiel des Staatsapparates, Opladen: Westdeutscher Verlag 1977, S. 37 ff.

5   Vgl. dazu: Juan Linz, Totalitarian and Authoritarian Regimes, in: Nelson Polsby/Fred Greenstein (Eds.), Handbook of Political Science, Vol. III, Reading, Mass.: Adison Wesley Press 1975, S. 175-482.

in der Art ihrer Verwaltung sich primär in der Sphäre freier tra-
ditionsgebundener Willkür bewegende Patrimonialherrschaft". Sie sei nicht
"sachlich rationalisiert, sondern es ist in ihr nur die Sphäre der freien Willkür
und Gnade im Extrem entwickelt. Dadurch unterscheidet sie sich von jeder
Form rationaler Herrschaft."[6] Hierin liegen die Parallelen zu den politischen
Systemen des "realen Sozialismus". Das Spezifikum dieses Herrschaftstyps soll
mit dem Begriff "Parteipatrimonialismus" gekennzeichnet werden.[7]

Der Stalinismus etablierte in den sozialistischen Ländern eine Patrimonialbü-
rokratie neuen Typs. Die "Beamten", die Parteikader, die alle entscheidenden
Lenkungs- und Leitungspositionen innehatten, waren ausschließlich dem cha-
rismatischen Führer, der Avantgardepartei und der herrschenden Ideologie zu
Dienst und Treue verpflichtet. Die Amtstreue der Parteikader war keine sach-
liche Diensttreue, sondern parteiliche Dienertreue, die ihre Geltungsgründe
nicht im Glauben an die Legalität gesetzter Regeln, sondern in der persönlichen Hingabe an die Partei und ihre Führer hatte und die zu verletzen soziale
Ächtung und, im schlimmsten Fall, die physische Liquidation bedeutete. Partei
und Staat hatten nur ein Ziel: die neue, kommunistische Gesellschaft aufzubauen. Wer sich diesem Ziel entgegenstellte, war ein "Feind", oder, wie es in
der Stalinzeit bezeichnenderweise hieß, ein "Schädling", der auszumerzen war.
Vom humanitären Ideal des Marxismus war wenig übrig geblieben. Man mag
diese Systeme in ihrer Spätphase als totalitär bezeichnen oder nicht[8], sie haben
sich, trotz aller Veränderungen, als extrem autoritäre Regime erhalten, die allen Versuchen widerstanden, sie von innen grundlegend zu reformieren.

Die gesellschaftliche und politische Krise der DDR war Teil einer generellen
Krise des post-stalinistischen Sozialismus in den Ländern, denen nach dem
Krieg das sozialökonomische und politische System der Sowjetunion aufgezwungen worden ist. Fragt man nach den Bedingungsfaktoren dieser Systemkrise, so läßt sich ein Bündel von ökonomischen, politischen, sozialen und
kulturellen Ursachen aufzeigen. Das wohl bedeutsamste Phänomen, neben der
mangelnden ökonomischen Leistungsfähigkeit und dem wachsenden technolo-
gischen Rückstand, war die in den letzten Jahren immer deutlicher erkennbar
gewordene Emanzipation der Gesellschaft vom Führungs- und Regelungsanspruch der kommunistischen Parteien. Ihr ideologisches Postulat war, die von

---

[6] Max Weber, Wirtschaft und Gesellschaft. Grundrisse der verstehenden Soziologie, 5.
     rev. Aufl., Tübingen: J.C.B.Mohr 1972, S. 233 f.

[7] Vgl. hierzu: Gert-Joachim Glaeßner, Ende der Reformen? Bedingungen und
     Grenzen der Wandlungsfähigkeit sowjet-sozialistischer Systeme am Beispiel der
     DDR, in: Deutschland Archiv, 15. Jg. (1982), Nr. 7, S. 700-709.

[8] Zur Diskussion um den Begriff Totalitarismus vgl.: Gert-Joachim Glaeßner,
     Sozialistische Systeme. Einführung in die Kommunismus- und DDR-Forschung,
     Opladen: Westdeutscher Verlag 1982, S. 44 ff.

ihr regierten Gesellschaften zu vereinheitlichen und nach ihrem Bilde einen neuen, "sozialistischen Menschen" zu schaffen. In Wirklichkeit aber hatte sich, in der DDR wie in anderen sozialistischen Ländern, ein kultureller und sozialer Wandel vollzogen, der von den regierenden Parteien nicht mehr zu steuern war.

Es zeigten sich seit Jahren Entwicklungstendenzen, die jenen in westlichen Industrieländern nicht unähnlich waren: Die soziale Struktur der Gesellschaft differenzierte sich, es entstanden neue Wertorientierungen und Verhaltensweisen, die Einflüsse internationaler Kultur und Zivilisation ließen sich nicht mehr künstlich fernhalten wie noch Anfang der 60er Jahre, als die Parteiführung versucht hatte, den Empfang westlicher Fernsehprogramme zu unterbinden. Gleichwohl war die Bevölkerung durch Mauer und Grenze daran gehindert, aktiv an dieser Entwicklung teilzuhaben. Das Gefühl, eingesperrt zu sein, wuchs und mit ihm die Unzufriedenheit. Auf alle diese Erscheinungen hat die SED nicht oder nur unzureichend reagiert. Als erkennbar wurde, daß zwei entscheidende Stützpfeiler des Systems, die Bestandsgarantie durch die Sowjetunion und die Abschottung nach außen, zu bröckeln begannen, ergriff "das Volk" die Chance, das ganze Gebäude zum Einsturz zu bringen.

Diese Umwälzung vollzog sich nach dem klassischen Muster von Revolutionen und hatte zugleich eine neue Qualität: Mit Ausnahme von Rumänien haben diese Veränderungen den Kausalzusammenhang von Revolution und Gewalt durchbrochen.

Im Falle der DDR kann gefragt werden, ob es sich bei dem, was 1989/90 stattfand, tatsächlich um eine Revolution gehandelt hat. Aus der Sicht der alten Eliten, die diesen Ausgang ihres gesellschaftspolitischen Experiments immer fürchteten, war es eine Konter-Revolution - die Wiederherstellung der alten kapitalistischen Ordnung. Der erste frei gewählte Ministerpräsident der DDR, Lothar de Maizière, bemerkte dazu in seiner Regierungserklärung, daß der Umbruch in der DDR "Teil eines revolutionären Erneuerungsprozesses in Osteuropa" sei, "der zugleich ein gesamteuropäischer und ein Weltprozeß ist". Und er fuhr fort: "Manche mögen meinen, daß er letztlich konterrevolutionär sei. Nach dieser 70jährigen Entwicklung des realen Sozialismus ist aber das Wort 'konter', das 'gegen', eine Naturnotwendigkeit. Wer Sozialismus faktisch mit brutaler Parteidiktatur, Entmündigung der Gesellschaft, Staatseigentum an den Produktionsmitteln und mit zentralistischem Plandirigismus gleichsetzte, wer glaubte, mit solchen Mitteln eine gerechtere Gesellschaft schaffen zu können, der hat sich so gründlich geirrt, daß hier nur ein entschiedenes 'Kontra' möglich ist."[9]

Im November noch hatte der große alte Mann der Sozialwissenschaften in der

---

[9]   Regierungserklärung des Ministerpräsidenten der DDR, in: Neues Deutschland vom 20.4.1990, S. 3.

DDR, Jürgen Kuczynski, von einer konservativen, den Sozialismus bewahrenden und erneuernden Revolution gesprochen.[10] Eine Illusion, wie sich zeigen sollte. Auch diejenigen, die am 4. November auf dem Alexanderplatz in Berlin sprachen, Christa Wolf, Stefan Heym und viele andere, hofften auf eine revolutionäre Erneuerung des Sozialismus.

Im Falle der DDR muß von einer wiederherstellenden[11] und zugleich von einer abgebrochenen Revolution gesprochen werden. Sie wollte den Irrweg eines extremen Autoritarismus, genannt "realer Sozialismus", beenden und, wie die Nachbarländer, wieder an die freiheitlichen und liberalen Traditionen der westlichen Demokratien anknüpfen. Sie wollte aber, zumindest in ihrer Hochzeit Ende des Jahres 1989, Anfang 1990, auch einen entscheidenden Schritt weitergehen: Das verratene Ideal sozialer Gerechtigkeit sollte mit dem der persönlichen Freiheit versöhnt werden.

Die Revolution in der DDR war eine abgebrochene Revolution, weil die nationale Frage die politische und soziale Frage sehr schnell überlagerte und kein autonomer Raum für eine eigenständige Entwicklung blieb.

1.2. Zur Vorgeschichte der Krise

Der Zusammenbruch und Sturz der kommunistischen Systeme kam für alle Beobachter unerwartet, auch wenn viele der Ursachen, die für diese Implosion eines scheinbar unangreifbaren politischen und sozialen Systems verantwortlich gemacht werden können, von westlichen Beobachtern seit langem genau beschrieben worden sind. Aber es fehlte wohl die Phantasie, sich eine Situation vorzustellen, die man sich allenfalls am Ende eines langen Annäherungsprozesses zwischen Ost und West auszumalen wagte.

Dabei war seit 1985, seit dem Beginn von Glasnost und Perestroika in der Sowjetunion, immer deutlicher geworden, daß hier eine welthistorische Weichenstellung vorgenommen wurde. Der einmalige Prozeß eines - bislang nicht kriegerisch vollzogenen - Übergangs einer Diktatur mit hegemonialem Anspruch zu einem aufgeklärten Autoritarismus und tendenziell zur Demokratie konnte nicht ohne Auswirkungen auf die Länder bleiben, die einmal das "sozialistische Lager" gebildet haben. Die rapiden und z.T. abrupten ideologischen und gesellschaftspolitischen Veränderungen, die, von der Sowjetunion ausgehend, alle anderen sozialistischen Länder erfaßten, haben 1989 nachhaltig die innere

---

[10] Jürgen Kuczynski, Konservative Revolution, in: Neues Deutschland vom 8.11.1989, S. 4.

[11] Jürgen Habermas spricht von einer "nachholenden" oder "rückspulenden" Revolution. Vgl. Jürgen Habermas, Die nachholende Revolution, Frankfurt a.M.: Suhrkamp 1990.

Ordnung der einzelnen Länder erschüttert und den sozialistischen Staatenverbund auseinanderbrechen lassen. Die Auflösung des Systemverbunds in viele einzelne, nationale und kaum noch vergleichbare Varianten hat die politische Landschaft in Europa fundamental verändert.

Der Kollaps der Systeme sowjetischen Typs war, wie bereits angedeutet, durch zwei Hauptfaktoren bestimmt: Die Bereitschaft der Sowjetunion, ihren militärischen, politischen und ideologischen "cordon sanitaire" in Mittelosteuropa aufzugeben, und die innere Schwäche dieser Systeme, denen es nie gelungen ist, das Erbe des Stalinismus abzuschütteln.

Dabei hatte es in den 60er Jahren für eine kurze Zeit durchaus so ausgesehen, als sei der Sozialismus sowjetischen Typs reformfähig und reformwillig. Seit Beginn der 60er Jahre hat es in der DDR mehrere Versuche gegeben, die Fesseln des alten stalinistischen Systems abzustreifen und die ideologische und politische Eigenständigkeit des zweiten deutschen Staates zu betonen.

Das 1963 in der DDR gestartete "Neue Ökonomische System der Planung und Leitung der Volkswirtschaft" (NÖS) war als eine Art Pilotprojekt auch für andere sozialistische Länder in Gang gesetzt worden. Der terminologische Bezug zur "Neuen Ökonomischen Politik" (NEP) Lenins war nicht zufällig. Dieses Experiment mußte dann nach dem Sturz Chruschtschows 1964 modifiziert und 1968/69 endgültig abgebrochen werden. Die von der Sowjetunion gewährten Spielräume für Reformen waren sehr eng geworden. Unter anderen politischen Rahmenbedingungen hätte das NÖS durchaus zum Vorbild einer - wenngleich technokratisch orientierten - Systemreform in den sozialistischen Ländern werden können.

Mitte der 60er Jahre formulierte die Parteiführung unter Walter Ulbricht eigenständige, von der sowjetischen Position unabhängige Vorstellungen auf verschiedenen Gebieten der Politik. Sie verabschiedete sich von der Erwartung, daß die kommunistische Gesellschaft in absehbarer Zukunft verwirklicht werden könne. Das Konzept einer "sozialistischen Menschengemeinschaft", einer konfliktfreien sozialistischen Gesellschaft, trat an die Stelle utopischer Zukunftserwartungen.

Was als der Versuch gesehen werden konnte, die utopischen Ziele, die nur mit Gewalt erreichbar schienen, durch solche zu ersetzen, die sich an der Lebenszeit der Menschen und nicht an ideologisch konstruierten welthistorischen Epochen orientierten, erwies sich bei näherem Hinsehen als Mittel, die realen gesellschaftlichen Konflikte zu leugnen. Die SED war sich sicher, mit Hilfe neuer wissenschaftlicher Methoden, die aus der Systemtheorie und Kybernetik entnommen waren, den Aufbau des "entwickelten gesellschaftlichen Systems des Sozialismus" bewerkstelligen zu können. Der Aufbau des Sozialismus schien

24

nicht mehr die Aufgabe von Berufsrevolutionären und Ideologen, sondern von Technokraten und Spezialisten zu sein.

Diese systemtheoretisch begründete technokratische Version des Sozialismus beflügelte die Phantasie westlicher Sozialwissenschaftler, die in ähnlichen Kategorien dachten. Während z.B. Helmut Schelsky im Westen den Abschied von der Demokratie einläutete, weil diese Herrschaftsform angesichts der technischen Mittel, die zur Steuerung moderner Gesellschaften zur Verfügung stünden, obsolet werde[12], entwickelte Georg Klaus in der DDR ein kybernetisches Modell einer sozialistischen Gesellschaft, in dem de facto für die politische Führungsrolle der marxistisch-leninistischen Partei kein Platz mehr war.[13] Diesen Pferdefuß der von ihr selbst initiierten Kybernetikdiskussion erkannte die Parteiführung recht bald und machte dem "Spuk" ein Ende.

Neben diesen technokratischen Überlegungen gab es in den 60er Jahren in der DDR im Unterschied zu Polen, Ungarn und der CSSR nur einige wenige Stimmen, die eine Reform des politischen Systems forderten. Am vehementesten tat dies Robert Havemann in einer Vorlesungsreihe an der Berliner Humboldt-Universität.[14]

Das Jahr 1968 bedeutete das Ende aller dieser Versuche. Die gewaltsame Niederschlagung des "Prager Frühlings" am 21. August und der Abbruch der von Chruschtschow eingeleiteten Reformen in der Sowjetunion 1968/69 brachten für zwei Jahrzehnte eine Rückkehr zum alten, politisch kontrollierten und determinierten Zentralismus.[15]

Einerseits beendete die Ablösung Walter Ulbrichts und die Übernahme des Parteivorsitzes durch Erich Honecker 1971 vorerst den DDR-Alleingang. Dieser Wechsel öffnete nicht nur den Weg zu einer realistischen Westpolitik der SED, sondern schuf auch die Voraussetzungen für eine Wende in der Wirtschafts- und Sozialpolitik, die ebenfalls erkennbar eigenständige Züge trug. Es gelang der SED in der ersten Hälfte der 70er Jahre, neue Akzente in der Wirtschafts- und Gesellschaftspolitik zu setzen und mit Hilfe einer paternalistischen

---

Vgl. Helmut Schelsky, Der Mensch in der wissenschaftlichen Zivilisation, Köln/Opladen: Westdeutscher Verlag 1961.

Georg Klaus, Kybernetik und Gesellschaft, Berlin (DDR): Deutscher Verlag der Wissenschaften 1964 (3., bearb. u. erw. Aufl. 1973); ders., Kybernetik - eine neue Universalphilosophie der Gesellschaft? Berlin (DDR): Akademie-Verlag 1973.

[14] Robert Havemann, Dialektik ohne Dogma. Naturwissenschaft und Weltanschauung, Reinbek: Rowohlt 1964.

[15] Andrzej Korbonski, The Politics of Economic Reforms in Eastern Europe: The Last Thirty Years, in: Soviet Studies, Vol. XLI (1989), No. 1, S. 11.

Sozialpolitik ihr Ansehen in der Bevölkerung zu erhöhen.[16] Die Weltwirtschaftskrise Mitte der 70er Jahre machte jedoch die weitreichenden Pläne einer "Einheit von Wirtschafts- und Sozialpolitik" zunichte.

Heute gerät häufig aus dem Blick, daß die SED-Führung in den Jahren der Breschnew-Ära einen bemerkenswert eigenständigen außenpolitischen Kurs eingeschlagen hatte und damit ihre Legitimationsbasis in der DDR-Gesellschaft und ihre Anerkennung im westlichen Ausland festigen konnte. Es war auch der SED zu verdanken, daß in der Zeit des neuen Kalten Krieges Anfang der 80er Jahre die deutsch-deutschen Beziehungen alle Gefährdungen weitgehend unbeschadet überstanden haben.

Ein weiterer Bereich, in dem die SED sich Legitimation zu beschaffen versuchte, die Kulturpolitik, lavierte zwischen Liberalisierung und Repression hin und her, auch wenn insgesamt, trotz aller Rückschläge, eine deutliche Veränderung des kulturellen Klimas in der DDR zu registrieren war.[17]

Ohne Verständnis und bar jeder erkennbaren politischen Konzeption stand die SED-Führung den vielfältigen neuen sozialen Erscheinungen gegenüber, dem Wertewandel, vor allem in Teilen der jungen Generation, dem Aufkommen neuer "issues" wie Umwelt, Frieden, individuelle Selbstbestimmung usw. Ein Reformbedarf war hier seit längerem unübersehbar. Allen Behinderungen und Einschüchterungsversuchen zum Trotz konnten sich in den letzten Jahren viele der heute aktiven informellen Gruppen und Vereinigungen bilden. In den Ulbricht-Jahren wären solche Versuche im Keim erstickt worden.

Doch hätten diese inneren Entwicklungen allein nie zum Sturz der SED-Herrschaft geführt. Der Kollaps des "realen Sozialismus" in Mittel-Osteuropa war nur möglich, weil die Sowjetunion, anders als in vergleichbaren früheren Krisensituationen, darauf verzichtete, die Entwicklung mit Gewalt zu beenden. Es ist noch zu früh, um eine eindeutige Antwort auf die Frage zu geben, welches die Motive der sowjetischen Führung waren, diesen Prozeß nicht aufzuhalten. Ebenso wenig wissen wir bisher über das Zusammenwirken äußerer und innerer Faktoren, das zu dieser finalen Krise des "realen Sozialismus" geführt hat. Und schließlich sind unsere bisherigen Erklärungsmodelle für die Tatsache, daß die ehemaligen sozialistischen Länder völlig unterschiedliche Wege eingeschlagen haben, eher dürftig.

---

[16]   Vgl. hierzu ausführlich: Sigrid Meuschel, Legitimation und Parteiherrschaft. Zum Wandel der Legitimitätsansprüche der SED, 1945-1989, Habilitationsschrift Freie Universität Berlin 1991.

[17]   Ian Wallace, Die Kulturpolitik der DDR 1971-1990, in: Gert-Joachim Glaeßner (Hrsg.), Eine deutsche Revolution. Der Umbruch in der DDR, seine Ursachen und Folgen, Frankfurt a.M./u.a.: Peter Lang 1991, S. 108 ff.

Gleichwohl sollen im folgenden einige Überlegungen zu den systembedingten Strukturdefekten des Sozialismus sowjetischen Typs und dem politisch-kulturellen Erbe angestellt werden, das dieses System hinterläßt.

1.3. Strukturdefekte des politischen Systems

Im Verständnis der regierenden kommunistischen Parteien unterschied sich Politik grundsätzlich von parlamentarisch-demokratischen Vorstellungen. Politik wurde von der SED als einheitlich organisierter Prozeß gesehen, in dem die Ziele und der Wille der herrschenden Klasse auf die gesamte Gesellschaft übertragen wurden. Er basierte auf den ideologisch präformierten Erkenntnissen des Marxismus-Leninismus, insbesondere den mit seiner Hilfe vermeintlich gewonnenen Einsichten in die Entwicklungsgesetze der menschlichen Gesellschaft.[18]

Die politische Theorie des Marxismus-Leninismus (der "Wissenschaftliche Kommunismus") sprach von der "politischen Organisation der sozialistischen Gesellschaft" oder dem "politischen System". Beide Begriffe wurden synonym gebraucht.[19] Die Eigenständigkeit einzelner Politikbereiche und -felder wurde dabei ebensowenig akzeptiert wie die Teilung der Gewalten. Da - so die ideologische Begründung - mit der Abschaffung des Privateigentums an den Produktionsmitteln die Ursachen für die antagonistische Klassenspaltung entfallen seien, gebe es zum ersten Mal in der Geschichte der Menschheit wirkliche "Volkssouveränität", deren Ausdruck Gewalteneinheit, nicht Gewaltenteilung sei. Die Verwirklichung der gesellschaftspolitischen Ziele: Sozialismus/Kommunismus bedürfe der vereinheitlichten Anstrengung aller und einer zentralisierten, nach einheitlichen Prinzipien gestalteten Politik.

Zwar gab es auch im politischen System der DDR eine spezifische Form funktionaler Aufgabenverteilung zwischen Partei, Exekutive, Legislative und Judikative, zwischen staatlichen Institutionen und "gesellschaftlichen Organisationen" und hierarchisch gestaffelte Kompetenzzuweisungen an die regionalen Untergliederungen (Bezirke, Kreise, Städte und Gemeinden). Allerdings wurde die Prärogative der Partei und ihr prinzipielles Recht, jederzeit in laufende Prozesse einzugreifen, niemals ernsthaft in Frage gestellt.

"Die politische Organisation der sozialistischen Gesellschaft ist ein Komplex staatlicher und nichtstaatlicher Organisationen und Institutionen (der Volksvertretungen, des Staatsapparates, der befreundeten Parteien, der Massenor-

---

[18] Vgl.: Kleines politisches Wörterbuch, 4. Aufl., Berlin (DDR): Dietz 1983, S. 737 f.

[19] Einführung in die marxistisch-leninistische Staats- und Rechtslehre (Hrsg.: Akademie für Staats- und Rechtswissenschaft der DDR), 2. vollst. überarb. Aufl., Berlin (DDR): Staatsverlag 1986, S. 60, Anm. 2.

ganisationen und anderer gesellschaftlicher Organisationen, der Arbeitskollektive) unter der Führung der marxistisch-leninistischen Partei der Arbeiterklasse, der politischen und juristischen Normen, der Normen der sozialistischen Moral und Ethik, der politischen Traditionen der Arbeiterklasse und anderer Ausdrucksformen des sozialistischen Staats- und Rechtsbewußtseins. Mit ihrer Hilfe übt die Arbeiterklasse die politische Macht aus und gestaltet bewußt und planmäßig die gesellschaftlichen Verhältnisse nach den objektiven Erfordernissen der sozialistischen Gesellschaft."[20]

Als Bestandteile des politischen Systems oder der "politischen Organisation des Sozialismus in der DDR" galten im einzelnen:

- Die SED. Sie wurde als "politisch-organisatorisches Zentrum der Gesellschaft"[21] bezeichnet. Unter ihrer Führung wurden alle anderen Teile des politischen Systems tätig. In der Präambel des Statuts der SED hieß es:

- "Die sozialistische Einheitspartei Deutschlands als die höchste Form der gesellschaftlich-politischen Organisation der Arbeiterklasse, als ihr kampferprobter Vortrupp, ist die führende Kraft der sozialistischen Gesellschaft, aller Organisationen der Arbeiterklasse und der Werktätigen, der staatlichen und gesellschaftlichen Organisationen."[22]

- Der Staat galt als das "Hauptinstrument der von der Arbeiterklasse geführten Werktätigen bei der Gestaltung der entwickelten sozialistischen Gesellschaft".[23] Als eine Form der "Diktatur des Proletariats" war er zugleich Ausdruck des spezifischen Demokratieverständnisses der SED.

- Das Recht, "die Gesamtheit der vom sozialistischen Staat geschaffenen und sanktionierten Gesetze und anderen Rechtsvorschriften", und von der Partei formulierte soziale Normen (der "sozialistischen Moral", der "sozialistischen Lebensweise") waren weitere Instrumente zur Regelung der gesellschaftlichen Beziehungen, die als "unerläßliche Voraussetzung für das Funktionieren des politischen Systems"[24] angesehen wurden.

- Die mit der SED "befreundeten" vier Parteien - Christlich-Demokratische Union Deutschlands (CDU), Demokratische Bauernpartei Deutschland (DBD), Liberal-Demokratische Partei Deutschlands (LDPD) und National-Demokratische Partei Deutschlands (NDPD) - erkannten deren Füh-

---

[20] Ebd., S. 59 f.

[21] DDR. Gesellschaft Staat Bürger, 2. Aufl., Berlin (DDR): Staatsverlag 1978, S. 26.

[22] Statut der Sozialistischen Einheitspartei Deutschlands, Berlin (DDR): Dietz 1976, S. 5.

[23] Einführung in die marxistisch-leninistische Staats- und Rechtslehre, a.a.O., S. 62.

[24] Ebd.

rungsrolle und politischen Ziele "vorbehaltlos" an. Sie waren neben der SED und den in den Volksvertretungen mit eigenen Fraktionen repräsentierten Verbänden Mitglieder des "Demokratischen Blocks der Parteien und Massenorganisationen" (daher rührt der Name "Blockparteien").

- Die "gesellschaftlichen Organisationen" oder Massenorganisationen sollten in Übereinstimmung mit den Zielen und Aufgaben der sozialistischen Gesellschaftsordnung" die "speziellen Interessen" ihrer Mitglieder wahrnehmen.[25] Zu ihnen wurden auch die Berufsvereinigungen und Verbände wie z.B. die "Gesellschaft für Sport und Technik" (GST), die "Kammer der Technik" (KdT), die Künstlerverbände, der "Verband der Kleingärtner, Siedler und Kleintierzüchter" (VdKSK) gerechnet. Die Zuordnung dieser Verbände zum politischen System erklärte sich aus dem umfassenden Regelungsanspruch der Partei, die auch scheinbar "unpolitische" Vereinigungen für ihre Ziele in Dienst nahm. Die Vereinigungsfreiheit war zwar in der Verfassung verankert (Art. 29 DDR-Verfassung)[26], in der Praxis hatte sich die SED aber ein Vereinigungsmonopol bewahrt. Es gab nur Verbände, die von der Partei gewollt und von ihr kontrolliert wurden. Einzige faktische Ausnahme waren die Kirchen. Insbesondere die evangelischen Kirchen nahmen so etwas wie eine Ersatzfunktion für eine freie Interessenorganisation wahr.

- In der Nationalen Front der DDR waren alle Parteien und gesellschaftlichen Organisationen zusammengeschlossen. Die Nationale Front war vor allem Träger der Wahlen und aktivierte die Bürger in ihren lebensweltlichen Zusammenhängen, z.B. in den Wohngebieten der Städte oder bei der Lösung kommunaler Aufgaben.

- Die Arbeitskollektive in den volkseigenen Betrieben und den Genossenschaften galten ebenfalls als Teil des politischen Systems, als seine umfassende gesellschaftliche Basis. Arbeit im Kollektiv bedeutete nicht nur Berufstätigkeit, sie ist immer auch als "gesellschaftliche Tätigkeit", d.h. Mitwirkung an den staatlich formulierten wirtschaftlichen und sozialen Aufgaben in vorgegebenen organisatorischen Zusammenhängen begriffen worden.

Dieses alle gesellschaftlichen Bereiche umspannende Organisationsgefüge war Ausdruck einer mechanistischen Konzeption von Politik. Trotz aller Versuche, sich am Muster moderner Organisationsvorstellungen zu orientieren, blieb die

---

[25] Ebd.

[26] "Die Bürger der Deutschen Demokratischen Republik haben das Recht auf Vereinigung, um durch gemeinsames Handeln in politischen Parteien, gesellschaftlichen Organisationen, Vereinigungen und Kollektiven ihre Interessen in Übereinstimmung mit den Grundsätzen und Zielen der Verfassung zu verwirklichen."

marxistisch-leninistische Organisationslehre stets ihrer Herkunft aus geheim-
bündlerischen Vereinigungen verhaftet und hatte Mühe, sich nach rationalen
Kriterien zu organisieren.[27]

Seit kommunistische Parteien regieren, haben sie sich der Staatsmacht bedient,
um ihre politisch-gesellschaftlichen Ziele zu verwirklichen. Politik, so wie sie
die SED verstand, war Staatspolitik. Das war nicht selbstverständlich angesichts
einer Theorie der Revolution, die sich auf Marx und Engels berief und den
Staat als Unterdrückungsinstrument abschaffen wollte. Es hatte nach der
Oktoberrevolution auch Stimmen gegeben, die die notwendigen Lenkungs- und
Regelungsfunktionen den gesellschaftlichen Organisationen, z.B. den Gewerkschaften übertragen wollten.

Die Diktatur des Proletariats, wie sie sich in der Sowjetunion als Diktatur der
Partei etablierte und nach dem Zweiten Weltkrieg auf Mittel-Osteuropa aus-
breitete, war aber alles andere als ein Schritt zur Abschaffung des Staates - im
Gegenteil. Die kommunistischen Parteien bauten einen starken und mit allen
Machtmitteln ausgestatteten zentralistischen Staat auf, der ihre Transforma-
tionsziele umsetzte. Seine ideologischen Grundlagen formulierte die SED in
ihrem Programm aus dem Jahre 1976 folgendermaßen:

> "Die Politik der Sozialistischen Einheitspartei Deutschlands ist auf die weitere
> allseitige Stärkung des sozialistischen Staates der Arbeiter und Bauern als einer
> Form der Diktatur des Proletariats gerichtet, die die Interessen des ganzen Volkes
> der Deutschen Demokratischen Republik vertritt. Er ist das Hauptinstrument der
> von der Arbeiterklasse geführten Werktätigen bei der Gestaltung der entwickelten
> sozialistischen Gesellschaft und auf dem Wege zum Kommunismus."[28]

Der allumfassende Führungsanspruch der Partei führte zu einer künstlichen
Vereinheitlichung der Gesellschaft und zu einer zentralisierten Struktur des
politischen Systems.[29] Politik, Wirtschaft und Verwaltung waren ebenso wie alle
anderen gesellschaftlichen Vollzüge einem einheitsstiftenden Prinzip unterworfen: dem "demokratischen Zentralismus". Mit seiner Hilfe setzten die
Parteiführungen ihren Willen innerhalb der kommunistischen Parteien selbst
und gegenüber der Gesamtgesellschaft durch. Als Strukturprinzip der gesamten
Gesellschaft bestimmte er entscheidend das Verhältnis Staat - Gesellschaft, die
Beziehungen der sozialen Gruppen und Schichten untereinander und die

---

[27] Auf diesen Zusammenhang hat Peter Christian Ludz in seinem Buch "Parteielite im
Wandel. Funktionsaufbau, Sozialstruktur und Ideologie der SED-Führung. Eine
empirisch-systematische Untersuchung" (3. Aufl. Köln/Opladen: Westdeutscher
Verlag 1970, S. 25 ff.) hingewiesen.

[28] Programm der Sozialistischen Einheitspartei Deutschlands, Berlin: Dietz 1976,
S. 55 f.

[29] Bálint Balla, Kaderverwaltung. Versuch zur Idealtypisierung der "Bürokratie"
sowjetisch-volksdemokratischen Typs, Stuttgart: Enke 1972, S. 267.

Leitung des parteilich verordneten "Klassenbündnisses" durch die Avantgardepartei.

Max Weber[30] hat am Ende des Ersten Weltkrieges in einem Vortrag darauf hingewiesen, daß der Sozialismus aus der "Fabrikdisziplin" erwachsen sei, und in der Tat liegt vor allem dem Sozialismus leninistischen Typs eine Faszination für großindustrielle und großorganisatorische Lösungen, für fabrikmäßige Disziplin, militärischen Gehorsam, Zentralisation der Entscheidung und Parzellierung der Verantwortlichkeit zugrunde. Der demokratische Zentralismus als zugrundeliegendes Prinzip der Organisation von Staat und Gesellschaft war Ausdruck dieser Vorstellungen. Die bei Lenin noch erkennbare Spannung zwischen dem Konzept einer rationalen, arbeitsteiligen Organisation und strengen Hierarchievorstellungen reduzierte sich in der Zeit des Stalinismus auf eine dogmatisierte Form des demokratischen Zentralismus, die ihre Wurzeln in der "Geheimbundtradition" der Bolschewiki hatte.

"In diesem Zusammenhang ist vor allem an die Hierarchien in Geheimgesellschaften zu erinnern, die maßgeblich vom Grad der Informiertheit, von der Kenntnis des 'Geheimnisses' abhängig sind. Die Verhüllung des 'Geheimnisses' und die ideologische Verzerrung und 'Enthüllung' der Wirklichkeit erzeugen die in allen politischen Geheimbünden bekannte Konspirativität und eine Aufspaltung der Welt in 'gut' und 'böse'."[31]

Das Instrument dieser Politik- und Organisationsvorstellungen war der demokratische Zentralismus Stalin'scher Prägung. Er perpetuierte die dichotomische Struktur der Gesellschaft. Die Partei stand als führende Kraft den Bürgern gegenüber, die Parteiführung ihren eigenen Mitgliedern. Er stellte aber zugleich ein hierarchisches Verhältnis von Partei (bzw. Parteiapparat) und den übrigen Organisationen und Institutionen her, das als strukturelle Konsequenz der Avantgardekonzeption zu kennzeichnen ist, die den Staat und die gesellschaftlichen Organisationen nur instrumentell begreift.

Dies war der entscheidende Strukturdefekt sowjetsozialistischer Systeme. Zwischen dem umfassenden Führungsanspruch der Partei auf der einen und den Anforderungen einer hochkomplexen industriell entwickelten sozialistischen Gesellschaft auf der anderen Seite, die ohne eine strukturelle Differenzierung, die Berücksichtigung von Rationalitäts- und Effektivitätskriterien in der Planung und Leitung und eine minimale Beteiligung der Bürger an den gesellschaftlichen Prozessen nicht auskommen konnte, gab es eine unüberwindbare Kluft. Da die Emanzipation der Gesellschaft gegenüber der Partei und ihren

---

[30] Max Weber, Der Sozialismus. Rede zur allgemeinen Orientierung von österreichischen Offizieren in Wien 1918, in: ders., Gesammelte Reden und Aufsätze zur Soziologie und Sozialpolitik, Tübingen: J.B.Mohr (UTB) 1988, S. 492 ff (1. Aufl. 1924).

[31] Ludz, Parteielite, a.a.O., S. 25.

Apparaturen im politischen Denken der kommunistischen Parteien ausgeschlossen war, konnte die funktionale Differenzierung der Systemstrukturen
und die Diversifikation von Beratung, Kontrolle und Information nur im
Rahmen des bestehenden institutionellen Gefüges oder als revolutionärer
Bruch erfolgen.

Das entscheidende Mißverständnis der westlichen Sozialwissenschaften seit
Beginn der 70er Jahre war, daß sie die Erwartung nährten, die Prinzipien ra-
tionaler Verwaltung könnten sich in diesen Systemen durchsetzen. Es wurde ein
Verfachlichungs- und Versachlichungsprozeß konstatiert, der notwendigerweise
zu einer Überwindung zentraler Paradigmen marxistisch-leninistischer
Herrschaftsausübung führen würde.[32] Ein kritischer Rückgriff auf Max Weber
hätte möglicherweise einige Umwege vermeiden helfen. In seinem Hauptwerk
"Wirtschaft und Gesellschaft" hat er darauf hingewiesen, daß die

> "objektive Unentbehrlichkeit des einmal bestehenden Apparats in Verbindung mit
> der ihm eigenen 'Unpersönlichkeit' < es mit sich bringt >, daß er - im Gegensatz zu
> den feudalen, auf persönlicher Pietät ruhenden Ordnungen - sich sehr leicht bereit
> findet, für jeden zu arbeiten, der sich der Herrschaft über ihn einmal zu
> bemächtigen gewußt hat."[33]

Anders als die Theoretiker des Sozialismus, die Bürokratie als notwendige Begleiterscheinung des Kapitalismus mit zwieschlächtigem Charakter ansahen,
deren despotische Funktion durch die proletarische Revolution beseitigt und
deren dirigierende Funktion allmählich durch die Gesellschaft selbst übernommen würde, bestand Max Weber darauf, daß der Sozialismus diese despotische Funktion noch verschärfen werde. Die Weber'sche Ablehnung des Sozialismus beruhte ganz wesentlich auf seiner Furcht vor einer Gesamtbürokra-
tie, die alle Fragen des gesellschaftlichen Lebens nach einem einheitlichen
Willen regelt, die Gesellschaft in ein "Gehäuse der Hörigkeit" sperrt und den
Prozeß der Konfliktaustragung und Konsensbildung konkurrierender Teilbü-
rokratien ersetzt durch die Anweisungen einer allmächtigen Zentrale.

Während in der kapitalistischen Gesellschaft das "staatliche und privatwirt-
schaftliche Beamtentum (der Kartelle, Banken, Riesenbetriebe) als getrennte
Körper" nebeneinander stünden - so argumentiert Weber an anderer Stelle -
und man durch die politische Gewalt die wirtschaftliche immer im Zaum halten
könne, "wären dann beide Beamtenschaften ein einziger Körper mit solida-
rischem Interesse und gar nicht mehr zu kontrollieren".[34]

---

[32] Vgl. u.a.: Ludz, Parteielite, a.a.O.; Gordon Schilling/Franklyn Griffiths (Eds.),
      Pressure Groups in der Sowjetunion, Wien: Europa Verlag 1972; Glaeßner,
      Sozialistische Systeme, a.a.O.

[33] Weber, Wirtschaft und Gesellschaft, a.a.O., S. 578.

[34] Weber, Der Sozialismus, a.a.O., S. 504.

Daß diese Befürchtung sich in den sowjetsozialistischen Ländern bewahrheitet hat, ist wohl nur schwer zu leugnen. Durch die Vereinigung von staatlichem Eigentum an den Produktionsmitteln und staatlicher Bürokratie entstand eine Herrschaftsstruktur, die grundsätzlich keine konkurrierenden Ziele kannte. Über die Wahrnehmung der Eigentümerfunktion wurde politisch entschieden. Die Eigentümer- und Dispositionsfunktion war in den Händen der politischen Führung konzentriert. Zwar gliederten sich beide hierarchisch-funktional nach unten, sie öffneten sich jedoch nicht gegenüber den Partizipationswünschen der Gesellschaft und waren keiner Kontrolle unterworfen.[35] Jahrzehntelang wurde der extreme Zentralismus und der Mangel an Demokratie damit gerechtfertigt, daß nur so eine ökonomisch leistungsfähige und sozial gerechte sozialistische Gesellschaft aufgebaut werden könne. In den letzten Jahren wurde offenkundig, daß die realsozialistischen Systeme immer weniger in der Lage waren, die notwendigen Modernisierungsprozesse voranzutreiben.

Die mangelnde Innovations- und Leistungsfähigkeit der Lenkungs- und Leitungsapparate beruhte nicht nur auf einem überzogenen Zentralismus und zu geringen Beteiligungsmöglichkeiten, sondern auch darauf, daß sich die einzelnen Säulen des administrativen Gefüges gegenseitig blockierten und in ihren Möglichkeiten einschränkten. Die rationale gesamtgesellschaftliche Planung durch den Staats- und Wirtschaftsapparat wurde nicht durch die Bürger, sondern durch ein unüberschaubares Dickicht von Anweisungen und Verordnungen, durch bestimmte Anleitungs- und Kontrollmechanismen (z.B. Prinzip der doppelten Unterstellung), Eingriffsmöglichkeiten in die Personalpolitik, unabgestimmte Kurskorrekturen seitens der Partei u.a. verhindert oder zumindest erschwert.

In Anlehnung an ein von Helmut Klages entwickeltes Modell, das die "Verholzung" des Vollzugs politischer Entscheidungen beschreibt[36], läßt sich folgender Zusammenhang aufzeigen:

Aufgrund hier nicht darstellbarer Rahmenbedingungen produzierten der oberste Normgeber, das Politbüro, und von dessen Entscheidungen abgeleitet die Volkskammer, der Staatsrat, der Ministerrat eine wachsende Flut von Gesetzen und Verordnungen, die bei den zentralen staatlichen Instanzen, vor allem bei der Wirtschaftsverwaltung und den Planungsbehörden, zu einer "sekundären Absicherungsmentalität", d.h. dazu führte, die ohnehin schon bestehende Normenflut durch eigene Anweisungen und Verwaltungsvorschriften zu komplettieren.

Bei den nachgeordneten Dienststellen wurden die trotz des Zentralismus noch

---

[35] Vgl. András Hegedüs, Sozialismus und Bürokratie, Reinbek: Rowohlt 1981, S. 77.

[36] Helmut Klages, Überlasteter Staat - verdrossene Bürger? Zu den Dissonanzen der Wohlfahrtsgesellschaft, Frankfurt a.M./New York: Campus 1981, S. 149 ff.

bestehenden Handlungsspielräume nicht genutzt und eine Strategie der Absicherung nach oben durch Rekurs auf besagte Anweisungen betrieben. Gegenüber dem Bürger zog man sich auf Weisungen der oberen Behörden zurück. Das fiel relativ leicht, da man nicht gezwungen war, die Entscheidungsgründe offenzulegen und eine Verwaltungsgerichtsbarkeit nicht existierte - in der DDR zumindest nicht. Verdrossenheit und Ohnmacht der Bürger führten dazu, daß selbst die bestehenden bescheidenen Partizipationschancen kaum oder gar nicht genutzt wurden und man sich in die freien Nischen der Gesellschaft zurückzog. Die in westlichen Gesellschaften üblichen Kontroll- und Korrekturinstanzen existierten nicht. Kurskorrekturen konnten nur von Stellvertreterorganisationen wie den Gewerkschaften angeregt, letztlich aber nur von der Partei initiiert und vollzogen werden. Schwankungen in der Parteilinie, Parteieingriffe in laufende Prozesse und die ständige Kontrolle der eigenen Tätigkeit durch die Partei verfestigten die Absicherungstendenzen und führten dazu, daß bereits im Entscheidungsprozeß antizipiert wurde, was eventuell an Korrekturen zu erwarten war. Strukturprinzipien wie der demokratische Zentralismus und die doppelte Unterstellung führten zur permanenten Verlagerung der Verantwortung nach oben. Dies verführte erneut zu zentralen Regelungen, und der geschilderte Prozeß schaukelte sich spiralförmig auf.[37]

Das entscheidende systemspezifische Merkmal dieses Prozesses war, daß der dynamisierende und zielgebende Faktor der Politik, die Partei, ihre Ziel nur noch mittels dieser verholzten Strukturen durchsetzen konnte. Da sie sich ihre Einflußnahme und die Chance offenhalten wollte, einen einmal eingeschlagenen Kurs jederzeit zu korrigieren, produzierte sie selbst Unbeweglichkeit und Starrheit, Angst vor eigenen Entscheidungen und die Tendenz, jede noch so kleine und unbedeutende Entscheidung nach oben zu verlagern. Die Apparate waren unfähig zur Innovation. Alle periodisch wiederkehrenden Versuche, die Entscheidungsfreude und Eigenverantwortung zu fördern, scheiterten an der Halbherzigkeit der Partei, die um ihr Entscheidungsmonopol fürchtete. Angesichts der dynamischen Veränderungsprozesse in der Sowjetunion und anderen sozialistischen Ländern erwies sich das Festhalten an überholten Vorstellungen und die Verstärkung der politischen Repression als verhängnisvolle Fehlentscheidung.

Ebenso wie in den anderen sozialistischen Ländern, die 1989 revolutionäre Umbrüche erlebten, zeigte sich auch in der DDR, daß der Sozialismus sowjetischen Typs zu einer Systemreform nicht in der Lage war. Alle dahingehenden Versuche blieben in den Anfängen stecken oder wurden gewaltsam niederge-

---

[37] Dies führte, offenkundig nicht nur in Einzelfällen, zu merkwürdigen Ergebnissen. So wurde in den 60er Jahren im Politbüro entschieden, welcher Stadtplanungs-Konzeption in den Bezirksstädten der Vorzug zu geben sei. Völlig absurd ist, daß das Politbüro in der Ära Honecker damit befaßt war, ob ein Kulturhaus in Halle gebaut werden sollte oder nicht. (Mitteilung von Egon Krenz)

schlagen. Dafür gibt es eine Vielzahl von Gründen, die hier nicht im einzelnen dargelegt werden können. Im Kern kommen sie alle auf den gleichen Grundwiderspruch zurück: Der "reale Sozialismus" war ein geschlossenes, ein monistisches System mit einer diesseitigen Eschatologie. Der Kommunismus war eine Heilserwartung, die nur erreichbar erschien, wenn alle Glieder der Gesellschaft uneingeschränkt dem Willen der Partei folgten, die für sich in Anspruch nahm, berufener Exekutor der historischen Gesetzmäßigkeiten zu sein. Alle Versuche, Teile dieses geschlossenen Systems aufzubrechen, zu modernisieren, mußten als Widerstand gegen das große historische Ziel erscheinen. Schon gar nicht konnte man die Selbstorganisation und Selbstregulierung gesellschaftlicher Subsysteme zulassen.

Es war dieser Monismus, der das Ende des Sozialismus herbeigeführt hat. Moderne Gesellschaften sind nicht nach einem einheitlichen "masterplan" steuerbar, und es gibt auch keine Blaupause für den geplanten Ablauf der Geschichte. Der Sozialismus als "Zielkultur" blieb den Illusionen des 19. Jahrhunderts mit seinen großen historischen Entwürfen verhaftet.

1.4. Politisches System und politische Kultur

Wenn man nach den Traditionslinien der politischen Kultur in der DDR fragt, wird man mit einem manifesten Widerspruch konfrontiert: Ein autoritäres politisches System berief sich auf demokratische Traditionsstränge politischer Kultur, die sich in der deutschen Geschichte bislang nie wirklich durchsetzen konnten. Die SED bemühte seit 1945/46 das Erbe derjenigen politischen und sozialen Bewegungen, die sich das Ziel auf ihre Fahnen geheftet hatten, Ausbeutung und Unterdrückung, soziale Not und politische Bevormundung zu beseitigen. Es waren die sozialen und politischen Kämpfe der kleinen Leute, der armen Bauern seit den Bauernkriegen des frühen 16. Jhds., der deutschen Jakobiner, des demokratischen Bürgertums in der Revolution von 1848, der deutschen Arbeiterbewegung, als deren Testamentsvollstrecker die SED sich darstellte. In den wenigen Jahren ihrer Existenz habe die DDR mehr für ein besseres und sinnerfülltes Dasein der Bürger, für ein hohes materielles und kulturelles Lebensniveau getan, als in Jahrhunderten zuvor, meinte Erich Honecker 1985, - anläßlich des Berlin-Jubiläums.[38]

Ganz anders war die Sicht in der Bundesrepublik. Die SBZ (wie die DDR bis weit in die 60er Jahre hinein genannt wurde), das kommunistische System im

---

[38] Erich Honecker, Würdiges Jubiläum Berlins, das heute den Namen "Stadt des Friedens" trägt, in: Konstituierung des Komitees der Deutschen Demokratischen Republik zum 750jährigen Bestehen von Berlin am 7. Februar 1985, Berlin (DDR): Dietz 1985, S. 8.

anderen Teil Deutschland, schien sich außerhalb der humanistischen Traditionen gestellt zu haben. Sie wurde als das ganz Andere, Fremde, als säkulare Herausforderung einer Kultur gesehen, die in den Traditionen des Abendlandes und des Christentums wurzelt. Daß die kommunistische Bewegung ihre Wurzeln auch, wenngleich nicht ausschließlich in der Aufklärung hatte, daß der Kommunismus ein säkulares Versprechen war, das nicht eingelöst worden ist[39], wurde lange Zeit übersehen.

Begreift man Kultur als umfassenden Ausdruck menschlicher Lebensverhältnisse und Verhaltensweisen, dann ist sie ein gesellschaftlich vermittelter Prozeß. Wie Kultur zum sozialen System einer Gesellschaft, so verhält sich politische Kultur zum politischen System. Von politischer Kultur zu reden, ohne das soziale System zu berücksichtigen und ohne den allgemeinen kulturellen Rahmen, den das soziale System bereitstellt, mitzureflektieren, läßt diesen Begriff zur Leerformel geraten. Der Bereich des Politischen ist im Konzept politischer Kultur mehr als das Funktionieren bestimmter Strukturen, er umfaßt auch einen, in jedem politischen System und in den einzelnen Ländern unterschiedlich geordneten subjektiven Bereich, der die Haltungen und das individuelle und kollektive Handeln der Bürger gegenüber der Politik bestimmt.[40] Politische Kultur bezeichnet die Summe der Einstellungen, Gefühle und Einsichten, die das politische Verhalten beeinflussen und lenken.

Ein bedeutsamer Aspekt für alle politischen Kulturen, insbesondere aber für solche, die nicht in einem demokratischen Gemeinwesen entstanden sind, ist der Umstand, daß in keiner Gesellschaft nur eine einzige, "herrschende" politische Kultur vorzufinden ist.[41] Es gibt stets mehr oder weniger ausgeprägte politische Subkulturen. Diejenigen, die die Regeln aufstellen, weil sie im Besitz der Macht sind, können nicht in jedem Falle sicher sein, daß diese Regeln auch befolgt werden. In allen Gesellschaften wirken tradierte Vorstellungen, die sich gegenüber den Anforderungen der modernen Gesellschaft und ihrem raschen politischen und sozialen Wandel gegenüber als äußerst resistent erweisen. Und in allen Gesellschaften haben die verschiedenen Schichten ihre eigenen Normen- und Wertesysteme. Die sozial benachteiligten und von der politischen Macht ausgeschlossenen Gruppen der Bevölkerung entwickeln häufig einen bemerkenswerten Eigensinn, eine eigene Kultur.[42]

---

[39] Vgl. Richard Löwenthal, World Communism: The Desintegration of a Secular Faith, New York/London/Oxford: Oxford University Press 1964.

[40] Vgl.: Sidney Verba, The Remaking of Political Culture, in: Lucian Pye/Sidney Verba (Eds.): Political Culture and Political Development, Princeton: Princeton University Press 1965.

[41] Vgl. Barbara Jancar, Political Culture and Political Change, in: Studies in Comparative Communism, Vol. 17 (1984), No. 1, S. 69-82; Lowell Dittmer, Comparative Communist Political Culture, in: Studies in Comparative Communism, Vol. 16 (1983), No. 1/2, S. 9 ff.

Im Selbstverständnis der DDR war die politische Kultur ein "wesentliches Element der sozialistischen Demokratie" und der "sozialistischen Lebensweise". Mit sozialistischer Lebensweise war die Gesamtheit der Einstellungen, Verhaltensweisen und Handlungen der Menschen in allen Lebensbereichen der Gesellschaft, im Arbeitsleben und in der Freizeit, in der Öffentlichkeit und in der Familie, in der Politik und im privaten Freundeskreis gemeint.[43] In diesen Begriff gingen zentrale Axiome des Gesellschafts- und Politikverständnisses der SED ein, die die offizielle politische Kultur bestimmten:

- die beanspruchte führende Rolle der Arbeiterklasse und ihrer "marxistisch-leninistischen Partei" in Staat und Gesellschaft;

- der Anspruch, die Gesellschaft als Gesamtheit nach ihrem Willen zu lenken und planmäßig zu entwickeln;

- die Vorstellung, daß die sozialistische Gesellschaft eine allmähliche Angleichung der Lebenschancen aller Menschen zu verwirlichen vermag und daß sich dies auch im individuellen und kollektiven Verhalten der Menschen niederschlagen müsse;

- die Betonung der Arbeit als Zentrum aller menschlichen Lebensäußerungen;

- die planmäßige Steigerung des "materiellen und geistig-kulturellen Lebensniveaus" als Ziel der Politik der Partei und des Staates;

- die politische Beteiligung und Aktivierung der Bürger im Rahmen des bestehenden Institutionen- und Organisationengefüges unter den Bedingungen des "demokratischen Zentralismus";

- die Verkopplung von sozialistischer Lebensweise mit der Militärpolitik der SED und dem "Schutz der sozialistischen Heimat".[44]

Als 1949 zwei deutsche Staaten mit unterschiedlichen sozial-ökonomischen und politischen Ordnungsvorstellungen entstanden, sahen sich beide vor der Aufgabe, eine neue politische Kultur zu schaffen. In der DDR war nach 1945 der Weg der "antifaschistisch-demokratischen Umwälzung" eingeschlagen und ein Bruch mit der deutschen politischen Vergangenheit vollzogen worden. Tiefgreifende soziale und ökonomische Veränderungen wie die Bodenreform,

---

[42] Vgl. Oskar Negt/Alexander Kluge: Geschichte und Eigensinn, Frankfurt/M.: Zweitausendeins 1981.

[43] Vgl. Lebensweise und Lebensniveau im Sozialismus, Berlin (DDR): Die Wirtschaft, 1977.

[44] Wörterbuch des wissenschaftlichen Kommunismus, Berlin: Dietz 1982, S. 354.

die Enteignung der Großindustrie und die Umgestaltung des Bildungswesens, um nur einige besonders wichtige zu nennen, hatten die Voraussetzungen geschaffen, um im Jahre 1948 eine neue Entwicklungsetappe auf dem Weg zu einer sozialistischen Gesellschaft einzuschlagen, einer Gesellschaft, die sich am Vorbild der Sowjetunion orientieren sollte. "Von der Sowjetunion lernen, heißt siegen lernen" lautete eine einschlägige Losung. Der radikale Umbruch mit der Vergangenheit verdeckte, daß es trotz der eingeleiteten "Revolution von oben" vielfältige Bezüge zur traditionellen politischen Kultur in Deutschland gab, Traditionen, die sich bis zum Ende der DDR erhalten haben und die, wenn nicht alles täuscht, auch in Zukunft noch nachwirken werden. Es sind im wesentlichen vier Traditionslinien, auf denen die politische Kultur der DDR basierte:

1. Es gab eine spezifische Umformung traditioneller obrigkeitsstaatlicher Elemente, die in Deutschland, einem Land, das über keine gefestigte demokratische Tradition verfügte, eine besondere Ausprägung erfahren hatten.

2. Das politische System der DDR hatte Elemente der alten Arbeiterkultur aufgenommen und in die herrschende politische Kultur eingebaut.

3. Die SED erhob den Anspruch, eine kulturrevolutionäre Bewegung an der Macht zu sein, die sich das Ziel gesetzt hatte, die kommunistische Gesellschaft zu verwirklichen.

4. Die politische Kultur der "sozialistischen" DDR war stets durch die nationalen Sonderbedingungen geprägt und unterschied sich dadurch erheblich von anderen Ländern des "sozialistischen Lagers".

Ein weiteres Element von Bedeutung kam hinzu: Die DDR war seit längerem mit den kulturellen und politischen Vorstellungen konfrontiert, die im Westen von den "neuen" sozialen Bewegungen formuliert werden und die in der Tradition höchst unterschiedlicher historischer Protestbewegungen stehen, die von der SED wahlweise als fortschrittsfeindlich, kleinbürgerlich, romantisch oder linksradikal bezeichnet worden sind. Diese Einflüsse waren entscheidend dafür, daß sich in der DDR eine Protestbewegung herausbilden konnte.

1.4.1. Obrigkeitsstaatliche Elemente in der politischen Kultur der DDR

In der deutschen politischen Kultur hatten obrigkeitsstaatliche Elemente eine starke Prägekraft: Die prinzipielle Trennung von Staat und Gesellschaft, die Vorstellung von der Neutralität des Staates, der nicht als das Ergebnis eines Gesellschaftsvertrages, sondern höchster Ausdruck der Autorität, selbständige Instanz mit einer eigenen, nicht abgeleiteten Macht begriffen wurde, das Bild des Beamten, der gegenüber parteiischen Interessen neutral bleibt und die po litischen Tugenden des Untertanen, Folgebereitschaft, Gehorsam und politischer Absentismus.[45]

Als die Bürger der DDR im März 1990 zu den Wahlurnen gingen, lagen die letzten wirklich freien Wahlen fast sechzig Jahre zurück. Nur die Achtzigjährigen konnten auf eigene Erinnerungen an eine politische Demokratie verweisen. Die politische Kultur war von einem nahezu übergangslosen Wechsel von zwei höchst verschiedenen, in ihrer Ablehnung der freiheitlichen Demokratie aber übereinstimmenden Diktaturen gekennzeichnet. Der Aufbruch des Jahres 1989 kann nicht verdecken, wie sehr die Menschen in der DDR autoritäre Charakterstrukturen internalisiert haben:

> "Denken war hier das Allergefährlichste. Offenbar lag das an dem fast nahtlosen Übergang von einem totalitären System zum anderen. Dieser Zustand währt nun gut drei Generationen, so daß vieles, was für eine freie Gesellschaft selbstverständlich und natürlich ist, hier einfach abhanden kam. ... Die ganze Gesellschaft ist hier vom Bazillus des Strammstehens und der Befehlsvollstreckung um jeden Preis befallen."[46]

Nach 1945 gab es, wenn überhaupt, nur eine ganz kurze Phase, in der die Restitution einer Demokratie möglich erschien. Nach Gründung der SED im Frühjahr 1946 war unverkennbar, daß eine neue Diktatur zu erwarten war. Spätestens 1948, als sie sich zur "Partei neuen Typs" formierte, schnitt die SED den Traditionsstrang zum Sozialismus demokratischer Prägung endgültig ab. Sie erklärte sich zur führenden Kraft im Staate, der Staat war nicht neutral, sondern Instrument der Partei. Seine Macht war vom historischen Auftrag der Partei abgeleitet, den Sozialismus/Kommunismus aufzubauen. Seine "Beamten" waren nicht neutral, sondern Kader der Partei, die deren Interessen in der staatlichen Verwaltung wahrnahmen. Die Bürger schließlich sollten sich mit allen Kräften am Aufbau der sozialistischen Gesellschaft beteiligen.

Gleichwohl blieben drei zentrale Aspekte des Obrigkeitsstaates erhalten und wurden für die politischen Zwecke der marxistisch-leninistischen Partei umgeformt: Der Staat entstand und rechtfertigte sich nicht auf Grund eines Übereinkommens der Bürger. Staat und Gesellschaft bildeten zwar eine Einheit, an der Bestimmung der Ziele und Aufgaben von Staat und Gesellschaft waren die Bürger aber nicht beteiligt. Ihnen gegenüber trat der Staat nach wie vor als höchste Autorität auf. Daß seine Macht abgeleitet war, daß er Instrument der

---

[45] Vgl.: Martin Greiffenhagen, Vom Obrigkeitsstaat zur Demokratie: Die politische Kultur in der Bundesrepublik Deutschland, in: Peter Reichel (Hrsg.), Politische Kultur in Westeuropa. Bürger und Staaten in der Europäischen Gemeinschaft, Frankfurt a.M./New York: Campus 1984, S. 52 ff.

[46] Denken war das Allergefährlichste. Die in West-Berlin lebende russische Journalistin Sonja Maraolina unterhielt sich mit der in Ost-Berlin lebenden rußlanddeutschen Wissenschaftlerin Jelena Schmidt über die DDR: Wie sie war und wie sie wird, in: Die Tageszeitung vom 30.9.1990, S. 15.

Partei war, ist für das Verhältnis Staat-Bürger von nachgeordneter Bedeutung gewesen.

Politischer Absentismus wurde nicht als Tugend, sondern als Verstoß gegen den Moralkodex der sozialistischen Gesellschaft begriffen. An seine Stelle war aber nicht die Partizipation der Bürger in gesellschaftlichen und politischen Angelegenheiten getreten, sondern ihre Mobilisierung für die Ziele der Partei, die zu kritisieren allemal zu Sanktionen führte.

Das politische und gesellschaftliche System war in bemerkenswerter Weise von den tradierten Verhaltensmustern bestimmt, die eher einem preußisch-obrigkeitsstaalichen Erbe als sozialistischer Tradition entsprangen. In seinem Buch mit dem paradigmatischen Titel "Der vormundschaftliche Staat" bemerkt Rolf Henrich:

> "Noch immer gilt es als moralisch zulässiges Verhalten, auferlegte Pflichten erforderlichenfalls gegen die eigene, innere Überzeugung widerspruchslos zu erfüllen. Weiterhin begeistert man sich für die perfekte Organisation, preußischen Gehorsam usw., ohne die Gefahren der Organisations-Welt und den Mangel an Persönlichkeit zu sehen. All diese Seiten des deutschen Gesellschaftscharakters, die mit der Verpreußung Deutschlands zusammenhängen, beutet der Staatssozialismus als Gesellschaftsformation skrupellos für sich aus."[47]

Zugleich waren die politisch-gesellschaftlichen Strukturen in der DDR und (bei allen nationalen Unterschieden) in den anderen sozialistischen Ländern von einer historisch neuen Ideologie geprägt, der Vorstellung nämlich, daß eine Gesellschaft nach den Regeln des Marxismus-Leninismus wissenschaftlich planbar und daß eine Avantgarde befugt und in der Lage sei, als Vollstrecker der historischen und gesellschaftlichen Gesetze aufzutreten.

Die Philosophin Hannah Arendt hat auf den Widerspruch hingewiesen, der seit jeher zwischen diesen Zielen und der Wirklichkeit geklafft hat. Er erwachse aus der Tatsache, daß sich eine Gruppe von Menschen eines Endziels sicher sei und unter Berufung auf dieses Endziel, nämlich die Exekution der Gesetze von Natur oder Gesellschaft, Freiheit und Menschenwürde mit Füßen trete und die Menschen ihrer gemeinschaftlichen Beziehungen beraube. Hannah Arendt spricht von

> "einer Atomisierung, durch die < die Menschen> nicht nur ihren Stand in der Gesellschaft verloren, sondern mit ihm die ganze Sphäre gemeinschaftlicher Beziehungen, in deren Rahmen der gesunde Menschenverstand allein sinngemäß

---

[47] Rolf Henrich, Der vormundschaftliche Staat. Vom Versagen des real existierenden Sozialismus, Reinbek: Rowohlt 1989, S. 92.

funktionieren kann. ... Nur wo der gesunde Menschenverstand seinen Sinn verloren hat, kann ihm totalitäre Propaganda ungestraft ins Gesicht schlagen."[48]

Diese Vorstellungen boten, da sie vermeintliche Gewißheiten verkündeten, Identifikationsangebote und stießen auch in pluralistischen Demokratien, deren Wesen sie stets fremd gewesen sind, auf Aufnahmebereitschaft. Heute haben sie angesichts der historischen Erfahrungen und des offenkundigen Scheiterns der sozialistischen Länder ihre Faszination verloren.

Die DDR war, wie die anderen sozialistischen Länder auch, eine politische Zielkultur, die ihrer Ziele weitgehend verlustig gegangen war. So stand sie seit langem vor dem Problem, Erreichtes zu sichern und zu bewahren. Neue soziale Verhaltensweisen und politische Einstellungen, die vom "realen", nicht vom utopischen Sozialismus und der Zielvorstellung Kommunismus geprägt waren, bestimmten den Alltag. Beide, die politische Führung und die Bürger, hatten begonnen, sich in dem Hier und Jetzt einzurichten.

Dies konnte aber dauerhaft nicht gelingen, weil dem sich neu entwickelnden Lebensstil das institutionelle Gefüge des alten Systems im Wege stand. Die gesellschaftlichen und politischen Planungs- und Leitungsstrukturen und die ideologischen Legitimationsmuster einer politischen Bewegung, die ihre Ziele autoritativ, von oben, mit Hilfe des sozialistischen Staates und seiner Zwangsmittel (und das hieß in der ersten Zeit ihrer Herrschaft auch mit Hilfe des Terrors) durchzusetzen verstand, waren erhalten geblieben. Das Institutionensystem und das offiziell verkündete Normen- und Wertesystem hatten den Verlust utopischer Ziele überdauert.

Der citoyen als gesellschaftlich prägender Typus der "entwickelten sozialistischen Gesellschaft" war der SED nicht genehm. Die offizielle politische Kultur basierte auf hierarchischen, obrigkeitlichen Gesellschaftsvorstellungen, die der Selbstentfaltung und der Eigenorganisation der gesellschaftlichen Gruppen und Individuen enge Grenzen setzten. Sie verlangte, die eigenen Lebenserfahrungen nach vorgegebenen Interpretationsmustern zu verarbeiten. Demgegenüber waren das Alltagsbewußtsein, die Einstellungen und Gefühle, die Einsichten und das politische Verhalten der Bürger von vielfältigen Einflüssen geprägt, die der offiziellen politischen Kultur des Marxismus-Leninismus, den formalen Regeln, Verfahrensweisen und dem Anspruch der Institutionen immer häufiger zuwiderliefen.

---

48 Hannah Arendt, Elemente und Ursprünge totaler Herrschaft, München: Piper 1986, S. 561. Im englischen Original ist die Rede von "communal relationships in whose framework common sense makes sense". (Hervorhebung GJG); Hannah Arendt, The Origins of Totalitarianism, San Diego/New York/London: Harcourt Brace Jovanovich 1973, S. 352 (1. Aufl. 1951).

1.4.2. Die Arbeiterkultur und ihre Erben

Ein zweites Traditionselement der politischen Kultur der DDR war die Kultur der Arbeiterbewegung, die ihre Wurzeln in vorindustriellen, bäuerlichen, handwerklichen und städtisch-plebejischen Volkskulturen hat. Sie war geprägt worden von den vielfältigen Organisationsbemühungen der organisierten Arbeiterbewegung, die nicht nur die politische und soziale Organisation der Arbeiter in Partei und Gewerkschaft, sondern auch ihre Freizeitorganisationen, die Sängerbünde, Sportvereine, Radfahrerbünde, Kulturorganisationen, Genossenschaften und eine Vielzahl von Selbsthilfeeinrichtungen umfaßte. Erst in jüngerer Zeit ist die Bedeutung regionaler, parochialer und religiöser Traditionen der Arbeiterschaft für die Herausbildung und Festigung einer eigenständigen Arbeiterkultur erkannt worden.[49]

Arbeiterkultur stellt sich aus diesem Blickwinkel als eine Subkultur mit gegenkulturellen Elementen dar. Als Subkultur war sie Antwort auf die proletarische Lebensweise, der Versuch, in einer als feindlich begriffenen Umwelt durch Selbsthilfe und Selbstorganisation die eigenen Lebensbedingungen zu verbessern. Als Gegenkultur war sie die Kultur einer politischen und sozialen Bewegung, die sich eines Zieles gewiß war: daß die kapitalistische Gesellschaft historisch überlebt sei und dem Sozialismus die Zukunft gehöre.

Die SED hat jedoch nur bestimmte Aspekte dieser Traditionslinie positiv aufgegriffen und verarbeitet. Während sich im sozialdemokratischen Zweig der Arbeiterbewegung diese Gewißheit zunehmend verflüchtigte, hielt die KPD, und in ihrer Nachfolge die SED, daran fest, der Garant und Vollstrecker dieses gesetzmäßigen historischen Prozesses zu sein. In dieser Gewißheit wurden die demokratischen Traditionsstränge der Arbeiterbewegung gekappt. Die Arbeiterklasse, in deren Namen und Auftrag die SED zu handeln meinte, wurde darauf verwiesen, die von der Partei vorgegebenen Ziele zu realisieren; an ihrer Formulierung war sie nicht beteiligt.

Andererseits ist nicht zu verkennen, daß sich unter den veränderten gesellschaftlichen und politischen Bedingungen in der DDR alte Solidarformen, die die Arbeiterschaft im Kampf um ihre sozialen und politischen Rechte entwickelt hatte, weiterlebten. Besonders deutlich wurde dies in der Arbeitswelt. Viele der arbeitsrechtlichen Regelungen, die Hervorhebung des Arbeitsethos und der Bedeutung der Arbeitstraditionen waren sowohl Ausdruck einer bewußten Pflege wesentlicher Elemente der Kultur der Arbeiterbewegung als

---

[49] Vgl.: Gerhard A. Ritter (Hrsg.), Arbeiterkultur, Königstein/Ts.: Anton Hain 1979; Albrecht Lehmann, Studien zur Arbeiterkultur. Beiträge der 2. Arbeitstagung der Kommission "Arbeiterkultur" in der Deutschen Gesellschaft für Volkskunde in Hamburg vom 8. bis 12. Mai 1983, Münster: F. Coppenrath 1984.

auch des Versuchs, diese Traditionen weiterzuentwickeln und an die veränderten gesellschaftlichen Bedingungen anzupassen. "Arbeiterehre" war in den 40er und 50er Jahren ein politisch eingeengter und instrumentalisierter Begriff. Später meinte er: Entwicklung eines neuen Selbstverständnisses der führenden Klasse in einer technisierten, verwissenschaftlichten sozialistischen Gesellschaft.

Mehr als zwei Jahrzehnte war die bedeutende Rolle der "wissenschaftlich-technischen Intelligenz" betont und die Vorstellung verbreitet worden, die Arbeiterklasse würde sich immer mehr der Intelligenz annähern und immer mehr Arbeiter würden im Zuge der Rationalisierung und Automatisierung von körperlich schwerer und monotoner Arbeit befreit. Als sich zeigte, daß dies eine Zukunftsvision war, die sich nicht realisieren ließ, bedeutete das einen empfindlichen Legitimationsverlust für die SED. Die Arbeiterschaft in der DDR war einer weiteren kollektiven und individuellen Hoffnung beraubt, der Vorstellung nämlich, durch Bildung und berufliche Qualifizierung sozialen Aufstieg erreichen zu können. Wie aber sollte sich der einzelne mental in einer Gesellschaft einrichten, in der die Parole lautete: "Dein Arbeitsplatz - Dein Kampfplatz für den Sozialismus", ohne daß eine Verbesserung der täglichen Misere erkennbar war.

1.4.3. Das leninistische Erbe - Der Sozialismus als Zielkultur

Die DDR sah sich in der Tradition der kommunistischen Weltbewegung, die als kulturrevolutionäre Bewegung angetreten war. Revolution, das bedeutete nicht nur die Umwälzung eines sozio-ökonomischen Systems, sondern auch die der bestehenden Kultur. Kommunistische Revolutionen, soweit sie realisiert worden sind, waren Revolutionen einer Minderheit, einer revolutionären Elite, deren Vorstellungen über die zukünftige Gesellschaft nur in Ausnahmefällen und dann meist vorübergehend von der Mehrheit der Bürger geteilt worden sind. Um sie gleichwohl durchzusetzen, bedurfte es einer Erziehungsdiktatur, die den Traditionalismus der "Massen" überwinden wollte. Durch Erziehung, nicht durch soziale Erfahrung, sollte der neue, der sozialistische Mensch geschaffen werden.

Über 70 Jahre nach der Oktoberrevolution in Rußland und über 40 Jahre nach der sozialistischen Umgestaltung in der SBZ/DDR hatte sich der Zeithorizont der revolutionären Eliten dem der Bürger angenähert. Über die zukünftige kommunistische Gesellschaft wurde als fernes Ziel zwar noch gesprochen, im Alltag aber ging es um die Bewältigung der vielfältigen ökonomischen, sozialen und kulturellen Probleme, für deren Bewältigung die Partei keine Lösungsstrategien mehr anzubieten hatte. Sie flüchtete immer mehr in die rituelle Beschwörung der großen Ziele und Ideale des Sozialismus, ohne einen Ausweg aus der sich zuspitzenden ökonomischen, ökologischen, sozialen und kulturellen Krise weisen zu können. Als die Konflikte immer vehementer wurden, erging es der Partei wie dem Kaiser im Märchen: Es zeigte sich, daß die neuen Kleider des Kommunismus eine Fiktion waren, der Kaiser war nackt.

1.4.4. Das Vorbild Bundesrepublik

Die politische Kultur in der DDR ist, anders als die anderer sozialistischer Länder, immer von der nationalen Sondersituation geprägt und beeinflußt gewesen. Indem die SED das Andere so stark betonte, indem sie sich und den von ihr geschaffenen Staat ideologisch und politisch durch Abgrenzung von der Bundesrepublik zu definieren versuchte, unterstützte sie - ungewollt - zugleich die Bewertungsmaßstäbe, die in der DDR-Gesellschaft üblich waren: Was sind wir im Verhältnis zur Bundesrepublik?

Das politische Leben und der Alltag der DDR-Bürger war durch den permanenten Vergleich mit der Bundesrepublik geprägt, oft auch deformiert. Die politische Führung wurde nicht müde herauszustellen, in welch sozial gesicherten Verhältnissen DDR-Bürger leben konnten, daß sie Arbeitslosigkeit und materielles Elend nicht kannten[50] und ihnen viele der Gebrechen der kapitalistischen Gesellschaft, wie Kriminalität oder Drogensucht, erspart blieben.

Viele, wenn nicht die meisten DDR-Bürger verglichen ihre Situation mit der in der Bundesrepublik (weniger mit anderen westlichen Ländern, was eine problematische Verkürzung der Sichtweise darstellte), nur hatten sie meist keine Chance, einen tatsächlichen Vergleich anzustellen. Als Maßstab des Vergleichs diente die vermutete, durch die westlichen Massenmedien vermittelte, selten genug die unmittelbar erfahrene Wirklichkeit in der anderen deutschen Gesellschaft. Als dieser Vergleich nach dem 9. November 1989 für jedermann möglich wurde, wirkte er wie ein kollektiver Schock.

1.5. Das Aufbegehren - Ansätze einer neuen politischen Kultur

Beobachter der politischen und gesellschaftlichen Entwicklung in der DDR hatten schon seit langem einen manifesten Widerspruch zwischen der offiziellen politischen Kultur mit ihren abgelebten Ritualen und Parolen und der All-

---

[50] Daß sie dabei in abstruse Situationen geraten konnte, zeigt folgende mündlich verbürgte Anekdote: Das DDR-Fernsehen hatte in New York Szenen von einer Armenspeisung einer Wohlfahrtseinrichtung aufgenommen, die aber nicht gezeigt wurden, weil als Nachtisch Bananen, in der DDR Mangelware, ausgeteilt wurden.

tagskultur der Menschen konstatiert.[51] Der erste Vertreter der Bundesrepublik in der DDR, Günter Gaus, hatte in einem Buch den einprägsamen Begriff "Nischengesellschaft" benutzt, um zu beschreiben, wie die Menschen sich vor den Zumutungen des Systems in private Freiräume zurückzogen.[52]

Andererseits waren seit Anfang der 80er Jahre immer mehr Menschen bereit, sich im Schutzraum der Kirchen für vielfältige Ziele zu engagieren.[53] Jedoch muß der Gefahr der Legendenbildung vorgebeugt werden: Bis zum Sommer 1989 waren diese Gruppen in der Gesellschaft der DDR marginalisiert, und nur wenig mehr als ein halbes Jahr später waren sie es wieder.

Die SED hatte jahrzehntelang versucht, das gesamte Leben zu politisieren. Es wurden Produktions- und Ernteschlachten geschlagen und Wettbewerbe organisiert. Glaubt man den offiziellen Verlautbarungen, dann war die Politik der Partei stets Ansporn für tägliches Handeln.

"In hohem Maße", so versicherten die Arbeiter des Petrolchemischen Kombinats Schwedt an der Oder dem Generalsekretär der SED, Erich Honecker, 1986

"strahlen die Kontinuität und der vorausschauende wissenschaftliche Leitungsstil des Zentralkomitees der SED und Dein persönliches Vorbild auf die Leistungsbereitschaft, Initiative und das Schöpfertum der Werktätigen aus. Die tiefe Übereinstimmung der täglich real erlebten Vorzüge des Sozialismus mit den Lebensinteressen der Werktätigen und ihrer Familien erweist sich auch in unserem Kombinat als unversiegbarer Kraftquell, mit dem es gelingt, strategische Aufgaben ... zu meistern."[54]

Das Ergebnis dieser Politisierungsversuche waren eher allgemeine Ermüdungserscheinungen. Unter der Oberfläche einer durch und durch politisierten

---

[51] Vgl. Irma Hanke, Alltag und Politik. Zur politischen Kultur einer unpolitischen Gesellschaft. Eine Untersuchung zur erzählenden Gegenwartsliteratur in der DDR in den 70er Jahren, Opladen: Westdeutscher Verlag 1987; Helmut Hanke, Kulturelle Traditionen des Sozialismus, in: Zeitschrift für Geschichtswissenschaft, 33. Jg. (1985), Nr. 7, S. 589 ff.; Helmut Meier/Walter Schmidt, Erbe und Tradition in der DDR. Die Diskussion der Historiker, Berlin (DDR): Akademie-Verlag 1988.

[52] Vgl. Günter Gaus, Wo Deutschland liegt. Eine Ortsbestimmung, Hamburg: Hoffmann und Campe 1983.

[53] Vgl. hierzu u.a. Reinhard Henkys, Thesen zum Wandel der gesellschaftlichen und politischen Rolle der Kirchen in der DDR in den siebziger und achtziger Jahren, in: Gert-Joachim Glaeßner (Hrsg.), Die DDR in der Ära Honecker. Politik - Kultur - Gesellschaft, Opladen: Westdeutscher Verlag 1988, S. 332-353; Detlef Pollack (Hrsg.), Die Legitimität der Freiheit. Politisch alternative Gruppen in der DDR unter dem Dach der Kirche, Frankfurt a.M./u.a.: Peter Lang 1990; Jörg Swoboda (Hrsg.), Die Revolution der Kerzen. Christen in der Umwälzung der DDR, Wuppertal/Kassel: Onkenverlag 1990.

[54] Neues Deutschland vom 27.1.1986, S. 3.

Gesellschaft entstand die "politische Kultur einer unpolitischen Gesellschaft".[55]

Diese in langen Jahren gewachsene politisch-kulturelle Grundkonstellation zerbrach im Sommer und Frühherbst 1989 innerhalb weniger Wochen und Monate, an ihre Stelle trat für kurze Zeit eine massenhafte Kultur politischen Widerstands.

Im Sommer hatte die Fluchtbewegung dramatisch zugenommen. Sie war eine Reaktion auf kumulierende soziale und politische Probleme.[56] Sie war auch Reaktion und Auslöser der politischen und sozialen Eruption, die zum Ende der DDR innerhalb weniger Monate führen sollte.

Es war vor allem die zum Teil panikartige Ausreise, die den Menschen die Labilität der Situation vor Augen führte und viele ermunterte, sich offen und öffentlich zu Wort zu melden. Es war, wie der Schriftsteller Stefan Heym es auf der großen Berliner Demonstration am 4. November ausdrückte, "als habe einer die Fenster aufgestoßen nach all den Jahren von Dumpfheit und Mief, von Phrasengewäsch und bürokratischer Willkür, von amtlicher Blindheit und Taubheit".[57]

Neben den wöchentlichen Demonstrationen in Leipzig, Dresden und vielen Städten der DDR und der Demonstration von Hunderttausenden von Menschen (die Schätzungen gehen von 500.000 bis eine Million) am 4. November 1989 in Berlin, war es auch die Parteibasis der SED, die sich im November und Anfang Dezember fast täglich zu Tausenden vor der mächtigen Parteizentrale einfand, um ihre Forderungen vorzubringen. Das Gesetz des Handelns war auf die Demonstranten auf den Straßen der DDR übergegangen. Die einst allmächtige SED vermochte gegen sie nichts auszurichten.

In den Massendemonstrationen zeigte sich eine verblüffende politische Reife und Phantasie. Nur einige Transparentaufschriften mögen als Beispiel dienen: "Egon, was sagst Du jetzt zu China?", "40 Jahre Wasser gepredigt und Wein getrunken", "Jetzt geht es nicht mehr um Bananen, jetzt geht es um die Wurst", "Mein Vorschlag für den 1. Mai: die Führung zieht am Volk vorbei", "40 Jahre Frust sind nicht mit 4 Wochen Dialog zu bezahlen", "1789 - 1989", "Jedem seinen Paß - der SED-Führung den Laufpaß".

---

[55] Vgl.: Hanke, Alltag, a.a.O.

[56] Vgl. hierzu: Siegfried Grundmann, Außen- und Binnenmigration der DDR 1989. Versuch einer Bilanz, in: Deutschland Archiv 22. Jg. (1990), Nr. 9, S. 1422-1432; ders./Ines Schmidt, Wanderungsbewegungen in der DDR 1989, Berliner Arbeitshefte und Berichte zur sozialwissenschaftlichen Forschung, Nr. 30, 1990.

[57] zit. nach: Wir treten aus unseren Rollen heraus. Dokumente des Aufbruchs Herbst '89, Berlin: Zentrum für Theaterdokumentation und -information, 1990.

1.6.   Die Bürgerbewegungen als Ferment des Wandels

"Die DDR-Gesellschaft hörte auf, ein monolithisches, unter der SED-Führung geeintes Kollektiv zu sein. Die zentrifugalen Kräfte der Wirtschaft, der internationalen Entwicklungen und die sozialen Widersprüche brachten schwerwiegende Systemverwerfungen mit sich. Das dichtmaschige Organisationsgefüge hatte seine sozialisierende Kraft verloren."

So schildert einer der Vordenker der Opposition, Ehrhart Neubert, zutreffend die Situation des Frühjahrs 1989.[58] Vor diesem Zeitpunkt kann von "der" Opposition in der DDR nicht gesprochen werden. Die Situation in der DDR unterschied sich erheblich von der in anderen sozialistischen Ländern. Zwar gab es seit den späten 70er Jahren verschiedene informelle Gruppen, die meist im Schutzraum der Kirchen arbeiteten, und seit Mitte der 80er Jahre entstand eine "zweite Öffentlichkeit", hergestellt durch verschiedenste Formen halblegaler und illegaler Publikationen, aber eine organisierte Opposition, vergleichbar der Charta 77 in der CSSR oder Solidarnosc in Polen, existierte nicht. Interessant ist auch, daß es nahezu keine Berührungspunkte zwischen diesen Gruppen und Oppositionellen aus den ersten drei Jahrzehnten der Existenz der DDR gab - weder personell ideologisch.[59] Während frühere Oppositionsbestrebungen, nach der Zerschlagung der bürgerlichen Kräfte, stets "Abweichungen" von der Linie der Partei waren, dominierten bei den neuen informellen Gruppen eher subkulturelle Orientierungen und eine große Distanz zu jeder Form formaler Organisation.

Es gab viele Bezüge zu lebensreformerischen und kulturrevolutionären Bewegungen aus dem Beginn unseres Jahrhunderts, ohne daß dies den Beteiligten immer bewußt war. Das politische System und seine Ideologie wurden als bedrückend empfunden. Ihnen wurde aber kein geschlossenes Gegenmodell gegenübergestellt. Die systemsprengende Kraft der politischen und kulturellen Vorstellungen innerhalb der neuen Gruppen lag darin, daß der umfassende Regelungsanspruch der Partei zurückgewiesen wurde. Ihm wurde das Recht auf die Privatheit entgegengesetzt. Ganz im Sinne der Lebensreformbewegung und der sogenannten "neuen sozialen Bewegungen" wurden dem Gesellschaftlichen

---

[58]   Ehrhart Neubert, Die Opposition in der demokratischen Revolution der DDR. Beobachtungen und Thesen, in: Pollack, Die Legitimität der Freiheit, a.a.O.,S.209.

[59]   vgl. zur Entstehungsgeschichte: Hubertus Knabe, Politische Opposition in der DDR. Ursprünge, Programmatik, Perspektiven, in: Aus Politik und Zeitgeschichte, B1-2/90 vom 5. Januar 1990, S.21-32; Helmut Müller-Enbergs, Die Rolle der Bürgerbewegungen in der Volkskammer, in: Gert-Joachim Glaeßner (Hrsg.), Eine deutsche Revolution. Der Umbruch in der DDR, seine Ursachen und Folgen, Frankfurt a.M./u.a.: Peter Lang, 1990, S. 94 ff.

gemeinschaftliche Strukturen privater Freundeskreise, von Lebens- und Glaubensgemeinschaften gegenübergestellt.[60] Die Überwindung der parteizentrierten politischen und sozialen Verhältnisse durch die Kraft der Gemeinschaft trat an die Stelle gesellschaftspolitischer Gegenkonzepte, wie sie die marginale Systemopposition in den früheren Jahren formuliert hatte.[61] Zugespitzt läßt sich die These formulieren, daß die diversen neuen Gruppen durch die Ereignisse außerhalb der DDR, nämlich den Umbruch in der Sowjetunion und den fundamentalen Transformationsprozeß in den sozialistischen Ländern gezwungen wurden, sich als politische Opposition zu verstehen und zu organisieren.

"Ihren Durchbruch aus gesellschaftlicher Marginalität erreichten sie mit dem Aufruf zum Wahlboykott im Frühjahr 1989. Der offene Wahlbetrug der SED wiederum beschleunigte den Loyalitätsverfall - insofern haben die Gruppen zum revolutionären Umbruch entscheidend beigetragen. Außerdem wird man sagen können, daß die Ökologie-, Menschenrechts- und Friedensgruppen ebenso wie das wachsende Engagement kirchlicher Repräsentanten und Gremien die kulturelle Hegemonie der SED durch die Einführung neuer und konkurrierender Werte resp. durch die Uminterpretation parteilicher Setzungen untergruben."[62]

Ein weiterer entscheidender Unterschied zu anderen sozialistischen Ländern bestand darin, daß sozialistische Ideen und Konzepte eine entscheidende Prägekraft auch in oppositionellen Zirkeln behielten. Es hatte in kleinen Gruppen schon seit geraumer Zeit Diskussionen über eine notwendige Reform des Sozialismus von Grund auf gegeben. Nur sehr vereinzelt wurden Stimmen laut, die auf den Sozialismus als Leitidee verzichten wollten. Nachdem das alte System gestürzt war, stellte sich paradoxerweise heraus, daß die schärfsten Kritiker des Sozialismus à la SED die treuesten Verfechter der sozialistischen Idee waren. "Andere haben wohl aus blankem Opportunismus am Sozialismus festgehalten. Es waren oft diejenigen, die sich später in maßloser Sozialismuskritik überschlugen. Dennoch gab es bis in das Jahr 1989 einen weitverbreiteten Konsens darüber, daß die kulturhistorischen Wurzeln des Sozialismus, sein Anteil am Antifaschismus, sein Interesse am Frieden und insbesondere die Projektion des Wertes Gleichheit in eine politische Utopie bleibende Elemente

---

[60] Vgl. hierzu: Gert-Joachim Glaeßner/Klaus-Jürgen Scherer, Auszug aus der Gesellschaft. Gemeinschaften zwischen Utopie, Reform und Reaktion, Berlin: Verlag Europäische Perspektiven 1986.

[61] Vgl. u.a.: Havemann, Dialektik ohne Dogma, a.a.O.; Rudolf Bahro, Die Alternative. Zur Kritik des real existierenden Sozialismus, Köln/Frankfurt a.M.: Bund Verlag 1977.

[62] Sigrid Meuschel, Wandel durch Auflehnung. Thesen zum Verfall bürokratischer Herrschaft in der DDR, in: Rainer Deppe/Helmut Dubiel/Ulrich Rödel (Hrsg.): Demokratischer Umbruch in Osteuropa, Frankfurt a.M.:Suhrkamp 1991, S.41 f.

einer europäischen Politikgestaltung sein würden."[63] Diese Einschätzung bezeichnet ziemlich exakt die Ausgangsposition der Gruppierungen, die sich im Sommer 1989 anschickten, Geschichte zu machen.

Im revolutionären Herbst 1989 waren diese kleinen Gruppen von Oppositionellen plötzlich zu Hoffnungsträgern für eine demokratische Erneuerung geworden. Die Menschen auf den Straßen forderten Demokratie, freie Wahlen und die Zulassung des "Neuen Forums". Wer waren diese Gruppen?

Monate vor dem Oktober 1989, und verstärkt nach den manipulierten Kommunalwahlen vom Mai des gleichen Jahres, hatten die etwa 500 Basisinitiativen in der DDR, die meist unter dem Dach der evangelischen Kirchen Zuflucht gefunden hatten, zu entscheiden, ob und wenn ja, wie sie den notwenigen Prozeß der Veränderung in der DDR anstoßen könnten. Die massive Ausreisewelle des Spätsommers zwang zu einer klaren Positionsbestimmung.

Am 1. Juli 1989 veröffentlichten Mitglieder eines Friedenskreises und die Initiative "Absage an Praxis und Prinzip der Abgrenzung" einen offenen Brief, der erstmals weitreichende politische Forderungen enthielt, Forderungen, die den Systemzusammenhang des "realen Sozialismus" sprengen mußten. Aus Empörung über die Fälschung der Kommunalwahlen im Frühjahr forderten sie eine Reform des Wahlrechts, die das Wahlgeheimnis garantiere und dem Bürger die Möglichkeit gebe, wirklichen Einfluß auf die Zusammensetzung der Volksvertretungen zu nehmen. Gefordert wurde ferner die Zulassung "unabhängiger Interessengemeinschaften" entsprechend der verfassungsrechtlich garantierten Vereinigungsfreiheit.

"Es muß endlich Schluß sein mit der fortwährenden Abgrenzung der Regierenden gegen die Kritik durch die Bürger. Gesellschaftliche Fragen gehen alle an und müssen durch offene Aussprachen geklärt werden. Das gesicherte Recht des Bürgers, eine Meinung frei und öffentlich zu äußern, fördert das Verantwortungsbewußtsein des einzelnen und schafft damit die Grundlage für die notwendige Demokratisierung unserer Gesellschaft."[64]

Es war kein Zufall, daß im Oktober/November das "Neue Forum" zum Symbol des Wandels und der Auflehnung geworden war. Das Neue Forum war die zahlenmäßig stärkste Oppositionsgruppe. Es wurde am 9. September 1989 von 30 Vertretern verschiedener, meist kirchlicher Gruppen gegründet. Zu den Gründungsmitgliedern gehörten u.a. die Malerin Bärbel Bohley, die Witwe des Regimekritikers Robert Havemann, Katja Havemann, der aus der SED ausge-

---

[63] Ehrhart Neubert, Eine protestantische Revolution, Osnabrück: Edition Kontext, 1990, S. 12.

[64] Wie viele müssen noch gehen ... Offener Brief an Christen und Nichtchristen in der DDR, in: Die Tageszeitung v. 15.8.1989, S. 3.

schlossene Anwalt Rolf Henrich, Autor eines regimekritischen Buches[65], der Physiker Sebastian Pflugbeil und der Molekularbiologe Professor Jens Reich. Das Neue Forum verstand sich als pluralistisches Sammelbecken der Opposition und als Vereinigung, die einen "demokratischen Dialog" über Fragen ermöglichen und anstoßen wollte, die die gesamte Gesellschaft angehen. Den Aufruf des Neuen Forum vom Oktober 1989 hatten in kurzer Zeit mehr als 200.000 Menschen unterschrieben. Im Gründungsaufruf hatte es u.a. geheißen:

"Um alle diese Widersprüche zu erkennen, Meinungen und Argumente dazu anzuhören und zu bewerten, allgemeine von Sonderinteressen zu unterscheiden, bedarf es eines demokratischen Dialogs über die Aufgaben des Rechtsstaates, der Wirtschaft und der Kultur. Über diese Fragen müssen wir in aller Öffentlichkeit, gemeinsam und im ganzen Land, nachdenken und miteinander sprechen ... Wir bilden deshalb gemeinsam eine politische Plattform für die ganze DDR, die es Menschen aus allen Berufen, Lebenskreisen, Parteien und Gruppen möglich macht, sich an der Diskussion und Bearbeitung lebenswichtiger Gesellschaftsprobleme in diesem Land zu beteiligen. Für eine solche übergreifende Initiative wählen wir den Namen NEUES FORUM."[66]

Am 12. September veröffentlichten zwölf Personen einen "Aufruf zur Einmischung in eigener Sache" in dem sie angesichts der Reformunwilligkeit des Staatssozialismus und der aktuellen Krise der DDR dazu aufrufen, ein Bündnis aller reformwilligen Menschen zu bilden. "Alle, die sich beteiligen wollen, laden wir zu einem Dialog über Grundsätze und Konzepte einer demokratischen Umgestaltung unseres Landes ein."[67] Unter den Gründungsmitgliedern von "Demokratie Jetzt" waren die Mitgründerin der Gruppe "Frauen für den Frieden", Ulrike Poppe, der Kirchenhistoriker Wolfgang Ullmann, der Physiker und Synodale Hans-Jürgen Fischbeck und der Regisseur Konrad Weiß. Dem Aufruf der Bürgerbewegung "Demokratie Jetzt", der, wie die meisten vergleichbaren Stellungnahmen, in wenigen Exemplaren geschrieben war ("Bitte abschreiben und Weitergeben"), waren "Thesen für eine demokratische Umgestaltung in der DDR" beigefügt, in denen es einleitend hieß:

"Das Ziel unserer Vorschläge ist es, den inneren Frieden unseres Landes zu gewinnen und damit auch dem äußeren Frieden zu dienen. Wir wollen eine solidarische Gesellschaft mitgestalten und alle Lebensbereiche demokratisieren. Zugleich müssen wir ein neues, partnerschaftliches Verhältnis zu unserer natürlichen Umwelt finden. Wir wollen, daß die sozialistische Entwicklung, die in der Verstaatlichung steckengeblieben ist, weitergeführt und dadurch zukunftsfähig gemacht wird. Statt eines vormundschaftlichen, von der Partei beherrschten Staates, der sich ohne gesellschaftlichen Auftrag zum Direktor und Lehrmeister des Volkes

---

65 Henrich, Der vormundschaftliche Staat, a.a.O.

66 Aufbruch 89. NEUES FORUM, in: Oktober 1989. Wider den Schlaf der Vernunft, Berlin: Neues Leben/Elefanten Press 1990, S. 18 f.

67 Aufruf zur Einmischung in eigener Sache, abgedruckt in: Demokratie Jetzt. Dokumentation des Arbeitsbereichs DDR-Forschung und -Archiv (zusammengestellt von Helmut Müller-Enbergs), Berliner Arbeitshefte und Berichte zur sozialwissenschaftlichen Forschung, Nr.19, Berlin, Januar 1990, Dok. Nr. 26.

überhoben hat, wollen wir einen Staat, der sich auf den Grundkonsens der Gesellschaft gründet, der Gesellschaft gegenüber rechenschaftspflichtig ist und so zur öffentlichen Angelegenheit (RES PUBLICA) mündiger Bürgerinnen und Bürger wird. Soziale Errungenschaften, die sich als solche bewährt haben, dürfen durch ein Reformprogramm nicht aufs Spiel gesetzt werden."[68]

"Demokratie Jetzt" entstand aus zwei Oppositionsgruppen, der "Initiative Frieden und Menschenrechte", der "Initiative für Absage an Praxis und Prinzip der Abgrenzung" und der Beteiligung weiterer Ost-Berliner Intellektueller. Obwohl diese Gruppe in vielen Bereichen ähnliche Positionen vertrat wie das Neue Forum, kam es zur Gründung von "Demokratie Jetzt" - vorwiegend auf Grund persönlicher Konflikte.

Eine dritte Oppositionsgruppe, die in der Anfangsphase des Umbruchs Bedeutung erlangte, war der "Demokratische Aufbruch - sozial + ökologisch". Im Juni 1989 hatte sich eine Initiativgruppe zusammengefunden, die überwiegend aus kirchlichen Mitarbeitern bestand. Zu den Mitbegründern gehörten der später der Mitarbeit für den Staatssicherheitsdienst überführte Rostocker Rechtsanwalt Wolfgang Schnur, der Pfarrer und spätere Verteidigungsminister der DDR, Rainer Eppelmann, der Weimarer Theologe Edelbert Richter, und der wissenschaftliche Mitarbeiter des DDR-Kirchenbundes Ehrhart Neubert. Nach einer von der Polizei behinderten Gründungsversammlung am 2. Oktober 1989 hat sich der "Demokratische Aufbruch" am 30. Oktober als Partei konstituiert. Eines der Motive für diese Gründung war die Unzufriedenheit mit der informellen Struktur der Oppositionsbewegung. Rainer Eppelmann sagte dazu, die Gründer hätten das Gefühl gehabt, daß es Zeit sei, von der Spontaneität zu einem dauerhaften Engagement und festen Strukturen zu kommen.[69]

Der Parteitag Mitte Dezember war durch massive Auseinandersetzungen zwischen dem rechten und linken Flügel, vor allem über Fragen der Wirtschaftspolitik und die deutsche Einheit, bestimmt und führte zur Spaltung. Viele prominente Mitglieder schlossen sich der Sozialdemokratischen Partei an.

Die Bürgerbewegungen waren in einer Zeit entstanden, als jede politische Betätigung außerhalb der geregelten Formen der "sozialistischen Demokratie" behindert und von staatlicher Seite unterdrückt wurde. Davon zeugen inzwischen veröffentlichte Berichte des Ministeriums für Staatssicherheit (MfS). Sie zeigen die Sorge vor dem wachsenden Einfluß der Ideen dieser Gruppen auf die Bevölkerung.

In einem Bericht vom Juni 1989 an die Parteiführung der SED berichtete das

---

[68] Thesen für eine demokratische Umgestaltung der DDR, in: Aufruf zur Einmischung, a.a.O., Dok. Nr. 27.

[69] zit. nach Die Tageszeitung, 18. 10. 1989.

MfS von anhaltenden Sammlungs- und Formierungsbestrebungen "solcher Personen, die die Aufweichung, Zersetzung und politische Destabilisierung bis hin zur Veränderung der gesellschaftlichen Verhältnisse in der DDR" zum Ziel haben. Es werden ca. 150 kirchliche Basisgruppen (Friedenskreise, Umweltgruppen, Ökologiegruppen, Frauengruppen, Menschenrechtsgruppen u.s.w.) und zehn personelle Zusammenschlüsse wie der Arbeitskreis Solidarische Kirche, Kirche von Unten, das Grün-Ökologische Netzwerk Arche oder die Initiative Frieden und Menschenrechte genannt. Das "Gesamtpotential" dieser Gruppen wird auf ca. 2500 Personen geschätzt. Etwa 600 Personen gehörten den Führungsgremien an, während "den sogen. harten Kern eine relativ kleine Zahl fanatischer, von sogen. Sendungsbewußtsein, persönlichem Geltungsdrang und politischer Profilierungssucht getriebener, vielfach unbelehrbarer Feinde des Sozialismus bildet." Zu diesen etwa 60 Leuten gehörten Pfarrer Eppelmann, Ulrike Poppe, Bärbel Bohley, Werner Fischer u.a.[70] Die Berichte des MfS zeigen auch, daß diese Gruppen systematisch von der Staatssicherheit ausgespäht worden sind.[71]

Die Bürgergruppen waren bewußt als Foren gegründet worden. Sie wollten einen gesellschaftlichen Dialog und Diskurs über die vielfältigen Probleme in Gang setzen, die sich in den Jahrzehnten der Diktatur des bürokratischen Sozialismus angehäuft hatten. Darin sahen sie die Grundvoraussetzung für das Entstehen einer "civil society".

Das Einfordern eines breiten und uneingeschränkten Dialogs stellte in einer geschlossenen Gesellschaft wie der DDR ein Sakrileg dar. Diese Gesellschaft war vom Informationsmonopol einer Partei geprägt, neben dem eine informelle Kommunikationsstruktur entstanden war, in der allein kritische Fragen gestellt und Probleme benannt werden konnten. Die neuen Gruppen waren wichtiger Teil dieser zweiten Öffentlichkeit. Ihre Vorstellung aber, es ließe sich auf Dauer ein breiter kritischer Diskurs der gesamten Gesellschaft ermöglichen, erwies sich bald als Illusion. Als "Foren" hatten sie schnell ausgedient und, sie mußten anderen Formen politischer Meinungs- und Willensäußerung den Platz überlassen: den Massendemonstrationen und den sich neu gründenden Parteien. Nur eine ganz kurze Zeit repräsentierten sie "das Volk".

---

[70] Information über beachtenswerte Aspekte des aktuellen Wirksamwerdens innerer feindlicher, oppositioneller und anderer negativer Kräfte in personellen Zusammenschlüssen, in: Ich liebe euch doch alle! Befehle und Lageberichte des MfS Januar - November 1989, (Hrsg.: Armin Mitter/Stefan Wolle), Berlin: Basisdruck 1990, S. 46 ff.

[71] Vgl. hierzu u.a.: Information über die weitere Formierung DDR-weiter oppositioneller Sammlungsbewegungen, in: Ich liebe euch doch alle!, a.a.O., S. 208 ff.

Dazu ein Beispiel: Unter dem Titel "Wiedervereinigung?" war in der "Leipziger Volkszeitung" vom 10. Dezember 1989 zu lesen:

"Warum sind wir alle auf die Straße gegangen:
- für die Entmachtung der SED-Herrschaft,
- für Demokratie und Selbstbestimmung,
- für eine Wirtschaftsreform, damit sich unsere Arbeit lohnt,
- für Reisefreiheit, Meinungsfreiheit und Vereinigungsfreiheit,
- für demokratische Reformen und eine neue Gesellschaft.
Wer heute träumt: heute Wiedervereinigung, morgen Mercedes, übermorgen Mallorca - wird schnell erwachen. Das Leben ist anders. Das wissen wir doch, in der Bundesrepublik und bei uns.
Was wollen wir: ein demokratisches und blockfreies Deutschland im Europäischen Haus, wo Grenzen nicht mehr trennen, sondern verbinden. Ein Deutschland mit ökologischer Wirtschaft und verantwortbarem Konsum. Ein Deutschland mit sozialer Grechtigkeit und ausgeglichenem Lebensniveau im Westen und Osten und mit Verantwortung für die 2/3-Welt."[72]

Als Schritt zur unvermeidlichen Einheit Deutschlands werden eine Vertragsgemeinschaft und spätere Konföderation gefordert. Dies war ein erster Beitrag der Opposition in der SED-Bezirkszeitung, die auf Forderung des Runden Tisches Raum für oppositionelle Stellungnahmen zur Verfügung stellte. Dieser gemeinsame Text von "Demokratischer Aufbruch", "Neues Forum" und SDP markiert die Spannweite der Diskussion in der DDR und die Unvereinbarkeit der Ziele. Er zeigt aber vor allem sehr deutlich, daß bereits Ende des Jahres 1989 die utopischen Ziele der Bürgerbewegungen weit von dem entfernt waren, was "das Volk" forderte. Bereits im Dezember deutete sich - damals für den Beobachter noch nicht klar erkennbar - die Marginalisierung der Bürgerbewegungen an.

Im Unterschied zu den anderen Ländern des Sozialismus sowjetischen Typs fällt auf, daß die Opposition in der DDR "auf dem Wellenkamm des revolutionären Umbruchs schwamm, so daß es den Anschein hatte, sie befinde sich an der Spitze der Bewegung".[73]

Die Dynamik der Ereignisse führte dazu, daß die Kritik des Bestehenden und die Abwehr gegenüber durchaus realen Restaurationsversuchen seitens der SED von der Notwendigkeit überlagert wurde, neue, demokratisch legitimierte Institutionen zu installieren. Vor allem ging es darum, ein Parlament, eine frei gewählte Volkskammer, zu schaffen, um den Zerfall jeder Ordnung und den wirtschaftlichen und sozialen Zusammenbruch zu verhindern. Dies stellte die neuen Bewegungen - verfrüht - vor die Entscheidung, Partei zu werden oder "Bewegung" - mit den ihr eigenen Organisations- und Entscheidungsformen - zu bleiben.

---

[72] Wiedervereinigung?, in: Leipziger Volkszeitung v. 10.12.1989, S. 13.

[73] Meuschel, Wandel durch Auflehnung, a.a.O., S. 43.

Die Weigerung des "Neuen Forum", der Bürgerbewegung "Demokratie Jetzt" und der "Initiative Frieden und Menschenrechte", den Schritt der Parteibildung zu gehen, war in der Erfahrung der historischen sozialen Bewegungen, insbesondere der Arbeiterbewegung, aber auch in der der neuen sozialen Bewegungen im Westen begründet, daß mit der Parteibildung der Bewegungscharakter allmählich verloren geht und die Politik droht, sich zu verselbständigen. Das schloß eine Beteiligung an Wahlen nicht aus. Es ist aber nicht zu übersehen, daß diese Abstinenz den Einfluß jener Gruppen auf das politische Geschehen bereits frühzeitig entscheidend geschwächt hat.

In der revolutionären Euphorie des Herbstes 1989 erschien es vielen, als ob in der DDR die Saat einer völlig neuen politischen Kultur aufgehe: der "Wunsch nach Gerechtigkeit, Demokratie, Frieden sowie Schutz und Bewahrung der Natur" war der Impuls des "Neuen Forums", den es "bei der kommenden Umgestaltung der Gesellschaft in allen Bereichen lebensvoll erfüllt wissen" wollte.[74] "Laßt uns gemeinsam nachdenken über unsere Zukunft, über eine solidarische Gesellschaft, in der soziale Gerechtigkeit, Freiheit und Menschenwürde für alle gewahrt sind," lautete es im Gründungsaufruf der "Bürgerbewegung Demokratie Jetzt".[75] Bereits im folgenden 12Winter erwiesen sich diese Hoffnungen als irreal.

Hier besteht erneut die Gefahr der Mythenbildung: Die "DDR-Revolution" ist nicht "verraten" worden. Das Volk der DDR, das in den Massendemonstrationen vom Herbst 1989 bis zu den Wahlen im Frühjahr 1990 die Straßen bevölkerte, war nie einheitlich. Es war einig in der Ablehnung des alten Systems. Übe1r das Danach bestanden allenfalls diffuse Vorstellungen. Daß der schöne Traum der Intellektuellen von einer besseren, demokratischen und sozialistischen DDR nicht in Erfüllung ging, ist "dem Volk" nicht anzulasten. Revolutionäre Umbrüche haben ihre eigene Logik. Daß "Sozialismus" nach den Erfahrungen mit dem Sozialismus sowjetischen Typs keine positive Utopie mehr sein konnte, zeigte nicht nur die Entwicklung in der DDR. Der Sozialismus ist auf absehbare Zeit diskreditiert. Als gesellschaftliche Utopie hat er wohl aufgehört zu existieren.

---

74 Gründungsaufruf: Eine politische Plattform für die ganze DDR, in: Gerhard Rein (Hrsg.), Die Opposition in der DDR. Entwürfe für einen anderen Sozialismus, Berlin: Wichern, 1989, S. 14.

75 Aufruf zur Einmischung in eigener Sache, in: Rein, a.a.O., S. 59.

2. Ideologie und Wirklichkeit – Die Krise des Systems und der Niedergang der SED

2.1   Der Weg in die Krise

Auf einer Tagung des Zentralkomitees der SED im Dezember 1988 ereignete sich Unerhörtes: Der Generalsekretär, Erich Honecker, sprach davon, daß es "kein für alle sozialistischen Länder geltendes Modell" gebe. Honecker sprach statt dessen vom Sozialismus "in den Farben der DDR".[1] Diese Formulierungen ließen Erinnerungen an einen berühmt gewordenen Aufsatz aus der Anfangszeit der SED 1946 aufkommen, in dem von einem "besonderen deutschen Weg zum Sozialismus" die Rede gewesen war.[2]

Bei näherem Hinsehen aber stellte sich heraus, daß das Reden über besondere Bedingungen in der DDR nur dazu diente, sich von den Reformkonzepten der sowjetischen Kommunisten unter Michail Gorbatschow abzugrenzen. Westliche Medien, die immer beklagt hätten, daß die Politik der SED zu russisch sei, drängten sie jetzt, "in die Anarchie zu marschieren", denn dies war nach Auffassung Honeckers und der Parteiführung das zu erwartende Ergebnis von Perestroika und Glasnost. Die SED aber werde diesen neuen "Freundchen" der Sowjetunion nicht folgen.[3] Diese Rede wurde in großen Teilen der Parteimitgliedschaft und generell in der DDR völlig zutreffend als Absage an jede Reform gewertet. Dieser Politik blieb die Parteiführung unter Erich Honecker bis zu ihrem Ende treu.

Dabei schien Honecker einige gute Argumente auf seiner Seite zu haben. War nicht die DDR das industriell entwickeltste Land im RGW? Hatte sie nicht den höchsten Lebensstandard, und hatte die Politik der Perestroika nicht bereits zu

---

[1] Mit Blick auf den XII Parteitag die Aufgaben der Gegenwart lösen. Aus dem Bericht des Politbüros an die 7. Tagung des Zentralkomitees der SED. Berichterstatter: Genosse Erich Honecker, Berlin(DDR): Dietz 1988, S.10/91. Diese Formulierung war, ohne es auszusprechen, dem Sprachgebrauch der französischen Kommunisten in ihrer "eurokommunistischen" Phase entlehnt.

[2] Vgl. Anton Ackermann, Gibt es einen besonderen deutschen Weg zum Sozialismus?, in: Einheit, Nr. 1, 1946, S. 22 ff.

[3] 7. Tagungs des Zentralkomitees der SED, a.a.O., S. 11.

erheblichen wirtschaftlichen und sozialen Problemen in der Sowjetunion geführt? Der entscheidende Aspekt aber wurde verkannt: Perestroika und Glasnost eröffneten zum ersten Mal seit den frühen 60er Jahren und der Niederschlagung des "Prager Frühlings" die vage Hofnung auf eine Reform des administrativen Sozialismus. Viele Intellektuelle und Parteimitglieder erwarteten, daß die SED sich diesen Vorstellungen anschließen werde. Das frühere Mitglied des Politbüros, Günter Schabowski schreibt, daß Glasnost deshalb eine so breite Resonanz hatte, weil "einer der Widersprüche zwischen den Menschen und der Führung in der DDR gerade die fehlende Freimütigkeit war." Honecker habe den ideologischen Bewußtseinswandel, den Glasnost ausgelöst habe, völlig unterschätzt.[4]

Das ist sicher richtig. Andererseits ist aber für die DDR typisch gewesen, daß die Intellektuellen weit stärker und wesentlich länger als in allen anderen sozialistischen Ländern parteitreu waren. Anders als in Polen, der CSSR oder Ungarn gab es nur eine marginale nichtparteigebundene kritische Intelligenz. Die Konflikte der Gesellschaft zogen sich durch die Partei hindurch. Dies war "Ausdruck eines DDR-Phänomens, eines SED-Phänomens: In dieser Staatspartei waren sowohl diejenigen, die Filme verboten, als auch diejenigen, die sie gedreht hatten. In dieser Partei waren genauso die Richter und Staatsanwälte, die harte politische Urteile fällten, als auch die Rechtsanwälte, die in denselben Prozessen Freispruch forderten".[5]

Eine Vielzahl von parteigebundenen Wissenschaftseinrichtungen lieferte "Analysen", die in ihrem Realitätsgehalt nicht weit vom idyllischen Weltbild der Parteiführung entfernt waren. In der apologetischen Sicht führender Sozialwissenschaftler war der Sozialismus in der DDR vor dem Oktober 1989 eine effektive und zukunftsorientierte "Leistungsgesellschaft"[6], ein System, das "Leistung, Fortschritt und Gerechtigkeit"[7] miteinander verband. Die Wirtschaft wurde als stabil und gesund beschrieben, "vielfältige Reformprozesse" seien im Gange und der "Reifeprozeß des Volkseigentums" widerlege die Behauptung, daß ihm die inneren Triebkräfte verlorengegangen wären.[8] Die DDR wurde als

---

[4] Günter Schabowski, Das Politbüro. Ende eines Mythos. Eine Befragung, Reinbek: Rowohlt 1990, S. 36.

[5] Gregor Gysi/Thomas Falkner, Sturm auf das große Haus. Der Untergang der SED, Berlin: Edition Fischerinsel 1990, S. 16.

[6] Otto Reinhold, Der Sozialismus als Leistungsgesellschaft, Neues Deutschland vom 8.8.1989, S. 3.

[7] Harry Nick, Leistung, Fortschritt und Gerechtigkeit, in: Neues Deutschland vom 9.8.1989, S. 3.

[8] Gerhard Schulz, Sozialistisches Eigentum - eine Grundfrage der Gesellschaftskonzeption der SED in: Neues Deutschland vom 1.9.1989, S. 3.

ein "sozialistischer Rechtsstaat" beschrieben,[9] in dem die Masse der Bürger das Recht und die Rechtsanwendung als gerecht empfinde.[10] Die Arbeiterklasse verwirkliche ihre historische Mission in einer "erbitterten ideologischen Auseinandersetzung" mit dem Kapitalismus.[11] Jedes Reden über eine Krise in der DDR offenbare nur die Krise in den Köpfen derer, die über sie schrieben.[12]

Zum Umsturz in der DDR haben die Sozialwissenschaftler kaum etwas beigetragen. Das ist auch in keiner Gesellschaft die eigentliche Aufgabe der Sozialwissenschaften. Aber es ist sehr wohl ihre Aufgabe, Kritik zu üben und der Realität einer Gesellschaft auf die Spur zu kommen. Die publizierten Ergebnisse hatten mit der Wirklichkeit ebenso wenig zu tun wie das Bild, das in der Presse vom Zustand des Landes gezeichnet wurde. Beide bedienten sie die Politik mit schönfärberischen Berichten und trugen so entscheidend dazu bei, daß die Kluft zwischen Realität und dem offiziell gezeichneten Bild immer größer wurde.

"Anstatt Lösungen von Problemen zu beraten, wurden allgemeine Losungen in Umlauf gebracht und stereotyp wiederholt, um in Ordnung zu bringen, was noch nicht in Ordnung ist ... Anstatt unsere Genossen und alle Bürger ins Vertrauen zu ziehen und sie so für eine engagierte Mitarbeit zur Lösung zu gewinnen, wurde versucht, ihnen ein DDR-Bild zu suggerieren, das immer weniger den Alltagserfahrungen der Menschen entsprach. Konflikte wurden verdrängt und notwendige Antworten oft durch Administration und Gängelei ersetzt."[13]

So äußerte sich der Nachfolger Honeckers selbstkritisch auf der letzten Tagung des Zentralkomitees der SED im November 1989. Die Diskrepanz stellte einer der wesentlichen Gründe dar, warum Glasnost zu einer Verheißung in der DDR geworden war: Die Bürger wußten ebenso wie die meisten Parteimitglieder, daß sich die Realität von den ideologisch präformierten Darstellungen in Presse, Rundfunk und Fernsehen, die an der kurzen Leine der Partei massiven Reglementierungen und "Sprachregelungen" unterworfen waren, gründlich unterschied. Wöchentliche "Argumentationen" für die Chefredak-

---

9   Harald Wessel/ Peter Przybylski, Der sozialistische Rechtsstaat DDR - seine Fortschritte und seine Kritiker, in: Neues Deutschland vom 14.8.1989, S. 3. Przybylski, Pressesprecher der Generalstaatsanwaltschaft, wurde später als Autor eines reißerischen Buches über Erich Honecker bekannt. Peter Przybylski, Tatort Politbüro. Die Akte Honecker, Berlin: Rowohlt 1991.

10 Klaus Heuer, Warum sich jeder einzelne mit unserem Recht identifizieren kann, in: Neues Deutschland vom 5./6.11.1988, S. 10.

11 Kurt Tiedke, Die neue Epoche auf deutschem Boden, in: Neues Deutschland vom 30.8.1989, S. 3.

12 Die Krise der Ute Reinhart und die Wirklichkeit der DDR, in: Neues Deutschland vom 3.8.1989, S. 3 f.

13 Egon Krenz, In der DDR - gesellschaftlicher Aufbruch zu einem erneuerten Sozialismus, in: Neues Deutschland vom 9.11.1989, S. 3.

teure aller Medien im Hause des Zentralkomitees sorgten für ihre Uniformität.[14]

Diese Realitätsferne hatte Folgen. Die Propaganda verselbständigte sich und formte auch das Weltbild derer, die sich ihrer bedienten. (Eine der deprimierendsten Erfahrungen mit internen Dokumenten und in Interviews mit ehemaligen Spitzenpolitikern ist, daß sie, von wenigen Ausnahmen abgesehen, in derselben gestanzten Sprache denken, die sie ihrer Bevölkerung zugemutet haben.)

Auf der 10. Tagung des ZK der SED, die vom 8. bis 10. November 1989 stattfand und in deren Verlauf die Mauer geöffnet wurde, gestand Egon Krenz ein, daß die "heute in aller Öffentlichkeit behandelten Probleme und Fragestellungen ... nicht über Nacht und auch nicht erst im letzten Sommer entstanden" seien. Die SED sei von falschen ökonomischen Annahmen ausgegangen, einer Fehleinschätzung der internationalen Situation unterlegen und habe sich von Wunschdenken leiten lassen.[15]

Die SED-offiziellen Äußerungen über die Ursache der schwersten politischen Krise seit dem 17. Juni 1953 blieben aber bis Anfang Dezember 1989 an der Oberfläche, da sie diese strukturellen Ursachen nicht oder nur ungenügend benannten. Erst nachdem die SED-Parteiführung unter Egon Krenz das Feld geräumt hatte, begann eine offene Diskussion über den "strukturellen Stalinismus", der alle Reformversuche überlebt hatte, die zwar das Planungs- und Lenkungssystems modifizierten, die politisch-gesellschaftlichen Grundstrukturen aber unangetastet ließen. So verwundert es nicht, daß seit der ersten Debatte über die Notwendigkeit tiefgreifender Reformen des ökonomischen Mechanismus 1956/57 noch immer die gleichen Fragen auf der Tagesordnung standen: Dezentralisierung, Demonopolisierung, Rolle des Marktes, Preisreform, Liberalisierung des Außenhandels und vor allem die Unabhängigkeit der Wirtschaftsunternehmen von der Partei- und Staatsadministration.[16]

Je weiter die Veränderungen in der Sowjetunion, Polen und Ungarn vorangingen, um so unsicherer wurde die überalterte Führung der SED. Sie spann sich in ein Netz von Selbsttäuschungen ein und sah jeden Versuch zur Veränderung als Anschlag des Klassengegners an.

An vier Themenkomplexen soll in aller Kürze die Unfähigkeit der politischen

---

[14] Vgl. Ulrich Bürger, Das sagen wir natürlich so nicht! Donnerstag-Argus bei Herrn Geggel, Berlin: Dietz 1990.

[15] In der DDR - gesellschaftlicher Aufbruch zu einem erneuerten Sozialismus. Referat von Egon Krenz, Generalsekretär des ZK der SED , in: Neues Deutschland vom 9.11.1989, S. 3.

[16] Vgl. zu diesem Problem: Tamas Bauer, Reforming or Perfecting the Economic Mechanism, in: Social Research 55(1988), No. 4, 679 ff.

Führung demonstriert werden, die Realitäten zur Kenntnis zu nehmen. Es sind dies die Haltung zum Protest gegen die gefälschten Kommunalwahlen, die Reaktion auf die blutige Unterdrückung der Demokratiebewegung in China, die Berichterstattung über die Ausreisewelle und die Vorbereitung des 40. Jahrestags der DDR.

Am 8. Mai 1989 meldete das "Neue Deutschland" unter der Überschrift "Eindrucksvolles Bekenntnis zu unserer Politik des Friedens und des Sozialismus", daß 98,85 % der Wähler bei den Kommunalwahlen am Tage zuvor für die Kandidaten der Nationalen Front gestimmt hätten. Diese Kommunalwahlen waren im Stil aller bisheriger Wahlkampagnen Anlaß einer großangelegten Mobilisierungsaktion. Erstmals hatte es aber im Vorfeld vereinzelte Proteste gegen die Kandidatenaufstellung gegeben, vor allem aber hatten einige Bürgergruppen die öffentliche Auszählung der Wahlergebnisse überwacht und deutliche Diskrepanzen zwischen den ausgezählten Stimmen und dem offiziell verkündeten Ergebnis festgestellt. Diese Wahlfälschung wurde zum entscheidenden Auslöser für öffentlich artikulierten Unmut. Darauf reagierte die SED mit einer Propagandakampagne, die, so wurde es in den "Argumentationen" beim ZK der SED festgelegt, die Fortschritte in der Kommunalpolitik herausstellen, die DDR als "sozialistischen Rechtsstaat" darstellen und die Bürgernähe der Kommunalpolitik hervorheben sollte.[17] In diesem Sinne bezeichnete das für die Medienpolitik zuständige Politbüromitglied Joachim Herrmann auf der 8. Tagung des Zentralkomitees die Kommunalwahlen als "machtvolles Bekenntnis" der Bürger zur "erfolgreichen Politik der SED, zu ihrem Arbeiter-und-Bauern-Staat". Das Wahlergebnis seit angesichts der vielschichtigen Entwicklung in der Welt von nationaler und internationaler Tragweite.

> "Es bestätigt, wie sehr der Sozialismus zur Angelegenheit des ganzen Volkes, aller Klassen und Schichten wird, wenn seine Gesetzmäßigkeiten beachtet und entsprechend den konkreten nationalen Bedingungen schöpferisch angewandt werden. Dokumentiert wurde, wie politisch stabil und ökonomisch erfolgreich sich die DDR entwickelt, wie sehr die auf Kontinuität und Erneuerung gerichtete Politik unserer Partei den Interessen der Bürger entspricht."[18]

Im gleichen Sinne äußerten sich die Publikationsorgane der Blockparteien. Die Zeitung der CDU, die "Neue Zeit", schrieb am 9. Mai zum Ergebnis der Kommunalwahlen, daß jene, "denen wir millionenfaches Vertrauen als Vertreter des Volkes aussprachen, ... in Stadt und Land maßgeblich für die weitere Entwicklung unseres Staates, über die erste große Wegstrecke im 5. Jahrzehnt der DDR mitbestimmen" werden.[19] In einem Kommentar der LDPD-Zeitung

---

17 Vgl. Bürger, Das sagen wir natürlich so nicht! a.a.O., S. 217.

18 Aus dem Bericht des Politbüros an die 8. Tagung des Zentralkomitees der SED. Berichterstatter: Joachim Herrmann, in: Neues Deutschland vom 23.6.1989, S. 7.

19 Mandat mit hohem Anspruch, in: Neue Zeit vom 9.5.1989, S. 1.

"Der Morgen" wird von einem "geschichtlichen Gemeinschaftswerk" gesprochen, das unter der Führung der SED in der Nationalen Front realisiert worden sei. Der Wahlsonntag symbolisiere "den Stolz der Bürger darauf, diese unsere Gesellschaftordnung, die soziale Sicherheit und Geborgenheit für jeden garantiert, in der beruflichen und ehrenamtlichen Arbeit auf vielfältige Weise mitgestaltet zu haben."[20] Der gleiche Tenor findet sich in den Kommentaren der übrigen Parteien und Massenorganisationen.

Daß sich die Parteiführung über die Brisanz der gefälschten Kommunalwahlen offenkundig überhaupt nicht im klaren war, geht aus den Äußerungen mehrerer früherer Politbüromitglieder hervor. Desgleichen, daß diese Fälschung generelle Praxis war. So weist Günter Schabowski darauf hin, daß im Politbüro über die Kommunalwahlen kaum diskutiert worden sei, und wundert sich nur darüber, daß dort, wo beim Addieren "nicht die Ergebnisse herauskamen, die vorher abgesprochen worden waren", die Ergebnisse von den Wahlleitern des Bezirks geändert wurden.

> "Es war eine absurde Manipulation von Bruchteilen von Prozenten, der Gipfel eines politischen Formalismus und einer im Grunde absolute zynischen Haltung, einer brutalen Verletzung der Wählersouveränität."[21]

Ein zweites wichtiges Element der Entwicklung der finalen Krise der DDR war die Reaktion auf die Ereignisse in China. Das "Neue Deutschland" druckte über Wochen hinweg offizielle Stellungnahmen von "Renmin Ribao", dem Zentralorgan der Kommunistischen Partei Chinas. Es übernahm ohne jede Modifikation die offizielle Meinung der chinesischen kommunistischen Partei. Am 5. Juni 1989 meldete ADN, daß die Volksbefreiungsarmee Chinas den "konterrevolutionären Aufruhr" niedergeschlagen habe. Zwar enthielt sich das "Neue Deutschland" jeden Kommentars, aber die Wiedergabe der offiziellen chinesischen Position wurde von den Bürgern der DDR als deutlicher Hinweis an die eigene Adresse verstanden.

Bei einem Besuch im Saarland wurde Egon Krenz wenige Tage nach dem Massaker auf dem Tienanmen-Platz von der Presse nach seiner Position gefragt. Er äußerte sich folgendermaßen:

> "Bei der Beurteilung der Ereignisse in der Volksrepublik China kann man nicht von den Horrordarstellungen der BRD-Medien ausgehen. Man muß sich auf die wirklichen Ereignisse und die Erklärungen der chinesischen Partei- und

---

[20] Gerhard Fischer, Ein guter Tag - dieser 7. Mai, in: Der Morgen vom 9.5.1989, S. 1.

[21] Günter Schabowski, Das Politbüro. Ende eines Mythos. Eine Befragung, Reinbek: Rowohlt 1990, S. 55.

Staatsführung stützen. In diesen wird klar und deutlich festgestellt, daß die friedliche Demonstration der Studenten zu einem konterrevolutionären Umsturz in der Volksrepublik China ausgenutzt werden sollten."[22]

Moderatere Töne kamen lediglich aus dem Lager der LDPD. Der Parteivorsitzende Manfred Gerlach äußerte auf der 6. Sitzung des Zentralvorstandes seiner Partei Betroffenheit über die blutigen Ereignisse in der Volksrepublik China und über die Entwicklungen in Polen und Ungarn, die die Liberaldemokraten zutiefst berührten und fragen ließen, wohin die Entwicklung gehe.[23]

In der Folge wurde im DDR-Fernsehen mehrmals der offizielle chinesische Rechtfertigungsfilm über die Ereignisse in Peking ausgestrahlt - dies konnte nur als deutliche Warnung an die DDR-Bürger interpretiert werden. In einem Kommentar der "Berliner Zeitung" (von O. Adam) wurde aus diesem propagandistischen Machwerk geschlossen, daß es sich bei der Bewegung für Demokratie in Wirklichkeit um "eine extremistische Minderheit" gehandelt habe, "die entmenscht mordete und Feuer legt. Nicht eine Minderheit von Erneuerern des Sozialismus, sondern von Leuten, die dessen Totengräber sein wollten." Und der Kommentator fügte hinzu, daß er keinen Staat auf der Welt, keine Armee kenne, "die sich so als Opfer darbieten würde, wie das die chinesische getan habe."[24] Noch deutlicher wird die Kommentatorin der "Jungen Welt", Sabine Stephan, die davon sprach, daß die "Sodaten des Volkes von Konterrevolutionären massakriert" worden seien und daß die Regierung sich gegen "Aufrührer" zur Wehr gesetzt habe. Die Aussagen der westlichen Medien seien von Haß geprägt, sie argumentierten gegen die Wahrheit, gegen die Kommunisten, gegen den Sozialismus.

> "Weil sie bestechlich sind für die Lüge. Weil sie das innige Bedürfnis haben, Gerüchte zu schüren, selbst ein Stück Konterrevolution zu sein ... das Ganze hat sein Gutes: Man vergißt nicht, wo der Feind sitzt."[25]

Bis zu ihrem Sturz betonte die SED-Parteiführung ihre Solidarität mit der KP Chinas, sei es Egon Krenz während einer offiziellen Reise in die Volksrepublik Ende September,[26] sei es Herrmann Axen auf einer Festveranstaltung zum 40.

---

22 Nützlicher Dialog über Abrüstung und europäische Zusammenarbeit, in: Neues Deutschland vom 9.6.1989, S. 2.

23 Auf festen Positionen. Eröffnungsworte des Parteivorsitzenden Prof. Dr. Gerlach, in: Der Morgen vom 15.6.1989, S. 1.

24 O. Adam, Beim Betrachten der Bilder aus Peking, in: Berliner Zeitung vom 29.6.1989, S. 5; im gleichen Sinne: Konterrevolution entlarvt - Westfernsehen gleich mit, in: Junge Welt vom 29.6.1989, S. 6.

25 Sabine Stephan, Eine deutliche Sprache, in: Junge Welt vom 30.6.1989, S. 15.

26 Partei- und Staatsdelegation der DDR führt in China politische Gespräche, in: Neues Deutschland vom 26.9.1989, S. 1 f.

62

Gründungstag der Volksrepublik China in Berlin Anfang Oktober.[27] Am 2. Oktober, wenige Tage vor dem 40. Jahrestag der DDR, berichtete das "Neue Deutschland" unter dem zynischen Titel "Pekings Tiananmen-Platz erlebte ein mitreißendes Fest der Lebensfreude", daß Egon Krenz gegenüber einer Delegation von Werktätigen betont habe: "Euer Feiertag ist unser Feiertag. Uns vereinen gleiche Ideale."[28]

Diente die Berichterstattung über die Ereignisse in China unverkennbar der Einschüchterung der eigenen Bevölkerung, so zeigt die Reaktion auf die im Sommer einsetzende massive Fluchtwelle aus der DDR deutlich, daß die politische Führung jeglichen Kontakt zur Wirklichkeit verloren hatte.

Wenn es zutrifft, daß das Politbüro über die Ankündigung der Ungarn vom 2. Mai des Jahres, die Grenzen gegenüber Österreich zu öffnen, überhaupt nicht diskutiert habe,[29] wirft dies ein bezeichnendes Licht auf die Weltferne der DDR-Gerontokratie.

Die massenhafte Abwanderung vor allem junger DDR-Bürger wurde - wie vor dem 13. August 1961 - dem negativen Einfluß, der Abwerbungskampagne und der "Frontberichterstattung" der Westmedien zugeschrieben, die die "organisatorischen Regieanweisungen" gäben, um "Bürger der DDR zum Verlassen ihrer Heimat anzustiften".[30] (Die absurdeste Geschichte druckte das "Neue Deutschland", das von einem Koch berichtete, der angeblich mit einer Mentholzigarette betäubt wurde und in Österreich wieder aufwachte.[31]) Denen, die die DDR verließen, müsse man keine Träne hinterherweinen, meinte das Zentralorgan der SED am 2.Oktober 1989. Diesen Satz, der helle Empörung hervorrief, hatte Erich Honecker dem Vernehmen nach selbst formuliert und

[27] Herrman Axen, Eines der bedeutsamsten Ereignisse des Jahrhunderts, in: Neues Deutschland vom 30.9./1.10.1989, S. 3 f.

[28] Pekings Tiananmen-Platz erlebte ein mitreißendes Fest der Lebensfreude, Neues Deutschland vom 2.10.1989, S. 5.

[29] Mitteilung von Wolfgang Herger in einem Interview mit dem Verf. (Die Interviews mit ehemaligen Spitzenpolitikern der DDR fanden im Rahmen eines Forschungsprojekts zum Ende der DDR statt, das der Verf. gemeinsam mit Prof. Dr. Rolf Reißig vom Berliner Institut für sozialwissenschaftliche Studien bearbeitete.)

[30] Kampagne gegen die DDR im Stile des kalten Krieges, in: Neues Deutschland vom 25.8.1989, S. 2.

[31] Ich habe erlebt, wie BRD-Bürger "gemacht" werden, in: Neues Deutschland vom 21.9.1989, S.1 und 3; ein halbherziges Dementi erfolgte im Neuen Deutschland vom 3.11.1989 (In eigener Sache); vgl. ferner: Menschenhandel. Tatsachen enthüllen den rücksichtslosen Umgang der BRD mit Menschenschicksalen und mit dem Völkerrecht in: Neues Deutschland vom 19.9.1989, S. 3.

über die zuständige Abteilung Agitation und Propaganda an das "ND" weiterleiten lassen.[32]

Presse und Fernsehen berichteten - wie 1953 - von "durch Provokateure von langer Hand vorbereiteten" Aktionen, die nicht zufällig am 40. Jahrestag der DDR kulminierten. Journalisten des "Neuen Deutschland" stellten am 10. Oktober einen unmittelbaren Bezug zwischen der Berichterstattung westlicher Medien und "antisozialistischen Ausschreitungen" her. ("Die Provokation war von langer Hand vorbereitet. Westberliner Rundfunk- und Fernsehstationen haben sich dabei hervorgetan. Auch schickte man Hetzballons mit Flugblättern wie in Hochtagen des kalten Krieges.") Von einer "aufgeputschten Meute" war die Rede, die Polizeibeamte mit dem Nazigruß empfingen. Die Gethsemane-Kirche in Berlin, von der seit Jahren viele Proteste ausgegangen waren, wurde als Ort einer Verschwörung ausgemacht.[33] In allen Zeitungen kamen "empörte Bürger" zu Wort, die "einhellig" die "gewissenlosen Provokationen" verurteilten. Jegliche Übergriffe der "Ordnungskräfte" wurden geleugnet. Wahr sei vielmehr, "daß Randalierer, aufgeputschte Störer und kriminelle Elemente staatsfeindliche Parolen riefen und die im Ordnungseinsatz befindlichen Volkspolizisten tätlich angriffen."[34]

In einer Rede zur Eröffnung des Parteilehrjahres der SED 1989/90 setzte sich der Berliner SED-Vorsitzende, Günter Schabowski, mit den "zweifelhaften Segnungen des Imperialismus" auseinander[35] und bestimmte damit den Tenor einer Medienkampagne, die das Ziel hatte, die Bürger von der Flucht in den Westen abzuhalten. In großer Aufmachung wurde über die angebliche Verletzung des Völkerrechts in der Bundesrepublik berichtet,[36] ein Rechtsprofessor beschwor Revanchegedanken in der Bundesrepublik[37], und der Leiter des Betriebsteils Beelitz des VEB Güterkraftverkehr Potsdam schrieb an einen ausgereisten ehemaligen Kollegen:

"Hallo, Maik! Du hat nicht nur Dir, sondern uns allen zu Deinem 27. Geburtstag eine Überraschung bereitet, mit der keiner gerechnet hat. Am wenigsten wohl Deine

---

[32] Krenz, Wenn Mauern fallen. Die friedliche Revolution: Vorgeschichte - Ablauf - Auswirkungen, Wien: Paul Neff 1990, S. 30; Interview des Verf. mit Wolfgang Herger.

[33] Bürger der DDR: Wir wollen unser sozialistisches Land zum Wohle der Menschen weiter ausgestalten und alles für den Frieden tun, in: Neues Deutschland vom 10.10.1989, S. 3.

[34] Mitteilung der Presseabteilung des Ministeriums des Innern, in: Neues Deutschland vom 11.10.1989, S. 2.

[35] Trotz Scharfmacherei sind revanchistische Träume zum Scheitern verurteilt, in: Neues Deutschland vom 8.9.1989, S. 3.

[36] Wie die BRD das Völkerrecht verletzt, in: Neues Deutschland vom 13.9.1989, S. 5.

[37] Vgl. Gerhard Riege, Die "Obhutspflicht" der BRD und ihr Drang nach den Grenzen von 1937, in: Neues Deutschland vom 13.9.1989, S. 5.

64

Familie und Deine näheren Verwandten. War das wirklich Dein Ziel? Deine Frau,
Dein Kind, Deine Kollegen, Deinen Betrieb, Deinen Staat zu verlassen? ... Du warst
ein guter und hilfsbereiter Kollege; aber diesen Schritt versteht niemand. Sind denn
schnelle Autos und Reisemöglichkeiten für Dich alles im Leben? Zählen Familie,
Liebe, Freundschaft, Sicherheit, Harmonie überhaupt nicht für Dich? Ich habe Dich
immer für einen klugen Burschen gehalten, und jetzt hast Du Dich in die Reihe der
Hirnlosen und Verirrten eingereiht, um denen aus der Hand zu fressen. Du wirst
sicher bald wieder ein großes Auto fahren, sicher auch weniger Reparaturen und
weniger Ärger mit Deinem Fahrzeug haben. Aber sicher ist auch, daß Du
Atmosphäre und Kollegialität unseres Betriebes nicht wieder haben wirst. Als
fehlende Arbeitskraft bist Du ein Verlust für uns ... als Mensch, als Kollegen bist Du
eine Enttäuschung, von der sich viele von uns und besonders ich, so bald nicht
wieder frei machen können."[38]

2.2. Der vierzigste Jahrestag der DDR

In seiner Rede zum 40. Jahrestag der DDR am 6. Oktober 1989, die den be-
schönigenden Titel "Durch das Volk und für das Volk wurde Großes vollbracht", trug, hatte Erich Honecker ein wahrhaft idyllisches Bild der Situation
in der DDR gemalt. Statt einer gemäßigt kritischen Version, die ihm dem Vernehmen nach vorgelegen hatte, trug er einen Text vor, der jeden Wirklich-
keitsbezug vermissen ließ und sich in platte Losungen wie "Vorwärts immer,
rückwärts nimmer" flüchtete. Die DDR überschreite die Schwelle zum Jahr
2000 mit der Gewißheit, daß dem Sozialismus die Zukunft gehöre, auch wenn
"einflußreiche Kräfte der BRD" die Chance witterten, "die Ergebnisse des
zweiten Weltkrieges und der Nachkriegsentwicklung durch einen Coup zu beseitigen". Statt eines Hinweises auf die realen Probleme des Landes war von der
"Politik der Kontinuität und Erneuerung" die Rede, eine Floskel, die in den
Jahren zuvor ständig gebraucht worden war, um alle Forderungen nach einer
Reform abzublocken. Diese Politik sichere, daß auch künftig der "Sozialismus
in den Farben der DDR" leuchten werde. Während Tausende die DDR ver-
ließen oder auf den Straßen für eine andere Republik demonstrierten, sprach
Honecker von dem "vertrauensvollen Gespräch in Stadt und Land", das in
Vorbereitung des XII. Parteitages im Gange sei.[39]

In der Scheinwelt einer politischen Führung, die ihr eigenes Lebenswerk von
außen bedroht sah, blieben Volk und Partei im gemeinsamen Bemühen vereint.

---

[38] Öffentlicher Brief an einen ehemaligen Kollegen, in: Junge Welt vom 16./17.9.1989,
S. 3.

[39] Erich Honecker, Durch das Volk und für das Volk wurde Großes vollbracht, in:
Neues Deutschland vom 9.10.1989, S. 3.

Der Nachfolger Honeckers, Egon Krenz, sprach später von einer Rede, in der die Lage der DDR beschrieben worden sei, "als sei das Land eine Insel der Glückseligen". Günter Schabowski nannte sie eine "problemamputierte Rede".[40]

Zur gleichen Zeit fand auf den Straßen von Berlin eine große Demonstration statt, bei der die Polizei mit großer Brutalität gegen die Demonstranten vorging. Das Idol der Menschen auf der Straße war Michail Gorbatschow, der als Gast der SED-Führung gute Miene zum bösen Spiel machte. Der spätere PDS-Vorsitzende Gregor Gysi hat die Situation am 7./8. Oktober als "gespenstisch" geschildert: "Zehntausende Jugendliche mit Fackeln zu Füßen Erich Honeckers und Michail Gorbatschows riefen sowohl 'DDR - unser Vaterland' als auch 'Gorbi, Gorbi'. Nur wenige hundert Meter oder Kilometer entfernt Tausende 'illegale' Demonstranten - gleichfalls mit 'Gorbi, Gorbi'-Rufen auf den Lippen und das Lied von der Internationale singend, die das Menschenrecht erkämpft. Wie kamen die einen mit den anderen klar? Hatte sich das Volk vollends gespalten - in Ausreiser, protestierende Hierbleiber, willfährige Hierbleiber und Passive? Würden die alle irgendwann aufeinander einschlagen? In den damaligen Nächten, in den Gefängnissen und anderswo schien das bereits zu beginnen."[41]

Wie tief die Unzufriedenheit in der Bevölkerung auch Unsicherheit in den Reihen der SED verursachte, zeigt eine Analyse der "Zentralen Auswertungs- und Informationsgruppe" des Ministeriums für Staatssicherheit vom 8. Oktober 1989, in der sie sich mit der Reaktion auf die damalige innenpolitische Lage in der DDR auseinandersetzte. Viele "progressive Kräfte, insbesondere Mitglieder der SED" seien der Meinung, "daß die sozialistische Staats- und Gesellschaftsordnung in der DDR ernsthaft in Gefahr ist." Das "System der Führung und Leitung politischer, ideologischer und volkswirtschaftlicher Prozesse in der DDR" sei erstarrt, die "spürbare Zuspitzung vorhandener innenpolitischer Probleme und Schwierigkeiten sowie die Massenfluchten deuteten auf eine umfassende gesellschaftliche Krise in der DDR" die von der Partei nicht mehr beherrschbar sei. Bereits jetzt befände sich die DDR in einer Situation "wie kurz vor den konterrevolutionären Ereignissen am 17. Juni 1953."[42] Diese Einschätzung sollte sich als richtig erweisen. Die Parteiführung nahm diese Informationen offenbar nicht zur Kenntnis.

Der Jahrestag der DDR wurde zum Fiasko. Die bombastischen Versuche der

---

[40] Egon Krenz, a.a.O., S. 88; Schabowski, a.a.O., S. 75.

[41] Gysi/Falkner, Sturm auf das Große Haus, a.a.O., S. 19.

[42] Hinweise über Reaktionen progressiver Kräfte auf die gegenwärtige innenpolitische Lage in der DDR, MfS, ZAIG,o/227 vom 8.10.1989, in: Ich liebe euch doch alle! Befehle und Lageberichte des MfS Januar - November 1989 (Hrsg. Armin Mitter/ Stefan Wolle) Berlin: Basisdruck 1990, S. 204.

Selbstdarstellung der Honecker-Führung hatten die Krise noch beschleunigt und als Katalysator für das Aufbegehren der DDR-Bürger gewirkt. Die Feiern zum 40. Jahrestag gerieten zum peinlichen Abgesang. Die Unfähigkeit der politischen Führung, die Zeichen der Zeit zu erkennen, hat die DDR zuerst an den Rand eines Bürgerkrieges gebracht und dann ihr Ende besiegelt. Nur einem Zusammentreffen glücklicher Umstände war es zu danken, daß die friedliche Revolution am 9. Oktober in Leipzig nicht nach dem Muster des 4. Juni in Peking verhindert worden ist.[43]

2.3.   Das Ende einer Staatspartei

2.3.1.   Letzte Versuche einer Kurskorrektur

Erst am 11. Oktober zeigte das Politbüro der SED, daß es über die Situation im Lande besorgt war. Es verabschiedete eine Erklärung, in der erstmals Zeichen der Einsicht in die tatsächliche Lage zu erkennen waren. Über die Entstehungsgeschichte dieser Erklärung liegen inzwischen Aussagen mehrerer ehemaliger Mitglieder der Parteiführung vor. Aus allen Äußerungen geht hervor, mit welcher Weltfremdheit die vermeintliche Avantgarde agierte. Der Abteilungsleiter für Sicherheit im ZK, Wolfgang Herger, hatte während der Abwesenheit des ehemaligen "Kronprinzen" Erich Honeckers und nunmehrigen "Hauptverschwörers", Egon Krenz (er reiste im Auftrag des Politbüros nach Peking), den Entwurf einer Erklärung des Politbüros ausgearbeitet, mit der auf die Krise in der DDR reagiert werden sollte. Tagelang wurden verschiedene Formulierungen diskutiert, als wenn die Verwendung von Begriffen wie "lebensverbunden" in bezug auf die Medien oder das Vermeiden der abgegriffenen Floskel von der "Einheit von Wirtschafts- und Sozialpolitik" eine neue Politik seien. In konspirativen Gesprächen über die geheime Telefonleitung des ZK wurden andere Mitglieder des Zentralkomitees eingeweiht.[44]

Was bei diesen Versuchen einer unzufriedenen Hofkamarilla herauskam, war mehr als bescheiden. Den Bürgern wurde ein sachlicher und vertrauensvoller Dialog angeboten, die Abwanderung vieler DDR-Bürger bedauert.

---

[43] Vgl. dazu die Recherchen in: Der Spiegel Nr.48 vom 27.11.1989, S.19 ff.; Die Tageszeitung vom 24.11.1989, S. 5; Die Aussagen darüber, wer das Verdienst hatte, daß in Leizig nicht geschossen wurde, sind widersprüchlich. Sicher scheint zu sein, daß die im Herbst 1989 gestreute Version, Egon Krenz persönlich habe in Leipzig ein Blutbad verhindert, nicht zutrifft. Vgl. dazu Gysi/Falkner, a.a.O., S. 19; Diese, in den Tagen des Interregnums Krenz' öffentlich verbreitete Version wurde von Krenz in einem Interview mit dem Verf. nicht aufrecht erhalten.

[44] Interview des Verf. mit Wolfgang Herger.

"Der Sozialismus braucht jeden. Er hat Platz und Perspektive für alle. Er ist die Zukunft der heranwachsenden Generationen. Gerade deshalb läßt es uns nicht gleichgülig, wenn sich Menschen, die hier arbeiteten und lebten, von unserer Deutschen Demokratischen Republik losgesagt haben ... Die Ursachen für ihren Schritt mögen vielfältig sein. Wir müssen und werden sie auch bei uns suchen, jeder an seinem Platz, wir alle gemeinsam."

Gemeinsamkeit wurde beschworen, "demokratisches Miteinander" angeboten und "engagierte Mitarbeit" eingefordert. Zugleich aber war von großangelegten Provokationen des Imperialismus die Rede, deren Opfer viele der Flüchtlinge geworden seien. Vor allem aber wurde jede Hoffung gedämpft, es werde sich Entscheidendes an den Strukturen von Staat und Gesellschaft ändern: Die DDR verfüge über "alle erforderlichen Formen und Foren der sozialistischen Demokratie." Es komme darauf an, sie "noch umfassender" zu nutzen, was in der Sprache der SED bedeutet, daß sie bisher ungenügend genutzt worden waren.[45] Mit dem Wort "Foren" sollte ein direkter Bezug zum "Neuen Forum" hergestellt und die Diskussionsbereitschaft der SED-Spitze signalisiert werden.[46]

Der Erklärung waren dramatische Ereignisse vorausgegangen. Tausende DDR-Bürger hatten im September versucht, über Ungarn, die Tschechoslowakei und Polen die DDR zu verlassen. In der Prager Botschaft der Bundesrepublik campierten Hunderte unter schlechtesten Bedingungen. Die Parteiführung der Tschechoslowakei hatte der SED-Führung am 25. September mitgeteilt, daß sie nicht mehr bereit sei, die Folgen der panikartigen Ausreise zu tragen. Sie fürchtete, daß die Ereignisse die innenpolitische Lage in der CSSR gefährdeten. Die Frage war, ob die Grenzen der DDR zu CSSR geschlossen werden sollten. Dies hätte unabsehbare Folgen gehabt.

Der Generalsekretär der SED hatte die Idee, "durch einen einmaligen Akt" die Botschaftsbesetzer über das Gebiet der DDR in die Bundesrepublik ausreisen zu lassen.[47] Bei dieser Aktion kam es am 4. Oktober zu gewaltsamen Demonstrationen in Dresden, wo verzweifelte Menschen versuchten, den Hauptbahnhof zu stürmen, um auch in die durchreisenden Züge zu gelangen.

Die Regelung der Reisemöglichkeiten war zum entscheidenden Indikator dafür geworden, ob die SED-Führung gewillt war, in letzter Sekunde das Steuer herumzureißen und in eine umfassende Reform des Systems einzuwilligen. Beide Entscheidungen kamen zu spät und waren zudem noch halbherzig.

---

[45] Erklärung des Politbüros des Zentralkomitees der Sozialistischen Einheitspartei Deutschlands, in: Neues Deutschland vom 12.10.1989, S. 1.

[46] Interview des Verf. mit Wolfgang Herger.

[47] Schabowski, a.a.O., S. 68.; vgl. ferner Cordt Schnibben, Wie Erich Honecker und sein Politbüro die Konterrevolution erlebten (II), in: Der Spiegel Nr. 17 vom 23.4.1990, S. 88 ff.

2.3.2. Der Sturz Honeckers und die "Wende" in der Politik der SED

Als, nur elf Tage nach den Feiern zum 40. Jahrestag der DDR, der Generalse-
kretär des ZK der SED, Erich Honecker, gestürzt wurde, erinnerten sich viele
langjährige Beobachter an das Frühjahr 1971, als Walter Ulbricht das gleiche
Schicksal widerfahren war. Seit der Gründung der DDR hatte die Macht in den
Händen zweier Parteivorsitzender gelegen. In der gleichen Zeit regierten in der
Bundesrepublik Konrad Adenauer, Ludwig Erhard, Kurt Georg Kiesinger,
Willy Brandt, Helmut Schmidt und Helmut Kohl. Daß der neue erste Mann der
SED, Egon Krenz, eine Übergangsfigur sein würde, war offenkundig; daß er für
kaum zwei Monate der letzte Generalsekretär einer allmächtigen Staatspartei
und Konkursverwalter eines gescheiterten politischen und sozialen Experiments
sein würde, war zu diesem Zeitpunkt noch nicht zu ahnen.

In einem Spiegel-Essay Ende November dachte der Schriftsteller Rolf Schnei-
der darüber nach, was geschehen wäre, wenn Erich Honecker und mit ihm der
Rest der alten Garde nach seinem erfolgreichen Besuch in Bonn 1987 ihren
Rücktritt erklärt, und all das begonnen hätten, was die Bürger der DDR im
Herbst 1989 der politischen Führung schließlich abtrotzten. Schneider be-
merkte resignierend, daß genau dies nicht vorstellbar ist, weil die gesellschaft-
lichen und politischen Strukturen des "realen Sozialismus" keine grundlegende
Reform aus eigener Kraft ermöglichten.

"Der reale Sozialismus nach der Oktoberrevolution in Rußland und nach dem
militärischen Zusammenbruch im östlichen Deutschland erbrachte die blutige
Unterdrückung und die parasitäre Herrschaft der Nomenklatura. Statt Gerechtigkeit
gab es Korruption, statt kultureller Vielfalt Zensur, statt freier
Persönlichkeitsentwicklung Opportunismus, statt wirtschaftlichen Fortschritts
Verelendung. Die Deformationen beschädigten alles, auch die Deformateure."[48]

Die Vorgeschichte des Sturzes von Erich Honecker als Generalsekretär durch
das Politbüro am 17. Oktober 1989 und die Art und Weise, in der sein Nachfolger, Egon Krenz, inthronisiert wurde, widerspiegelt die Folgen dieser De-
formation. Dieser ganze Prozeß glich eher den Rankünen am Hofe eines ab-
soluten Fürsten als dem Führungswechsel in einem modernen politischen System.

Die Vorbereitungen zur Ablösung Erich Honeckers waren seit dem Spätsommer im engsten Kreis einiger Politbüromitglieder getroffen worden. Die Entscheidung wurde immer wieder verzögert. Wie ein magisches Datum wirkte der
40. Jahrestag der DDR. Endgültig wurden die Weichen offenbar bei einem
Treffen gestellt, an dem der Minister für Staatssicherheit, Erich Mielke, ferner

---

[48] Rolf Schneider, Die Einheit wird kommen, in: Der Spiegel Nr.48 vom 27.11.1989,
S. 44.

Egon Krenz, Günter Schabowski und der ZK-Sekretär für Sicherheit, Wolfgang Herger, in der Zentrale des Staatssicherheitdienstes teilnahmen. Die geplante Palastrevolution konnte nicht ohne Zustimmung, zumindest aber Duldung des Ministeriums für Staatssicherheit erfolgen.[49] Offenkundig sind bei diesem Treffen die Einzelheiten des Ablaufs dessen besprochen worden, was Erich Honecker später als "innerparteilichen und staatlichen Putsch" bezeichnet hat. Die Konspirateure hätten sich dabei offenbar auf die sowjetischen Berater im Ministerium und den Organen der Staatssicherheit stützen können.[50]

Aus einer Äußerung des "Sicherheitschefs" der SED, Wolfgang Herger, geht indirekt hervor, daß man bei der alles entscheidenden Politbürositzung am 17. Oktober sogar mit der Möglichkeit gerechnet hat, daß Honecker die Sitzung verläßt und seine Sicherheitsbeamten alarmiert. Auch da hatten die Verschwörer vorgebeugt. Vor der Sitzung des Politbüros, dessen Entscheidung das Zentralkomitee einen Tag später bestätigte, wurde, auf Empfehlung von Erich Mielke, eine Gruppe zuverlässiger Leute des Personenschutzes in einem Nebenraum des Sitzungszimmers des Politbüros postiert.[51]

Für Erich Honecker war sein Sturz auf das Wirken dunkler Mächte und von Verrätern in den eigenen Reihen zurückzuführen: "Mein Sturz als Partei- und Staatschef war das Ergebnis eines großangelegten Manövers, deren Drahtzieher sich noch im Hintergrund halten. Diejenigen, die sich heute mit dieser Tat brüsten, sind dagegen kleine Lichter. Hier handelt es sich um große Vorgänge, die nicht von heute auf morgen eintraten, sondern um langfristig angestrebte Veränderungen auf der europäischen Bühne, ja auf der Weltbühne."[52] Honecker deutet eine sowjetische Verschwörung an, die dazu habe dienen sollen, ihn, der sich dem seit 1987 angeblich beobachtbaren Trend, die Teilung Deutschlands zu überwinden, entgegenstellte, zu stürzen. Diese Verschwörungstheorie erinnert in bemerkenswerter Weise an die Umstände des Sturzes von Walter Ulbricht 1971, der damalige Verschwörer war - mit Duldung oder im Auftrag der Sowjets - Erich Honecker.

---

[49] Schabowski, a.a.O., S.80; Herger, Interview; Markus Wolf, In eigenem Auftrag. Vorabdruck "Der General und die Revolution", in: Stern Nr.48/1990, S. 110 ff. Egon Krenz läßt diese Begegnung in seinen Memoiren interessanterweise unerwähnt. Sowohl Schabowski als auch Herger erwähnen sie eher beiläufig. Der persönliche Mitarbeiter Hergers, der ehemalige NVA-General Werner Hübner, widerspricht der These, der Sturz Honeckers sei eine "Komplott zwischen Herger und Mielke" gewesen. Mielke habe immer deutlich gemacht, daß die Abteilung Sicherheit des ZK ihm in seine Geschäfte nicht hereinzureden habe. vgl.: Gysi/Falkner, Der Sturm auf das Große Haus, a.a.O., S. 32.

[50] Reinhold Andert/Wolfgang Herzberg, Der Sturz. Erich Honecker im Kreuzverhör, Berlin: Aufbau 1990, S. 375.

[51] Interview des Verf. mit Wolfgang Herger.

[52] Andert/Herzberg, a.a.O., S. 21.

Der Ablösung Honeckers und die Abberufung von Joachim Hermann, dem für Agitation und Propaganda, und Günter Mittag, dem für Wirtschaft zuständigen Politbüromitglied und Sekretär des ZK, war als Befreiungsschlag gedacht. Die Wahl von Egon Krenz, Politbüromitglied und ZK-Sekretärs für Sicherheit (und damit für die brutalen Polizeieinsätze am 7./8. Oktober verantwortlich), zum Generalsekretär der SED und, wenige Tage später, am 24. Oktober, zum Vorsitzenden des Staatsrates und des Nationalen Verteidigungsrates (bei 26 Gegenstimmen und 26 Enthaltungen in der Volkskammer) hinterließ den Eindruck, daß es die SED-Spitze bei kosmetischen Operationen belassen wollte. Krenz und das neue Politbüro fanden mit ihren Beteuerungen, eine neue Politk einleiten zu wollen, keinen Glauben.

Krenz war nach Aussage von Günter Schabowski "der kleinste gemeinsame Nenner" für diejenigen gewesen, die zu personellen Veränderungen im Politbüro bereit waren.[53] Für die Mehrheit der DDR-Bürger war er der treue junge Mann Erich Honeckers und der Wahlfälscher der Kommunalwahlen im Frühjahr 1989.[54]

Über die entscheidende Sitzung des Politbüros liegen je nach Interessenlage leicht divergierende Darstellungen vor. Danach stellte der langjährige Ministerpräsident, Willi Stoph, den Antrag, die routinemäßige Tagesordnung zu ändern und Erich Honecker vom Amt des Generalsekretärs zu entbinden. Erich Honecker behauptet, Egon Krenz sei in der Sitzung aufgetreten und habe gesagt, wenn das Politbüro dem Antrag Stophs folge, "sei er bereit, die Funktion zu übernehmen. Er sei gesund."[55] Krenz schreibt, Stoph habe als neue Tagesordnung vorgeschlagen: "Ablösung von Erich Honecker und Wahl von Egon Krenz zum Generalsekretär".[56] Schabowski spricht davon, daß irgend jemand den Namen Krenz in die Rücktrittserklärung eingeschmuggelt habe, die Honecker am nächsten Tag vor dem Zentralkomitee verlas.[57]

Das Zentralkomitee wählte Krenz zum neuen Generalsekretär und schlug ihn zugleich als Nachfolger Honeckers für den Posten des Staatsratsvorsitzenden und Vorsitzenden des Nationalen Verteidigungsrates vor, dessen stellvertretender Vorsitzender er als ZK-Sekretär für Sicherheitsfragen bereits war. Diese Entscheidung ist außergewöhnlich, wenn man die Riten bei der Ablöüng bisheriger Generalsekretäre regierender kommunistischer Parteien berück-

---

[53] Schabowski, a.a.O., S. 67.

[54] vgl. dazu die Selbstdarstellung bei Krenz (Wenn Mauern fallen, a.a.O., S. 126 ff.), der von Wahlfälschungen nichts gewußt haben will.

[55] Andert/Herzberg, a.a.O., S. 31.

[56] Krenz, a.a.O., S. 144.

[57] Schabowski, a.a.O., S. 109.

sichtigt, die, wie Chruschtschow, Breschnew, Andropow, Tschernenko und Gorbatschow oder wie Erich Honecker, in der ersten Zeit ihrer Amtsführung in ein Führungsteam eingebunden waren und erst im Laufe der Zeit absolute Macht erlangten: Als Führer der Partei, Staatsoberhaupt und Oberkommandierender der bewaffneten Kräfte.

In einer Erklärung des ZK wurde davon gesprochen, daß mit dieser Entscheidung eine "Wende" eingeleitet worden sei, mit der die SED die "politische und ideologische Offensive wieder erlangen" werde. Es waren widersprüchliche Signale in einer politisch aufgeheizten Situation: Das Versprechen eines Neuanfangs bei gleichzeitigen Äußerungen über politische und ideologische Offensiven und die altbekannte Machtkumulation beim Generalsekretär der Partei. Die Tatsache, daß die Ablösung Honeckers nicht als Absetzung, sondern als Rücktritt aus Gesundheitsgründen deklariert wurde, ließ an der Ernsthaftigkeit der angekündigten Erneuerung zweifeln.

Als der neugebackene Generalsekretär sich dann nach seiner Wahl am Abend des 18. Oktober mit einer Rede, die er vor dem ZK gehalten hatte und die keine konkreten Sofortmaßnahmen ankündigte, über das Fernsehen an die Bürger wandte (die er aus Versehen auch noch gelegentlich mit "Genossen" ansprach), war das Unternehmen "Wende" gescheitert, bevor es richtig begonnen hatte.

Wie weit sich die alte/neue Parteiführung und die Mitarbeiter des zentralen Parteiapparates von der Stimmung in der Gesellschaft entfernt hatten, macht ein Detail deutlich: In der Rede des neuen Generalsekretärs kam eine Passage vor, die als Signal für die bereits intern beschlossene Zulassung der wichtigsten Oppositionsgruppe "Neues Forum" gedacht war. "Unsere Gesellschaft verfügt über genügend demokratische Foren, in denen sich die unterschiedlichsten Interessen der verschiedenen Schichten der Bevölkerung für einen lebenswerten Sozialismus äußern können." Dieser Satz "erschien wie eine Drohung", meinte im Nachhinein einer der Verfasser der Rede, Werner Hübner.[58]

Eine Reihe von Entscheidungen der neuen Parteiführung wäre noch wenige Wochen und Monate zuvor als entscheidende Schritte nach vorn begrüßt worden: Am Tag nach seiner Wahl traf sich Krenz mit einem führenden Kirchenvertreter, nach einer langen Zeit der Sprachlosigkeit ein Signal. Er diskutierte mit Arbeitern öffentlich über die politische Situation. Das Verbot der sowjetischen Zeitschrift "Sputnik", das im Herbst 1988 zu offener Empörung auch in den Reihen der SED geführt hatte, wurde aufgehoben. Der Staatsrat beschloß eine Amnestie für alle, die wegen "illegalen Grenzübertritts" verurteilt worden waren. Auch politische Gefangene sollten freikommen.

---

[58] Gysi/Falkner, a.a.O., S. 40.

Angesichts der desolaten Situation versuchte die neue SED-Führung unter Egon Krenz zu retten, was zu retten war. Einen Tag vor der großen Berliner Demonstration am 4.11.1989, die zum Signal für den Aufbruch über die Grenzen des alten Systems wurde und für kurze Zeit die Hoffnung einer sozialistischen Alternative beschwor, war das Politbüro der SED zu einer Sitzung zusammengetreten. In einer anschließenden, überraschend angekündigten Fernsehrede umriß Krenz die Grundzüge eines Aktionsprogramms der SED. Es enthielt weitreichende Reformvorschäge, die aber in dieser Situation als nicht mehr erschienen denn als halbherzige Zugeständnisse einer Partei, die sich an die Macht klammert. Versprochen wurde:[59]

- Die Veröffentlichung des Entwurfs eines Reisegesetzes, die am 6.November erfolgte. (seine bürokratischen Regelungen und unklaren Formulierungen riefen einen Sturm der Entrüstung hervor, vor dem die Führung der SED zwei Tage später kapitulierte. In einer überstürzten, nicht vorbereiteten Aktion öffnete sie die Mauer.);

- die Aufhebung des § 213 (Republikflucht) des Strafgesetzbuches;

- die Ausarbeitung eines Mediengesetzes;

- die Veröffentlichung von Umweltdaten;

- eine Amnestie durch den Staatsrat;

- eine Reform des politischen Systems;

- die Einrichtung eines Verfassungsgerichtshofes;

- eine Verwaltungsreform, insbesondere eine Stärkung der kommunalen und regionalen Ebene und ihre Ausstattung mit eigenen Finanzmitteln;

- die Einführung eines zivilen Ersatzdienstes, den Kirchen und Bürgerrechtsgruppen seit Jahren vergeblich gefordert hatten;

- eine umfassende Wirtschaftreform;

- die Reform des Bildungswesens, dessen starre ideologische Ausrichtung einen erheblichen Anteil an der Unruhe im Lande hatte;

- und nicht zuletzt Erneuerungen innerhalb der Partei selbst: "Im Leben der Partei, in ihren Strukturen und im Parteistatut sind Garantien für die Unumkehrbarkeit der Erneuerung zu schaffen". Erforderlich sei die Demokratisierung der Kaderpolitik und die Begrenzung der Zeitdauer für die Ausübung von Wahlfunktionen.

---

[59] Fernseh- und Rundfunkansprache von Egon Krenz an die Bürger der DDR, in: Neues Deutschland vom 4./5.11.1989, S. 1.

Die in dieser Erklärung formulierten Punkte wurden in den folgenden Wochen in mehreren Reden und programmatischen Entwürfen aufgenommen, modifiziert und gingen im Dezember in die Beschlüsse des außerordentlichen Parteitags der SED ein.[60]

Zugleich aber zielte die politische Strategie der SED seit der Wahl von Egon Krenz auf Schadensbegrenzung. Hoffte man zuerst noch, durch Nachgeben im Detail den Unmut der Bevölkerung beruhigen zu können, so zeigte sich bald, daß dies nicht mehr möglich war. Die Bevölkerung nahm der nur an den Spitzen ausgewechselten Parteiführung ihren Erneuerungswillen nicht ab. Als dann auch noch die Parteibasis, empört über immer neue Enthüllungen über Machtmißbrauch, Korruption und illegale Geschäfte einschließlich offiziell geduldeter Waffenschiebereien, aufbegehrte, war nicht nur die "Ära" Krenz bereits nach 48 Tagen zuende, sondern auch das Ende der SED besiegelt.

2.3.3. Der gescheiterte Neubeginn: Von der SED zur PDS

Am 3. Dezember 1989 trat das Politbüro der SED geschlossen zurück - ein einmaliges Ereignis in der über 70jährigen Geschichte kommunistischer Parteien. Ursache dafür war ein Aufstand der Parteibasis, die von der allgemeinen Aufbruchstimmung im Lande erfaßt worden war und ihrer neuen Führung keine Reform an Haupt und Gliedern mehr zutraute.

Der Sturz des Zentralkomitees und des Politbüros der SED durch die Basis der Partei am 3. Dezember und der unfreiwillige Rücktritt von Egon Krenz als Vorsitzender des Staatsrates und des nationalen Verteidigungsrates am 6.Dezember zeigten das völlige Desaster einer politischen Strategie, die auf bloße Schadensbegrenzung angelegt war. Die Revolutionäre von Gestern wollten oder konnten nicht begreifen, daß sich eine Revolution abspielte und daß sie die "Konterrevolutionäre" waren.

Trotz einer faszinierenden Anpassungsfähigkeit an die neuen Bedingungen vermochte es die "erneuerte" SED-Führung nicht, die Initiative wieder zu erlangen. Über Wochen hinweg blieb ihr nichts anderes übrig, als der Bewegung hinterherzulaufen.

Der Sturz Honeckers am 18. Oktober 1989 hatte den Zusammenbruch der alten Ordnung nicht mehr aufhalten können. Die oppositionellen Gruppen gewannen an Boden, und bis weit in die Reihen der SED verbreitete sich der Eindruck, daß nur eine radikale Reform den Zerfall der DDR aufhalten könne.

---

[60] Vgl. zu dieser Diskussion im einzelnen Gert-Joachim Glaeßner, Vom "realen Sozialismus" zur Selbstbestimmung. Ursachen und Konsequenzen der Systemkrise in der DDR, in: Aus Politik und Zeitgeschichte B1-2/90 vom 5.1.1990, S. 3 ff.

Bereits seit längerem hatte es in der SED Versuche von einzelnen und kleinen Gruppen gegeben, eine grundlegende Reform anzustoßen. Aus vielerlei Gründen waren sie über das Stadium der Diskussion in kleinen Zirkeln nicht hinausgekommen. Tradierte Vorstellungen über Parteidisziplin, das Gebot, die "Einheit und Reinheit der Partei" auf keinen Fall zu gefährden, hatten bislang bewirkt, daß man die Probleme im Stil einer Familienauseinandersetzung verhandelte. Wer sich nicht an die Spielregeln hielt, wurde in früheren Zeiten ins Gefängnis geworfen,[61] seit den 70er Jahren und verstärkt nach 1985 genügte meist der Parteiausschluß.

Jetzt wurden alle lange unterdrückten Meinungen und Enttäuschungen öffentlich geäußert. Vor allem viele Intellektuelle, die Parteimitglieder waren, diagnostizierten eine latente Krisensituation, die mit den traditionellen politischen Mitteln, derer sich die SED in der Vergangenheit bedient hatte, nicht mehr zu bewältigen sei.

Großen Einfluß auf die programmatische Debatte hatten Mitglieder des Forschungsprojekts "Philosophische Fragen der Erarbeitung einer Konzeption des modernen Sozialismus" an der Humboldt-Universität Berlin. In einem Papier dieser Gruppe hieß es zu den tieferliegenden Ursachen der Krise:

> "Die tendenziell krisenhafte Zuspitzung voller Probleme und die Gefahr ihrer explosiven Überlagerung wie aber auch die Schwierigkeiten ihrer progressiven Bewältigung haben in der wachsenden Ohnmacht der Individuen gegenüber den geschaffenen gesellschaftlichen Strukturen den zentralen Punkt. Die Vergesellschaftung hat fast ausschließlich Formen der Verstaatlichung angenommen. Vor- und Fürsorge für bestimmte, staatlich festgelegte Bedürfnisse der Menschen einerseits und andererseits Anwendung repressiver Maßnahmen dort, wo auf Veränderung wesentlicher gesellschaftlicher Strukturen gedrängt wird, bedingen einander. Für ein auf eigener Einsicht begründetes Handeln, für eigene Verantwortung und Risikobereitschaft als Grundwerte heutiger Generationen bleibt nur wenig Raum. Es dominiert die Erfüllung von administrativ vorgesetzten Inhalten."[62]

Auf der 10. Tagung des ZK vom 8. bis 10. November wurde ein "Aktionsprogramm der SED" verabschiedet, in dem die wesentlichen Aussagen der Krenz-Rede aufgenommen und erweitert wurden. Gesprochen wurde davon, daß es der "friedlichen Massenproteste der Bevölkerung, der Willensbekundungen vieler politischer Organisationen, des konstruktiven Wirkens kirchlicher Kreise und des wachsenden Drucks der Basis unserer eigenen Partei sowie eines Lernprozesses in der Parteiführung <bedurfte>, um die erstarrten

---

[61] Auch hier wirkte dieser Mechanismus weiter. Erst nach dem Ende der SED sprachen einige alte Genossen über ihre deprimierenden Erfahrungen. Vgl.: Walter Janka, Schwierigkeiten mit der Wahrheit, Reinbek: Rowohlt 1990; Gustav Just, Zeuge in eigener Sache. Die fünfziger Jahre, Berlin: Buchverlag Der Morgen 1990.

[62] Zur gegenwärtigen Lage der DDR und Konsequenzen für die Gestaltung der Politik der SED, in: Oktober 1989: Wider den Schlaf der Vernunft, Berlin 1989, S. 107 f.

politischen Strukturen aufzubrechen und erste Schritte einer Wende einzuleiten."[63]

Die politische Praxis sah anders aus. Große Teile des Apparates und die Führung der SED versuchten bis zum 3. Dezember, mit Klauen und Zähnen ihre Positionen zu verteidigen, eine schonungslose Aufdeckung der wahren Situation zu verhindern und die Dinge - vor allem die Vorbereitung des Parteitages - in ihrem Sinne zu manipulieren.[64]

Die Parteiführung, die anfangs noch gehofft hatte, bis zum vorgezogenen XII. Parteitag im Frühjahr 1990 ihre Position zu festigen, konzedierte zuerst - unter Druck - die Einberufung einer Parteikonferenz. (Beschlossen auf der 10. ZK-Tagung am 9.11.) Auf derselben ZK-Tagung mußten die gerade erst gewählten Politbüromitglieder Hans-Joachim Böhme, Johannes Chemnitzer, Werner Walde und die Kandidatin Inge Lange von ihren Funktionen entbunden werden. Vor dem Haus des Zentralkomitees demonstrierte die unzufriedene Parteibasis und verlangte bereits einen Sonderparteitag.[65] Zwei Tage später sah sich das Politbüro gezwungen, den "Vorschlag" zu unterbreiten, die Parteikonferenz in einen Sonderparteitag umzuwandeln, und berief den Parteitag für den 15. bis 17. Dezember ein.[66] Die Mitglieder des ZK, die gerade erst aus Berlin abgereist waren, nachdem sie das Aktionsprogramm verabschiedet und die Parteikonferenz angekündigt hatten, wurden zurückbeordert und beriefen auf der 11. Tagung des ZK am 13. November einen Sonderparteitag ein.

Hinter den Kulissen kam es zu heftigen Kämpfen um die inhaltliche Ausgestaltung und die Wahl der Parteitagsdelegierten. Mit allen Mitteln versuchte der Parteiapparat zu verhindern, daß eine Mehrheit von Delegierten zustande kam, die für eine Auflösung der SED stimmen würde. Am deutlichsten äußerte sich eine Gruppe mit dem Namen "Plattform WF", so genannt nach dem Werk Fernsehelektronik in Berlin.[67] Das Werk war von den intellektuellen Akteuren - unter ihnen Dieter Segert von der Humboldt-Universität, Michael Geiger, Aspirant an der Akademie für Gesellschaftswissenschaften beim ZK der SED,

---

63 Schritte zur Erneuerung. Aktionsprogramm der SED in: Neues Deutschland vom 11./12.11.1989, S. 1; Zur Entstehungsgeschichte vgl. Gysi/Falkner, a.a.O., S. 43 ff. (Werner Hübner)

64 Im "Apparat" wird noch manövriert.(Leserzuschrift von Dr. Dieter Folde, Politischer Mitarbeiter im ZK der SED), in: Neues Deutschland vom 6.12.1989, S. 3.

65 Vgl. hierzu: Gysi/Falkner, a.a.O.

66 Politbüro des ZK der SED schlägt außerordentlichen Parteitag vor, in: Neues Deutschland vom 13.11.1989, S.1; Beschluß zur Vorbereitung und Durchführung eines außerordentlichen Parteitages der SED, in: Neues Deutschland vom 14.11.1989, S. 1..

67 Vgl. hierzu: Thomas Falkner, Von der SED zur PDS. Weitere Gedanken eines Beteiligten, in: Deutschland Archiv, 24.Jg.(1991), Nr.1, S. 30 ff.

und Thomas Falkner, neugewählter Parteisekretär der SED-Grundorganisation im DDR-Rundfunk - mit Bedacht gewählt worden. An der "Volksverbundenheit" ihrer Reformvorstellungen sollten gar nicht erst Zweifel aufkommen. "Plattformbildung" war in allen kommunistischen Parteien seit Lenins Fraktionsverbot eine Sünde, die mit sofortigem Parteiausschluß geahndet wurde. Insofern hatte die in dieser Zeit erfolgte Gründung mehrerer Plattformen programmatischen Charakter: Es ging um eine Pluralisierung der Partei, wenn nicht gar um die Gründung einer neuen sozialistischen Partei.

Wie erbittert die Auseinandersetzung geführt wurde, läßt ein öffentlicher Appell der SED-Kreisleitung der Humboldt-Universität Berlin erahnen. Dort wurden alle Genossinnen und Genossen der SED aufgefordert,

> "zum außerordentlichen Parteitag nur solche Delegierte zu wählen, die durch nachweisbare selbstkritische, aufrichtige Haltungen und Handlungen die Konsequenzen aus der Vergangenheit ziehen und mit Entschiedenheit für die Erneuerung des Sozialismus eintreten ... Wählt Delegierte, die sich für die radikale Neuformierung unserer Partei von der Basis bis zum Generalsekretär verbürgen."[68]

Verlangt wurden eine neue Tagesordnung, die es erlaube, eine kritische Diskussion über die Vergangenheit zu führen, und schließlich die Neuwahl des Zentralkomitees und des Generalsekretärs, der bisher vom ZK gewählt wurde, durch den Parteitag.

Im Vorfeld des Parteitages wuchs die Unzufriedenheit der Parteibasis mit dem Verzögerungskurs der Parteiführung, der jeder konkrete Reformschritt abgerungen werden mußte. Als erkennbar wurde, daß das Politbüro unter Egon Krenz diese Haltung nicht aufgeben würde, hat die Parteibasis die Führung hinweggefegt. Der Rücktritt aller Führungsgremien am 3. Dezember war der vorletzte Schritt in die Agonie.[69] Zuvor hatte das alte ZK noch zwölf Mitglieder aus der Partei ausgeschlossen, unter ihnen Erich Honecker, Werner Krolikowski, Erich Mielke, Horst Sindermann, Willi Stoph und Harry Tisch.[70]

Der als Übergangsführung eingesetzte "Arbeitsausschuß", dem neben den neuen Bezirkssekretären bekannte Reformer und vermeintliche Reformer angehörten (u.a. Wolfgang Berghofer, Lothar Bisky, Gregor Gysi, Klaus Höpke, Dieter Klein, Roland Wötzel, Markus Wolf; den Vorsitz übernahm Herbert Kroker, neuer 1. Sekretär der Bezirksleitung Erfurt), berief den Parteitag vor-

---

[68] Delegierte zum Parteitag sorgfältig auswählen. Appell der Kreisleitung der Humboldt-Universität Berlin, in: Neues Deutschland vom 20.11.1989, S. 3; Erst nach mehreren Versuchen und mehr als nur redaktionellen Korrekturen gelang es, diesen Appell im "Neuen Deutschland" unterzubringen. (Mitteilung Dieter Segert)

[69] Kritik der Basis führte zum Rücktritt des Politbüros, in: Neues Deutschland vom 4.12.1989, S. 1.

[70] ZK der SED trat zurück, in: Neues Deutschland vom 4.12.1989, S. 1.

zeitig für den 8. Dezember ein und legte ein als "Diskussionsstandpunkt" bezeichnetes Papier vor, das als Grundlage für eine "Neuformierung der SED als moderne sozialistische Partei" dienen sollte.[71]

Nur der radikale Bruch mit den "stalinistisch geprägten Grundstrukturen" könne jenen in der SED, die sich "für eine freie, gerechte und solidarische Gesellschaft einsetzen, eine neue politische Heimat geben", hieß es in diesem Papier.[72] Der stalinistische Sozialismus habe auf keine der drängenden ökonomischen, sozialen, sicherheitspolitischen, ökologischen und kulturellen Existenzprobleme der Menschheit eine Antwort gehabt. Er sei vielmehr selbst Teil dieser Probleme. Angestrebt wurde eine dritter Weg "jenseits von administrativem Sozialismus und Herrschaft transnationaler Monopole".

Der Teil des Papiers, der sich mit konkreten Problemen befaßte, wiederholte alle, inzwischen auch von der SED akzeptierten Forderungen, die eine grundlegende Reform des politischen Systems und der Wirtschaft betrafen. Unverkennbar aber war, daß die Reformer Probleme mit alten Machtapparaten hatten, denen noch immer bonapartistische Gelüste zuzutrauen waren: Der Arbeitsausschuß forderte ein neues Sicherheitsdenken, eine Neubestimmung der Aufgaben für die Sicherheitsorgane, vor allem für das "Amt für Nationale Sicherheit", dessen Auflösung am 7.12. der "Runde Tisch" der Regierung vorschlug. Die Kampfgruppen "sollten sich bereit finden", sich zum Schutz der Bürger, von Betrieben und Einrichtungen in "unbewaffneten Formationen zusammenzuschließen".[73]

2.4. Der außerordentliche Parteitag und das Ende der SED

In der Nacht vom 7. zum 8. Dezember trat in der Ost-Berliner Dynamo-Sporthalle der vorgezogene außerordentliche Parteitag der SED zu seiner ersten Sitzung zusammen. Die Mitgliedschaft der Partei war zu diesem Zeitpunkt von über 2,3 Mio. auf knapp 1,8 Mio geschrumpft. Am selben Tag war bekannt geworden, daß gegen Erich Honecker, Erich Mielke, Willi Stoph, Günter Kleiber, Werner Krolikowski und Hermann Axen Ermittlungsverfahren eingeleitet und die Beschuldigten, außer Honecker, der schwer krank sei, und Axen, der sich zu einer Operation in Moskau befinde, in Haft genommen seien. Vor diesem Hintergrund hielt der neue Ministerpräsident Hans Modrow vor

---

[71] Für einen alternativen demokratischen Sozialismus. Diskussionsstandpunkt des Arbeitsausschusses zu der von der Basis ausgehenden Neuformierung der SED als moderne sozialistische Partei, in: Neues Deutschland vom 8.12.1989, S. 3.

[72] Ebd.

[73] Ebd.

den 2750 Delegierten eine emotional gehaltene Rede, in der er vor einem Zerfall und einer Selbstauflösung der SED warnte. Es komme darauf an, die Partei nicht zu zerbrechen, nicht untergehen zu lassen.

> "Macht sie sauber und stark, damit jeder Genosse jedem Bürger gerade in die Augen blicken kann! Macht sie stark, damit sie dem gesellschaftlichen Fortschritt in unserem Lande dienen kann, und das bedeutet für mich, dem Volke zu dienen."[74]

Die Krise der DDR könne nur gelöst werden, wenn alle Kräfte zusammen an ihrer Überwindung arbeiteten. Hintergrund dieses Appells war die dramatische Zuspitzung der Lage in den vorausgegangenen Tagen. Immer neue Enthüllungen über Korruption und Amtsmißbrauch, die Verhaftung nahezu der gesamten alten Führung und Übergriffe auf Gebäude der Staatssicherheit hatten eine gespannte Situation geschaffen. Modrow forderte die Achtung von Recht und Gesetz ein, versprach, daß die Regierung alles tun werde, um Ungesetzlichkeiten aufzudecken. Aber: "Es darf beim Aufdecken von Amtsmißbrauch und Korruption keine Ungesetzlichkeiten geben."[75]

Im Bericht des Arbeitsausschusses, vorgetragen von Gregor Gysi, findet sich ebenfalls eine entschiedene Aussage gegen eine Auflösung der SED. Gefordert wurde ein vollständiger "Bruch mit dem gescheiterten stalinistischen, das heißt administrativ zentralistischen Sozialismus in unserem Land". Angestrebt werde ein "dritter Weg sozialistischer Prägung", der gekennzeichnet sei durch "radikale Demokratie und Rechtsstaatlichkeit, Humanismus, soziale Gerechtigkeit, Umweltschutz, Durchsetzung einer wirklichen Gleichberechtigung der Frau." Dabei werde sich die Partei auf "sozialdemokratische, sozialistische, nichtstalinistisch-kommunistische, antifaschistische und pazifistische Traditionen" berufen. "Es geht nicht um neue Tapeten", äußerte Gysi in Anspielung auf einen Ausspruch Kurt Hagers, "wir wollen eine neue Partei".[76]

In der anschließenden Diskussion wurden drei Grundsatzpositionen deutlich, die sich unvereinbar gegenüberstanden: 1. Auflösung der SED und Gründung einer neuen sozialistischen Partei, 2. Erneuerung der SED und Umbenennung, 3. Beibehaltung des bisherigen Namens - wobei unklar blieb, wie weit die Erneuerung gehen solle.

Für die Auflösung der SED und die Gründung einer neuen sozialistischen Partei plädierten u.a. die Delegierten, die sich der Plattform-WF zugehörig fühlten. Ihr emphatisch vorgetragenes Argument, formuliert in einem Antrag

---

[74] Souveräne DDR muß ein solider Baustein für europäisches Haus sein. Referat von Hans Modrow, in: Neues Deutschland vom 9./10.12.1989, S. 1.

[75] Ebd.

[76] Wenn wir alle für die neue Partei streiten, wird sie stark bleiben. Referat von Gregor Gysi, in: Neues Deutschland vom 9./10.12.1989, S. 3.

an den Parteitag, lautete:

> "Entgegen ihren politischen und moralischen Idealen und Werten sind die Mitglieder der SED in der Vergangenheit von einer kriminellen Politmafia in den Führungsetagen der Partei und deren Erfüllungsgehilfen skrupellos mißbraucht worden. Ehrlich für die Lebensinteressen des Volkes arbeitende Menschen wurden zur Fassade degradiert, hinter der Selbstsucht und Menschenverachtung immer mehr auswucherten. Mit Verbrechern im Rücken mußten all unsere Versuche letzlich scheitern, das Gesicht offen und ehrlich dem Volk zuzuwenden. In diesem Konflikt ist unsere Partei in ihren Grundfesten zerstört, sind viele unserer Genossen innerlich zerrissen worden ... Wir stehen an einem Scheideweg: Entweder eine wie auch immer gestaltete Neuauflage der alten Verhältnisse in der Partei und damit ihr endgültiges politisches Ende. Oder der kompromißlose Bruch mit den alten Strukturen, Denk- und Verhaltensweisen und damit die Hoffnung, dem Volk des Landes als politische Kraft wieder vor die Augen treten zu können."[77]

Aus den Formulierungen von Modrow und Gysi lassen sich drei Hauparugumente für die Nichtauflösung der SED herausschälen: Wenn die SED sich aufgelöst hätte, so lautete die Befürchtung, wäre die letzte halbwegs funktionierende staatliche Institution, die Regierung unter Hans Modrow, nicht mehr zu halten gewesen. Es wäre "ein politisches Vakuum entstanden, das niemand hätte ausfüllen können und das die Krise mit unabsehbaren Folgen verschärft hätte."[78] Damit wären zweitens auch die Einflußmöglichkeiten der SED auf staatliche Entscheidungen aufgegeben worden, und schließlich wären drittens bei einer Selbstauflösung das riesige Parteivermögen (Immobilien, Verlage, wissenschaftliche Institute u.s.w.) und die soziale Existenz der Mitarbeiter des Parteiapparates erheblich gefährdet, das Eigentum der Partei wäre zunächst "herrenlos" geworden, und anschließend hätten dann mehrere Nachfolger Anspruch darauf erhoben.[79] Alle diese Folgewirkungen traten dann trotzdem relativ schnell ein, nur daß die SED durch ihr Zögern später keinen politischen Gewinn mehr aus ihrem schrittweisen Rückzug von angestammten Positionen ziehen konnte und die Last der Vergangenheit nicht los wurde. Die Diskussionen des Parteitages glichen mehr einer studentischen Vollversammlung im Jahre 1968 als dem Parteitag einer "gestählten marxistisch-leninistischen Partei", die sich vierzig Jahre lang als "höchste Form der gesellschaftlich-politischen Organisation der Arbeiterklasse, als ihr kampferprobter Vortrupp, < als > die führende Kraft der sozialistischen Gesellschaft"[80] beschrieben hatte.

Als die kontroverse Debatte aus dem Ruder zu laufen drohte, legte das Parteitagspräsidium eine Pause ein, nach der die Debatte und die Wahl der Vorsitzenden und des Parteivorstandes unter Ausschluß der Öffentlichkeit fortge-

---

[77] abgedruckt in: Falkner, Von der SED zur PDS, a.a.O., S. 33.

[78] Wenn wir alle für die neue Partei streiten, a.a.O.,S. 3.

[79] Ebd.

[80] Statut der Sozialistischen Einheitspartei Deutschlands, Berlin 1976, S. 7.

führt wurden. In einer Abstimmung, die offenkundig nach langer Diskussion und scharfen Kontroversen durchgeführt wurde, sprachen sich die Delegierten einstimmig für den Fortbestand der SED aus. Bei 647 Gegenstimmen und 7 Enthaltungen beschlossen die Delegierten, der Partei einen neuen Namen zu geben.[81]

Bereits im Vorfeld des Parteitages war immer deutlicher geworden, daß die alten Parteistrukturen abgeschafft werden mußten, sollte die Partei noch irgendeine Chance zum Überleben haben: es sollte kein Politbüro und keinen Generalsekretär, kein Zentralkomitee und keine Zentrale Parteikontrollkommission mehr geben, statt dessen, wie in demokratischen Parteien üblich, einen Vorsitzenden, Stellvertreter, ein Präsidium, einen Parteivorstand und eine Schiedskommission.

Der Parteitag wählte den Berliner Anwalt Gregor Gysi mit 95,32% der Stimmen in geheimer Wahl zum Vorsitzenden. Zu seinen Stellvertretern wurden gewählt: Hans Modrow (mit 99,4%), der Dresdener Oberbürgermeister Wolfgang Berghofer (er wurde zugleich Leiter der Kommission Politisches System), Wolfgang Pohl, 1. Sekretär der Bezirksleitung Magdeburg (er übernahm den Vorsitz der Kommission Organisation und Parteileben). Der vierte Stellvertreter sollte später noch vom Parteivorstand gewählt werden und die Kommission Wirtschafts- und Sozialpolitik leiten (der Grund dafür war wohl eine Panne in der Organisation). Zu weiteren Präsidiumsmitgliedern wurden Monika Werner als künftige Vorsitzende der SED-Fraktion in der Volkskammer, Marlies Deneke als Leiterin der Kommission für Jugend- und Frauenpolitik, Lothar Bisky (der frühere Rektor der Film- und Fernsehhochschule) für Medien und Fernsehen und, vorübergehend, für Bildung und Schule, Klaus Höpke für Kultur und Wissenschaft, Helmar Hegewald für Umweltpolitik und Hans-Joachim Willerding für Internationale Politik gewählt. Willerding war das einzige Mitglied des neuen, aus 100 Mitgliedern bestehenden Parteivorstandes, der, wenn auch nur für einige Tage, nach der 10. Tagung des ZK als Kandidat dem Politbüro angehört hatte. Lediglich zwei Mitglieder des alten Zentralkomitees gehörten dem Parteivorstand an: Gerd König, Botschafter der DDR in der UdSSR, und Herbert Richter, Generaldirektor des Gaskombinats "Fritz Selbmann" Schwarze Pumpe. Ferner waren neun der fünfzehn 1. Bezirkssekretäre, nämlich: Heinz Albrecht, Berlin; Roland Claus, Halle; Hansjoachim Hahn, Dresden; Norbert Kertscher, Karl-Marx-Stadt; Bernd Meier, Frankfurt/Oder; Wolfgang Pohl, Magdeburg; Wolfgang Thiel, Cottbus; Heinz Vietze, Potsdam und Roland Wötzel, Leipzig, Mitglieder des Parteivorstandes.

Am Ende der ersten Beratungsrunde verabschiedete der Parteitag einen

---

[81] Parteivorsitzender Gysi: Hart arbeiten für die Rettung des Landes und unserer Partei, in: Neues Deutschland vom 11.12.1989, S. 1.

"Bericht zur Diskussion auf dem ersten Beratungstag des außerordentlichen Parteitages", in dem er sich von der bisherigen Politik der SED distanzierte.

"Die Delegierten ... sehen es als ihre Pflicht an, sich im Namen der Partei gegenüber dem Volk aufrichtig dafür zu entschuldigen, daß die ehemalige Führung der SED unser Land in diese existenzgefährdende Krise geführt hat. Wir sind willens, diese Schuld abzutragen. Wir danken aufrichtig den mündigen Bürgern unseres Landes, die die radikale Wende durch ihren mutigen, gewaltlosen Kampf erzwungen und uns damit auch die Chance zur revolutionären Erneuerung unserer Partei gegeben haben. Der außerordentliche Parteitag hat den Bruch mit der machtpolitischen Überhebung der Partei über das Volk, mit der Diktatur der Führung über die Parteibasis vollzogen. Er stellt den Parteimitgliedern ... die Orientierung für einen demokratischen Sozialismus, jenseits von stalinistischem Pseudosozialismus und Herrschaft des Profits vor."[82]

In erkennbarer Abweichung von bisheriger Praxis waren in der Woche zwischen den Sitzungen des Parteitages drei Entwürfe eines Parteistatuts[83] und zwei programmatische Dokumente[84] veröffentlicht worden. Angekündigt wurde eine neue Struktur der Partei (das bedeutet vor allem Abkehr vom Produktionsprinzip, das heißt der organisatorischen Verankerung der SED in den Betrieben), radikale Verkleinerung des Parteiapparates und Trennung von Partei und Staat. Die SED habe "ihre faktische Neugründung eingeleitet" und strebe einen demokratischen Sozialismus an.[85]

---

[82] Bruch mit der machtpolitischen Überhebung der Partei, mit der Diktatur der Führung vollzogen. Als Dokument beschlossen: Bericht zur Diskussion auf dem ersten Beratungstag des außerordentlichen Parteitages, in: Neues Deutschland vom 11.12.1989, S. 3.

[83] Vorschläge unterbreiteten Mitglieder der Parteihochschule, der Humboldt-Universität und die Abteilung Organisation und Parteileben beim SED-Parteivorstand: Entwurf eines dem außerordentlichen Parteitag der SED vorliegenden vorläufigen Statuts einer sich erneuernden Partei, in: Neues Deutschland vom 13.12.1989, S. 3 (Entwurf 1); ein zweiter Entwurf wurde von Mitarbeitern der Akademie für Gesellschaftswissenschaften (Joachim Thron, Michael Geiger, Dirk Emmerich, Gerd Aderhold): Entwurf für ein neues Parteistatut, in: Neues Deutschland vom 14.12.1989, S.3 f.; ein dritter vorgelegter Entwurf stammte von der Schriftstellerin Helga Königsdorf mit Unterstützung von Mitgliedern der Kreisorganisation der Akademie der Wissenschaften und der Martin-Luther-Universität Halle: Entwurf. Statut der Sozialistischen Einheitspartei Deutschlands, in: Neues Deutschland vom 14.12.1989, S. 4.; von den Autoren wurde der Name Neue SED als "Arbeitstitel" verwandt.

[84] Für eine sozialistische Partei der DDR. Ein Angebot für die Diskussion zum Programm, in: Neues Deutschland vom 12.12.1989, S. 3 f.; Autoren dieses Papiers waren Mitarbeiter des Projekts "Sozialismustheorie" der Humboldt-Universität Berlin: André Brie, Michael Brie, Wilfried Ettl, Jürgen Jünger, Dieter Klein, Hans-Peter Krüger, Dieter Segert, Hans Wagner, Rosi Will, Für einen menschlichen, demokratischen Sozialismus in der DDR. Ein Beitrag zur Programmdiskussion - Ausgearbeitet von Parteitagsdelegierten sowie von Wissenschaftlern aus der Akademie für Gesellschaftswissenschaften, Gesamtredaktion: Rolf Reißig und Frank Adler, in: Neues Deutschland vom 16./17.12.1989, S. 3 f.

[85] Parteivorsitzender Gysi: Hart arbeiten, a.a.O.

Wie schwierig sich ein solcher Neuanfang gestaltet, wurde eine Woche später bei der Fortsetzung des Parteitages deutlich. Generalabrechnung mit der alten Führung auf der einen, Rechtfertigung der Arbeit der "vielen ehrlichen Genossen" und Beschwörung der ursprünglichen Ziele der Partei auf der anderen Seite prägten die Diskussion. Erkennbar wurde auch eine deutliche Distanz zwischen den intellektuellen Reformern der Partei und vielen "einfachen" Delegierten. Aus ihren Beiträgen - viele waren hauptamtliche Funktionäre - sprach auch die Angst vor sozialem Abstieg. Viele Delegierte beschworen die positiven Seiten der Vergangenheit, sprachen von den Erfolgen, die trotz allem erreicht worden seien, und warnten vor den Gefahren der Zukunft wie wachsende Arbeitslosigkeit, Kriminalität, Nationalismus, Rechtradikalismus.

Im Gegensatz zu diesen eher rückwärtsgewandten Beiträgen standen die beiden Hauptreferate der Professoren Michael Schumann und Dieter Klein. Klein forderte eine "ganzheitliche Politik" der Partei, ein Bündnis aller progressiven Kräfte. Er wandte sich gegen eine Einengung des sozialen Spektrums der Partei auf die "Arbeiter", da dies den heutigen sozialen Problemen nicht mehr gerecht werde. Die sozialen Strukturen seien höchst differenziert, und viele Probleme konzentrierten sich z.B. auf die Frauen, "wo Jagen und Sammeln abends auf der Tagesordnung stehen."[86] Er plädierte für eine Verwirklichung der Volkssouveränität und die Ausweitung der Demokratie über den engeren Bereich des Politischen hinaus. Ziel sei die freie Entfaltung der Individualität, die Gewährung der Menschenrechte, eine humanistische, soziale und ökologische Leistungsgesellschaft auf der Grundlage des Volkseigentums, genossenschaftlichen und privaten Eigentums, also einer gemischten Eigentumsordnung, die eingebunden sei in die dringend notwendige Lösung der Menschheitsprobleme.

Das Referat von Schumann[87] "Zur Krise in der Gesellschaft und ihren Ursachen, zur Verantwortung der SED" enthielt eine scharfe Kritik bisheriger Herrschaftspraxis und eine schonungslose Abrechnung mit dem Stalinismus. Deutlicher als bisher wies er darauf hin, daß es nicht allein die "Verfehlungen" einer kleinen Führungsclique waren, die das Land in eine Krise geführt hatten. Die Herrscherallüren der Führungsgruppe hätten auch viele Nacheiferer auf unterer Ebene gehabt und die Partei in Verruf gebracht. Die Bewegung zur Erneuerung des Sozialismus sei ihrem Wesen nach eine revolutionäre Bewegung, die "Politbürokraten verunglimpften den Aufbruch des Volkes als Konterrevolution und wollten ihn mit Gewalt unterdrücken. In Wirklichkeit waren

---

[86] "Über die Neuformierung einer modernen sozialistischen Partei und ihren Beitrag für eine sozialistische Gesellschaft" Referent Prof. Dieter Klein, Mitschrift.

[87] Er war zuvor nicht gerade als Reformer, eher als Vertreter einer traditionellen Linie hervorgetreten. Vgl. Michael Schumann, Sozialistische Ideologie und Politik in unserer Epoche, in: Staat und Recht, 1988, H. 3, S. 195 ff.

sie in dieser Situation die Konterrevolutionäre."[88] Als eigentliche Ursachen dieser Erscheinungen nannte der Referent "ein Geflecht von Strukturen allgegenwärtiger Apparate und eine Rechtfertigungsideologie", die den Machtmißbrauch ermöglichten und absegneten.

"Die Symptome dieses Machtmißbrauchs liegen offen zutage: Konzentration der Macht in den Händen eines arroganten Alleinherrschers, Steuerung der Wirtschaft durch eine Kommandozentrale, der es an Verständnis für elementare Bedürfnisse der produktiven und sozialen Bereiche der Gesellschaft und für die Lebensqualität der Bevölkerung fehlte, Reglementierung und bürokratische Zentralisation von Kultur, Wissenschaft und Bildung, die kritische Geister außer Landes trieb, politische Entmündigung der Bürger unserer Republik und Kriminalisierung Andersdenkender, Verwandlung der Medienlandschaft in eine trostlose Informationswüste und eine widerliche Hofberichtstattung, Ausgrenzung der Parteibasis aus allen innerparteilichen Willensbildungs- und Entscheidungsprozessen."[89]

Der Parteiführung unter Egon Krenz warf Schumann vor, daß sie kein Konzept besessen habe und nicht in der Lage gewesen sei, den radikalen Bruch mit der Vergangenheit zu wagen. Trotz aller wesentlich weiter gehenden Aussagen auf dem außerordentlichen Parteitag kann man diese Frage aber auch an die neue Parteiführung stellen. Es war wohl ein grundlegender, wenngleich aus der Situation erklärbarer strategischer Fehler, daß sie nicht bereit war, völlig neu zu beginnen - und das hätte geheißen, die historisch diskreditierte SED aufzulösen. Nur so wäre es möglich gewesen, vor aller Öffentlichkeit deutlich zu machen, daß man politisch und moralisch gescheitert war.

Alle Argumente, die für die Weiterexistenz der SED ins Feld geführt worden waren, haben sich als nicht tragfähig erwiesen. Die Regierung konnte, trotz der anfänglichen Popularität Hans Modrows, nicht das Vertrauen der Bevölkerung gewinnen. Der SED-PDS gelang es kaum, ihre politische Wandlung glaubhaft zu machen. Auch das Eigentum der SED war nur zum Teil zu retten. Einzig der Einfluß der SED auf die staatlichen Dinge konnte zunächst gesichert werden - allerdings um den Preis, daß die SED-PDS auch unter ihrer neuen, reformorientierten Parteiführung viel Kredit verspielte, weil sie sich trotz aller Bemühungen nicht aus den Fesseln alten Denkens und der alten Apparatstrukturen befreien konnte und der sich beschleunigenden Veränderung des politischen Klimas weitgehend hilflos gegenüberstand.

---

[88] Referat zum außerordentlichen Parteitag "Zur Krise in der Gesellschaft und ihren Ursachen, zur Verantwortung der SED" Referent: Genosse Prof. Michael Schumann - Stenographische Mitschrift, S. 310.

[89] Ebd., S. 309.

3. Reform oder Bruch?

Die Umbrüche in den sozialistischen Ländern im Jahre 1989 haben einige Gemeinsamkeiten mit transitorischen Entwicklungen in anderen Ländern, die ihre Diktaturen abgeschüttelt haben, wie z.B. Griechenland, Spanien, Portugal oder eine Reihe lateinamerikanischer Länder.[1] Die grundsätzliche Alternative lautete auch hier Reform oder Bruch. Allerdings gibt es einen entscheidenden Unterschied zwischen bisher bekannten Transitionsprozessen und der Entwicklung in Osteuropa und der DDR: Hier brach ein politisches und soziales System zusammen, das sich als Gegenmodell zur bürgerlich-kapitalistischen Gesellschaft etabliert hatte. Den Weg der Reform hatten die alten Eliten verbaut. Bruch bedeutete mehr als einen Wechsel der politischen Führungsgruppen und den Umbau des Institutionensystems. Die zweite Besonderheit war, daß der Umbau der ökonomischen, politischen und sozialen Strukturen in einer Zeit erfolgen muß, die durch massive ökonomische Krisenerscheinungen gekennzeichnet ist. Die neuen Eliten in diesen Ländern können nicht, wie die demokratischen Kräfte auf der iberischen Halbinsel Mitte der 70er Jahre, die Schubkraft eines ökonomischen Booms für die Demokratisierung nutzen.

Wenn auch der dominante Faktor der Transition der Bruch mit dem alten System war, so gibt es doch auch Elemente einer Systemtransformation. Eine allmähliche Transformation des autoritären Systems zu einer meist nicht genauer präzisierten Form von politischer Demokratie wird häufig von Kräften des alten Regimes formuliert und dient oft dazu, wenigstens Reste ihrer einstigen Macht zu sichern. Im Falle der DDR sind unter diesem Aspekt keine qualitativen Unterschiede zwischen der kurzen Regentschaft von Egon Krenz und der Regierung unter Hans Modrow zu erkennen. Die Opposition favorisiert normalerweise einen fundamentalen Bruch mit den alten institutionellen Arrangements und der politische Ideologie.

Aber diese Strategie eines klaren und scharfen Bruchs ist, wie Juan Linz bemerkt, nur in revolutionären oder potentiell revolutionären Situationen möglich und wahrscheinlich. "Paradoxerweise wird die Transition manchmal möglich gemacht durch die gleichzeitige Formulierung beider Positionen eher, als

---

[1]   Vgl. Juan J. Linz, Transitions to Democracy, in: The Washington Quarterly, Summer 1990, S. 143 ff.

vorläufige Haltungen für Verhandlungszwecke, denn als endgültige Standpunkte."[2]

In einer solchen Situation entstand in der DDR eine interessante Konstellation, die vom Handeln dreier Hauptakteure bestimmt war: Der Volkskammer, der Regierung Modrow und des Runden Tisches.

3.1.   Die Rolle der Volkskammer und die Regierung Modrow

Die "Wende" scheiterte nicht nur an und innerhalb der SED. Auch auf der staatlichen Ebene blieb sie in Halbheiten stecken. Hier wurden die vorsichtigen Korrekturversuche ebenfalls binnen kürzester Zeit von den revolutionären Ereignissen überholt - die staatlichen Stützen des alten Systems verhielten sich ähnlich widerstrebend wie die SED. Ein Lehrbeispiel für die Unfähigkeit der Regierung und der Staatsbürokratie, den Gegebenheiten Rechnung zu tragen, ist der Entwurf eines Reisegesetzes - eine Fehlentscheidung mit historischer Tragweite.

Seit dem Sommer des Jahres 1989 war die Frage der Ausreise und der Reisemöglichkeiten zum Dreh- und Angelpunkt der weiteren Entwicklung geworden. Am 6. November veröffentlichte dann das "Neue Deutschland" den Entwurf eines "Gesetzes über Reisen ins Ausland", das zwar das Recht auf einen Reisepaß normieren sollte, sich aber unklar gegenüber der Frage verhielt, ob denn jeder Bürger auch ein Visum erhalten werde. Es war davon die Rede, daß die Genehmigung nur dann versagt werden könne, "wenn dies zum Schutze der nationalen Sicherheit, der öffentlichen Ordnung, der Gesundheit oder der Moral oder der Rechte und Freiheiten anderer notwendig ist." (§ 6)[3] Diese Einschränkung wurde nach den Erfahrungen, die man mit der Staatsmacht gesammelt hatte, nicht zu Unrecht als Hebel für erneute staatliche Willkür bei der Handhabung des Gesetzes angesehen. Der angestaute Unmut explodierte. Das Reisegesetz, das noch ein halbes Jahr zuvor von allen Seiten als ein entscheidender Schritt in die richtige Richtung gepriesen worden wäre, wurde zum unmittelbaren Auslöser für die Öffnung der Mauer. Auf einer Pressekonferenz anläßlich der 10. Tagung des ZK der SED erfolgte jene berühmt gewordene nebulöse Ankündigung Günter Schabowskis, daß vom 10. November an Ausreisen über die Grenzübergänge zur Bundesrepublik und Berlin(West) genehmigt würden. Da geschah friedlich das, was die DDR-Führung immer befürchtet hatte - Tausende von Menschen strömten an die Grenze

---

[2]   Ebd., S. 151.

[3]   Gesetz über Reisen von Bürgern der Deutschen Demokratischen Republik in das Ausland - Reisegesetz, in: Neues Deutschland vom 6.11.1989, S. 1.

und überwanden in einer Nacht die Spaltung Deutschlands und Berlins. Die Mauer fiel. Damit war das Ende der DDR besiegelt.

In diesen dramatischen Tagen schien das Parlament der DDR, die Volkskammer, nicht zu existieren. Trotz des Drängens von mehr als einem Drittel der Abgeordneten weigerte sich das Präsidium der Volkskammer, entgegen der Rechtslage, eine Sitzung einzuberufen.[4] Die einzige Handlung der Volkskammer nach der "Wende" war am 24. Oktober die Wahl von Egon Krenz zum Staatsratsvorsitzenden und Vorsitzenden des Nationalen Verteidigungsrates gewesen. Erstmals gab es bei der Wahl eines (des dritten) Staatsratsvorsitzenden der DDR Gegenstimmen (26) und Enthaltungen(26) aus dem Lager der Blockparteien. Zuvor war Erich Honecker in Abwesenheit von seinem Amt entbunden worden. Der Volkskammerpräsident, das Mitglied des Politbüros Horst Sindermann, würdigte das Wirken Honeckers: "Wir lassen die menschliche Größe des Revolutionärs und die kommunistische Anständigkeit unseres Genossen Erich Honecker nicht antasten."[5]

Dann vertagte sich die Volkskammer und trat erst am 13. November wieder zusammen. Grund dafür war eine systematische Verzögerungetaktik des Präsidiums, das offenkundig das verhindern wollte, was dann auf der nächsten Sitzung geschah: Dieses Gremium, das bisher ohne Zögern alle Weisungen von oben befolgt hatte, begehrte auf.

So kam die "oberste Volksvertretung" am 13. November zu ihrer 11. Sitzung erst nach dem Rücktritt der Regierung Stoph am 7. November, der Abdankung des gesamten Politbüros der SED auf der 10. ZK-Tagung am 8. November und der Öffnung der Mauer am 9. November wieder zusammen.[6] Hier wurden die letzten verbliebenen Spitzen des Staates, der Präsident und die Mitglieder des Präsidiums der Volkskammer, ausgetauscht. Der bisherige Bezirkschef der SED in Dresden, Hans Modrow, wurde zum Ministerpräsidenten gewählt.

In einer anfänglichen "Reformeuphorie" im November/Dezember des Jahres 1989 schien es so, als ob das alte System mit einem Handstreich zu beseitigen

---

4   Sofortige Tagung der Volkskammer gefordert. Verfassungs- und Rechtsausschuß mißbilligt Zögern des Präsidiums, in: Neues Deutschland vom 8.11.1989, S. 1; vgl. dazu die Stellungnahme des Volkskammerpräsidenten Sindermann auf der 11. Tagung der Volkskammer in: Helmut Herles/Ewald Rose (Hrsg.), Parlaments-Szenen einer deutschen Revolution. Bundestag und Volkskammer im November 1989, Bonn: Bouvier 1989, S. 158 f.; Nach Aussage des Präsidenten der Volkskammer war zuvor die Einberufung einer Sitzung nach Diskussion im "Demokratischen Block" durch das Politbüro der SED erfolgt. (Neues Deutschland 27./28.1.1990).

5   Neues Deutschland vom 25.10.1989, S. 1.

6   Vgl. hierzu im einzelnen: Peter Joachim Lapp, Anspruch und Alltag der Volkskammer vor dem Umbruch 1989/90, in: Zeitschrift für Parlamentsfragen 21.Jg.(1990), Nr. 1, S.115 ff.

sei und eine neue, demokratische, sozialistische politische Kultur in der DDR möglich wäre. Es zeigte sich sehr bald, daß die Resistenz des post-stalinistischen Herrschaftssystems gegenüber weitreichenden Veränderungen ein nicht zu unterschätzender Faktor war. Das widersprüchliche Verhalten der neuen Regierung unter Hans Modrow ist dafür ein Beleg.

In seiner ersten Regierungserklärung am 17. November 1989 hatte der neue Regierungschef einen grundsätzlichen Wandel der Politik versprochen und um einen "Vertrauensvorschuß" gebeten. Angekündigt wurde ein umfangreiches Reformprogramm, Rechtsstaatlichkeit und Rechtssicherheit, ein neues Wahlgesetz und freie Wahlen 1990, eine Neufassung des Gesetzes über den Ministerrat, eine Strafrechtsreform und die Schaffung eines Verfassungsgerichts.[7]

Die Wirtschaftsreform müsse die Eigenverantwortung der Wirtschaftssubjekte erhöhen, die zentrale Leitung und Planung vermindern und das Leistungsprinzip verwirklichen. Besonders hervorgehoben wurden ökologische Probleme, Fragen der Stadtentwicklung, Bildungsfragen, und es wurde ein Ende der "Verstaatlichung des kulturellen Lebens" versprochen - Bereiche also, deren Vernachlässigung und/oder ideologische Durchdringung wesentlich zur Unruhe im Lande beigetragen hatten.

Dieser relativen Offenheit gegenüber neuen politischen Notwendigkeiten stand eine bemerkenswerte Intransigenz gegenüber. Als die Menschen auf den Straßen immer eindeutiger einen Bruch mit dem alten System verlangten, zeigte sich, daß die Regierung vor dem gleichen Dilemma stand, wie die meisten Regierungen in vergleichbaren Umbruchprozessen: Im Widerstreit von Reform und Bruch und angesichts der immensen Beschleunigung aller politischen Prozesse erwies sie sich als unfähig, Politik zu gestalten. Da auch die Opposition nicht in der Lage war, an ihre Stelle zu treten, enstand eine diffuse Mischung von Wandel und Beharrung.

Die Regierung hatte die besseren Ausgangsbedingungen, als es darum ging, das entstandene Machtvakuum auszufüllen. Einer der entscheidenden Gründe lag in der großen personellen Kontinuität der Regierenden, vor allem aber ihre Abhängigkeit vom SED-beherrschten Staatsapparat. Die jahrzehntelange Monopolisierung des Herrschaftswissens verhalf den "alten Genossen" zu einem Platzvorteil und machte sie unentbehrlich.

---

[7]   Diese Regierung wird eine Regierung des Volkes und der Arbeit sein. Erklärung von Ministerpräsident Hans Modrow, in: Neues Deutschland v. 18./19.11.1989, S.3 ff.

3.2. Doppelherrschaft: Der Runde Tisch

Als der Runde Tisch am 7. Dezember 1989 zu ersten Mal tagte, war ein gefährliches Machtvakuum entstanden. Es war nicht auszuschließen, daß verschiedene rückwärtsgewandte Kräfte versuchen könnten, diese Situation zur Restauration der alten Verhältnisse zu nutzen. Der Regierung drohte durch den Niedergang der SED der Verlust ihrer entscheidenden politischen Stütze. Die Opposition sah sich weder konzeptionell noch organisatorisch und personell in der Lage, die Macht zu übernehmen.

Seit Anfang Oktober hatte eine "Kontaktgruppe", bestehend aus Mitgliedern von sieben politischen Gruppierungen unter konspirativen Bedingungen über Formen eines Dialogs mit der politischen Macht beraten. Beteiligt waren: Initiative Frieden und Menschenrechte, Neues Forum, Demokratie jetzt, Demokratischer Aufbruch, Sozialdemokratische Partei, Grüne Partei und Vereinigte Linke. Die Einladung zum ersten Treffen des Runden Tisches kam vom Bund der Evangelischen Kirchen.[8]

Der Pakt zwischen reformbereiten Teilen der alten Eliten und den neuen Eliten sollte das Machtvakuum füllen und die Gefahr gewaltsamer innerer Unruhen eindämmen, die durch das unversöhnliche Gegenüber einer verhandlungsunwilligen politischen Führung und einer verhandlungsunfähigen fluktuierenden Masse entstanden war. Die Runden Tische wurden in dieser Situation zu den entscheidenden Promotoren des Transitionsprozesses.

Dies war vor allem darauf zurückzuführen, daß es gelang, alle relevanten politischen und gesellschaftlichen Kräfte an einem Tisch zu versammeln. Am zentralen Runden Tisch der DDR waren folgende Parteien und Gruppierungen vertreten: FDGB(2 Vertreter), Vereinigte Linke(2), SPD(2), Demokratie Jetzt(2), Neues Forum(3), Grüne Partei(2), Initiative Frieden und Menschenrechte(2), Grüne Liga(2), Unabhängiger Frauenverband(2), Demokratischer Aufbruch(2), SED-PDS(3), Vertreter des Sorbischen Runden Tisches(1), Ver

---

[8] Zur Debatte über die Form und den Absender der Einladung berichtet ausführlich: Uwe Thaysen, Der Runde Tisch. Oder: Wo bleibt das Volk? Der Weg der DDR in die Demokratie, Opladen: Westdeutscher Verlag 1990, S. 25 ff; Ein Detail am Rande macht deutlich, mit welchen Tricks die SED versuchte, sich an die Spitze der Reformbewegung zu stellen. In einer Mitteilung im Neuen Deutschland vom 23. November hieß es u.a., das Politbüro habe "in Verwirklichung des Aktionsprogramms der Partei den Vorschlag unterbreitet, daß sich die in der Koalitionsregierung vereinten politischen Parteien gemeinsam mit anderen politischen Kräften des Landes an einem 'Runden Tisch' zusammenfinden."

einigung der gegenseitigen Bauernhilfe VdGB(2), CDU(3), DBD(3), NDPD(3), LDPD(3).[9]

Runde Tische entstanden in der Folgezeit auf allen Ebenen der staatlichen Hierarchie und in vielen nichtstaatlichen Institutionen. Die Verhandlungen am zentralen Runden Tisch in Berlin, der unter der bewundernswert sachlichen und in einem positiven Sinne konfliktbewußten Leitung von Kirchenvertretern stattfanden, machten in ihrer Anfangsphase deutlich, daß sich zunächst die Regierung, trotz vielfältiger Zugeständnisse, in entscheidenden Punkten (Wirtschaftsreform, Strukturreform des Staatsapparates) wenig flexibel zeigte. Ihr konkretes Verhalten entsprach nicht den Erklärungen, die bei Bildung der als "Koalitionsregierung" titulierten Regierung Modrow abgegeben worden waren.

Als es der SED-PDS nach dem Sonderparteitag Anfang Dezember vorübergehend gelang, den rasanten Zerfallsprozeß zu stoppen, ermutigte dies die Regierung, sich dem Zugriff des Runden Tisches zu entziehen. Von den Vertretern der neuen politischen Gruppierungen und den Menschen auf den Straßen wurde das zu Recht als Versuch interpretiert, alte Machtpositionen der SED wiederherzustellen, um so mehr, als sich dies mit dem Bestreben verband, große Teile des alten Staatssicherheitsdienstes unter neuem Namen in die neue Zeit hinüberzuretten.[10]

Das anfänglich obstruktive Verhalten der Regierungsvertreter gegenüber dem Runden Tisch (nicht nur, was die Frage des Staatssicherheitsdienstes anging) und die zögerliche Bereitschaft zu durchgreifenden politischen und vor allem wirtschaftlichen Sofortmaßnahmen verfestigten den Eindruck, daß die Regierung und die sie tragende Partei nur dann zu Zugeständnissen bereit waren, wenn sie dazu gezwungen wurden.

Hinzu kamen einige Ereignisse, die das Vertrauen in die Regierung untergruben. Ein psychologischer Wendepunkt war die mysteriöse Schändung des sowjetischen Ehrenmals in Berlin-Treptow Anfang Januar. Immer mehr Informationen über Korruption, Amtsmißbrauch und die Machenschaften der Staatssicherheit kamen an die Öffentlichkeit. Die sich zuspitzende Krisensituation, vor allem in der Wirtschaft, wachsende Ungeduld in der Bevölkerung und deutlichen Absetzbewegungen der ehemaligen "Blockparteien" (CDU, DBD, LDPD und NDPD), die fürchteten, in den Sog des Untergangs der SED zu geraten, führten zu einer erneuten Zuspitzung der Krise.

---

[9]   Vgl. hierzu ausführlich: Thaysen, Der Runde Tisch, a.a.O.; Helmut Herles/Ewald Rose (Hrsg.), Vom Runden Tisch zum Parlament, Bonn: Bouvier 1990.

[10]   Vgl. hierzu: Thomas Falkner, Von der SED zur PDS. Weitere Gedanken eines Beteiligten, in: Deutschland Archiv, 24.Jg.(1991), Nr.1 S. 30 ff.

Erst in dieser Situation erklärte sich der Regierungschef bereit, auf den Runden Tisch zuzugehen. Am 15. Januar erschien Hans Modrow vor dem Runden Tisch. Erst an diesem Tag gaben die Regierungsvertreter mehr als nur ausweichende Antworten auf die Fragen nach der Auflösung des Staatssicherheitsdienstes. (Am selben Abend kam es zur Stürmung der ehemaligen Zentrale des Ministeriums für Staatssicherheit in der Berliner Normannenstraße.) Unter dem Druck der Öffentlichkeit schwenkte die Regierung auf die Forderung ein, daß über die Frage eines - von der Regierung Modrow als notwendig angesehenen - "Verfassungsschutzes" - von der neuen Volkskammer zu entscheiden sei. Die Auflösung des "Amtes für Nationale Sicherheit", von der Oppositionsbewegung als entscheidendes Element der Vertrauensbildung angesehen, wurde von der Regierung so lange und vehement abgelehnt, daß die Vermutung nicht von der Hand zu weisen war, daß das alte Ministerium für Staatssicherheit - in reduzierter Form - erhalten bleiben sollte und ganze Abteilungen in andere Staatsorgane, z.B. die Zollverwaltung, überführt wurden und so jederzeit reaktivierbar wären.

3.3. Die "Regierung der nationalen Verantwortung"

Bei seinem Auftritt vor dem Runden Tisch am 15. Januar bot Modrow der Opposition die "unmittelbare und verantwortliche Teilnahme an der Regierungsarbeit durch kompetente Persönlichkeiten" an.[11] Ferner forderte er den Runden Tisch auf, in Regierungskommissionen und bei der Gesetzgebung mitzuwirken und lud Vertreter ein, ihn auf seiner bevorstehenden Reise in die Bundesrepublik zu begleiten. Eine Woche später ging Modrow noch einen Schritt weiter. Die Erstürmung der Zentrale des Staatsssicherheitsdienstes eine Woche zuvor, Gerüchte über einen bevorstehenden Generalstreik oder einen geplanten Putsch von Staatssicherheit und Teilen der Armee machten die Runde.[12] Dies zeigte, wie angespannt die Situation war, wie schnell sie in Gewalt umschlagen konnte und wie labil der Pakt zwischen Regierung und Opposition war.

Modrow versuchte, die Initiative zu ergreifen. Er betonte, daß er sich in seiner Tätigkeit dem Volke, nicht einer Partei gegenüber verantwortlich fühle, und kündigte einen "neuen Abschnitt" der "revolutionären Umgestaltung" an. Er forderte den Runden Tisch auf, ihm "Persönlichkeiten zu benennen, die bereit

---

[11] Herles/Rose, Vom Runden Tisch, a.a.O., S. 56.

[12] Vgl. hierzu die Stellungnahme von Hans Modrow vor dem Runden Tisch am 22.1.1990 in: Ebd., S. 78.

sind, als Mitglieder des Ministerrates in die Regierung einzutreten"[13], und gab gleichzeitig eine Agenda für die weitere Gesetzgebungsarbeit bis zu den Wahlen vor. Damit entwickelte sich der Runde Tisch endgültig "vom Veto-Organ zur Steuerungsinstanz".[14]

Vor der Volkskammer leistete der Regierungschef am 29. Januar faktisch einen Offenbarungseid. Er schilderte die Situation in den düstersten Farben und gestand ein, daß die sozialen Spannungen mit den vorhandenen politischen Strukturen kaum noch beherrscht werden könnten. In mehreren nichtöffentlichen Debatten, die bereits vom sich abzeichnenden Wahlkampf beeinflußt waren, hatten sich die oppositionellen Gruppierungen zuvor dazu durchgerungen, sich an der Regierung zu beteiligen.[15]

Um den Zusammenbruch der politischen und wirtschaftlichen Ordnung mit unberechenbaren Folgewirkungen zu verhindern, einigte sich die Regierung am 28. Januar mit Vertretern des Runden Tisches - ebenfalls in nichtöffentlicher Sitzung -, die für den 6. Mai vorgesehenen Volkskammerwahlen auf den 18. März und die Wiederholung der Kommunalwahlen vom Mai 1989, die wesentlich zum Bürgerprotest beigetragen hatten, auf den 6. Mai 1990 vorzuziehen. Der Runde Tisch stimmte diesem Vorhaben in seiner 10. Sitzung am 29. Januar ebenso zu wie die Volkskammer.[16]

Die neuen Parteien und Bewegungen traten am 5. Februar in die "Regierung der nationalen Verantwortung" unter Hans Modrow ein. Nur die "Vereinigte Linke" beteiligte sich nicht, da sie das deutschlandpolitische Konzept Modrows grundsätzlich ablehnte. Alle anderen neuen Gruppierungen entsandten Ministerinnen und Minister in die Regierung, die danach von 13 Parteien und politischen Gruppen getragen war. Eine Bilanz dieser Entwicklungsphase des Transitionsprozesses kann nur widersprüchlich ausfallen. Als Hans Modrow am 13. November zum Ministerpräsidenten gewählt wurde, sollte seine Regierung die Wende der SED-Führung unter dem Übergangs-Generalsekretär Egon Krenz staatlich absichern und retten, was zu retten war. Gemessen an diesem Ziel ist diese Regierung gescheitert.

Der Feststellung, daß es sich bei dieser Regierung, an der neben der SED die bisherigen Blockparteien in stärkerer personeller Präsenz vertreten waren, um eine "demokratische Koalitionsregierung" gehandelt habe, wie es der SED-Ab-

---

[13] Ebd., S.81.

[14] Thaysen, Der Runde Tisch, a.a.O., S. 76.

[15] Vgl. hierzu: Thaysen, Der Runde Tisch, a.a.O., S. 82 ff.

[16] Vgl.: Erklärung zur Demokratie und Rechtsstaatlichkeit, in: Herles/Rose, Vom Runden Tisch, a.a.O., S. 102.

geordnete Jarowinski ausdrückte,[17] ist energisch zu widersprechen. Es war vielmehr der Versuch, innerhalb des bestehenden institutionellen Rahmens die Blockparteien für eine Politk der Öffnung zu instrumentalisieren. Dieser Versuch mißlang gründlich. Erst als der völlige Zusammenbruch der öffentlichen Ordnung mit unübersehbaren Konsequenzen kaum noch abwendbar erschien, war Modrow bereit, die Blockadepolitik der Regierung gegenüber dem Runden Tisch aufzugeben. In dieser Phase erwies er sich als geschickter Machtpolitiker, indem er die neuen politischen Gruppierungen unter Zugzwang setzte, sich an der Regierung zu beteiligen.

Ähnlich zwiespältig fällt das Urteil aus, wenn man die Tätigkeit der Volkskammer zwischen Wende und Wahl betrachtet. In ihr spiegelte sich, vielfach gebrochen, der Umbruch in der Gesellschaft selbst wider. Die Volkskammer war nie treibende Kraft, sondern repräsentierte eher die individuellen und kollektiven Widersprüche von Personen und Institutionen, die in der einen oder anderen Weise Träger des alten Systems waren. Insoweit erscheint es auch problematisch, von der Volkskammer als parlamentarischer Vertretung zu sprechen.[18] Sie hat nie die Legitimität eines Parlaments gehabt und hat sie auch nicht verdient. Allerdings konnte sie in der ersten kritischen Phase der Transition eine wichtige Funktion wahrnehmen: Sie trug entscheidend dazu bei, daß Öffentlichkeit hergestellt wurde, und sie zwang die Verantwortlichen von einst, sich öffentlich zu rechtfertigen.

Daß sich der Minister für Staatssicherheit, Erich Mielke, vor der Öffentlichkeit als häßlicher seniler Greis decouvrierte,[19] war mehr als eine Randerscheinung - es war der symbolische Augenblick, in dem die ganze Anmaßung der Macht offenkundig wurde.

Der Runde Tisch schließlich hat die Entwicklung beschleunigt, aktiv mitgestaltet und zugleich kanalisiert. Er war nicht "das" Volk, er war eine transitorische Institution, die wesentlich dazu beigetragen hat, daß sich in dieser Zeit Interessen artikulieren konnten. In dem Maße, wie dies gelang, wurde er selbst auch zum Podium für das Austragen von Interessenkonflikten zwischen den einzelnen Gruppen und - ab Mitte Januar - auch zur wirksamen Bühne des beginnenden Wahlkampfes.

Die Beteiligten, insbesondere die neuen politischen Gruppen, mußten schmerzhaft erfahren, daß "das Volk" sehr schnell eigene Wege einschlug. In der Anfangsphase, als es um den endgültigen Sturz der SED-Herrschaft ging,

---

[17] Parlaments-Szenen, a.a.O., S. 77.

[18] Ebd., S. 73.

[19] Seine Aussage "ich liebe doch alle, alle Menschen" ging im lauten (befreiten?) Lachen der Mitglieder der Volkskammer unter; vgl. ebd., S. 193.

vor allem in seinem zähen Kampf gegen die Fortexistenz der Staatssicherheit, vertrat der Runde Tisch "das Volk". Ab Ende Januar entstand die paradoxe Situation, daß der Runde Tisch und die Regierung - mit unterschiedlichen Motivationen - Repräsentanten einer eigenständigen "DDR-Identität" waren, während die Mehrheit der Bevölkerung längst das möglichst schnelle Ende eben dieser DDR wollte.

3.4. Die "Abwicklung" der DDR - der Streit um den Beitritt zur Bundesrepublik

Unter dem Eindruck des unerwarteten Wahlergebnisses vom 18.März 1990 und der desolaten Situation der DDR-Wirtschaft sahen sich die Parteien einem vehementen Druck ausgesetzt. Es galt, arbeitsfähige Mehrheiten in der Volkskammer und eine starke Regierung zustande zu bringen. Die große Koalition unter dem CDU-Politiker Lothar de Maizière konnte aber nur wenige Wochen produktiv zusammenarbeiten, danach herrschte permanenter Wahlkampf.

In ihrer Koalitionsvereinbarung vom 12. April hatten CDU, DSU, Demokratischer Aufbruch, Liberale, Deutsche Forumpartei, Bund Freier Demokraten, FDP und SPD sich auf einen Beitritt der DDR zur Bundesrepublik nach dem Modell des Artikels 23 des Grundgesetzes festgelegt. Die Koalition sah es als ihre Aufgabe an, "den Prozeß der deutschen Einigung mit parlamentarischer Beteiligung" zu gestalten.

3.4.1. Der Staatsvertrag zur Währungs-, Wirtschafts- und Sozialunion

Die Verfügung über das Budget ist die Voraussetzung für autonomes Handelns eines politischen Gemeinwesens. Die ökonomische und soziale Lage in der DDR hatte sich im Frühsommer des Jahres 1990 so bedrohlich dem Abgrund genähert, daß den Politikern kein anderer Ausweg möglich erschien, als die Souveränität der DDR faktisch zu beenden, indem die Bundesrepublik die Verantwortung für die Finanzpolitik übernahm. Um dies zu ermöglichen, verabschiedete die Volkskammer Verfassungsgrundsätze, die die nötigen rechtlichen Rahmenbedingungen schufen, um einen "Staatsvertrag" zwischen der Bundesrepublik und der DDR zu schließen, mit dem am 1. Juli 1990 eine Währungs-, Wirtschafts- und Sozialunion gebildet wurde.[20] Vorgespräche darüber hatte es auf Vorschlag der Bundesregierung bereits seit dem 20. Februar

---

[20] Vgl.: Vertrag über die Schaffung einer Währungs-, Wirtschafts- und Sozialunion zwischen der Bundesrepublik Deutschland und der Deutschen Demokratischen Republik vom 18.5.1990 (BGBl. II S.537), (im Folgenden zit. als "Staatsvertrag") in: Die Verträge zur deutschen Einheit, München: Beck 1990, S. 1 ff.

mit der Regierung Modrow gegeben. Damals waren noch mögliche Wege zu einem Währungsverbund und einer Konföderation in der Diskussion.

Seither waren monatlich zehntausende Übersiedler aus der DDR in die Bundesrepublik gegangen, angelockt durch bessere wirtschaftliche Bedingungen und soziale Chancen. Die Abschaffung der DDR-Währung und die Einführung der D-Mark sollte diesen Abwanderungsstrom stoppen und die Voraussetzungen für die Gesundung der DDR-Wirtschaft schaffen. Die Aufgabe der Währungsunion war aber auch das Signal, daß die Einheit Deutschlands schnell vollzogen werden sollte. De facto lief sie auf die Ausweitung der Prinzipien des bundesdeutschen Wirtschaftssystems auf die DDR und damit das Ende der DDR hinaus - und so wurde es auch von der Mehrheit der Bevölkerung empfunden. Die Währungssouveränität bedeutete, wie es der Finanzminister der DDR, Walter Romberg, in der Volkskammer formulierte, den Verlust eines wesentlichen Teils "wirtschaftspolitischer Souveränität und damit auch von politischer Souveränität."[21] Die Einführung der D-Mark wurde so zum "Markenzeichen des Vereinigungsprozesses."[22]

Eine Vielzahl von Rechtsvorschriften der Bundesrepublik galt ab sofort in der DDR. Alte DDR-Gesetze wurden aufgehoben, und die Volkskammer war genötigt, neue Gesetze zu verabschieden, die den Übergang regelten.[23] Behörden konnten sich, noch vor der formalen Vereinigung, "nach Maßgabe des innerstaatlichen Rechts" Amtshilfe leisten, die Möglichkeit des Rechtsschutzes wurde eröffnet und eine gemeinsame Regierungskommission zur Durchführung des Staatsvertrages gebildet.

Der Staatsvertrag war explizit als erster Schritt auf dem Wege zur Vereinigung der beiden deutschen Staaten konzipiert. In seiner Präambel heißt es, daß die vertragschließenden Seiten entschlossen seien, "in Freiheit die Einheit Deutschlands in einer europäischen Friedensordnung alsbald zu vollenden."[24]

Der Vertrag beendete alle Diskussionen über die Frage, ob bestimmte Elemente der sozial-ökonomischen Ordnung der DDR länger Bestand haben sollten. Er beschreibt die "Soziale Marktwirtschaft" als die "gemeinsame Wirtschaftsordnung" der beiden Staaten und gibt auch gleich eine Definition vor: "Sie wird insbesondere bestimmt durch Privateigentum, Leistungswettbewerb, freie Preisbildung und grundsätzlich volle Freizügigkeit von Arbeit, Kapital,

---

[21] Volkskammer der Deutschen Demokratischen Republik, 10. Wahlperiode, Sondertagung (8.Tagung) 21. Mai 1990, S. 211.

[22] Karl Otto Pöhl, Das Diktat der Stunde ließ längeres Warten nicht zu. Zur Währungsunionen - Die Sicht der Bundesbank, in: Frankfurter Rundschau vom 4.7.1990, S. 6.

[23] Siehe die Anlagen zum Staatsvertrag

[24] Staatsvertrag, Präambel.

Gütern und Dienstleistungen." Erst auf Intervention der DDR-Regierung wurde hinzugefügt, daß hierdurch "die gesetzliche Zulassung besonderer Eigentumsformen für die Beteiligung der öffentlichen Hand oder anderer Rechtsträger am Wirtschaftsverkehr nicht ausgeschlossen <sind>, soweit private Rechtsträger dadurch nicht diskriminiert werden."[25]

Die DDR-Vertreter setzten auch durch, daß die Formulierung, "die Sozialunion bildet mit der Währungs- und Wirtschaftsunion eine Einheit", in den Vertrag aufgenommen wurde. Ursprünglich hatte es geheißen, daß die "Sozialgemeinschaft" die Währungs- und Wirtschaftsunion "ergänzt".[26] Konkrete politische Bedeutung erlangten diese Formulierungen nur insoweit, als eine Reihe von Maßnahmen vorgesehen wurde, die den unmittelbaren Übergang zur Marktwirtschaft abfedern sollten. Dazu gehörten insbesondere spezielle arbeitsrechtliche Regelungen im Ostteil Deutschlands, die auch über den Zeitpunkt der formalen Vereinigung hinaus in Kraft blieben.

Über den Staatsvertrag gab es in der Volkskammer eine kontroverse Debatte. Vor allem das Bündnis 90 und die PDS warfen der Regierung vor, der Vertrag sichere keine gleichberechtigte Mitwirkung der DDR-Bürger und übertrage schlicht das politische und soziale System der Bundesrepublik. Der Abgeordnete Tschiche vom Bündnis 90 meinte in der Volkskammersitzung zum Staatsvertrag, daß der Teilstaat DDR "in die Bundesrepublik übernommen wird unter Dominanz des dort gewachsenen gesellschaftlichen Systems."[27] Demgegenüber beschwor die Regierungskoalition die Chancen, die der Vertrag eröffne.

Vor dem Hintergrund der katastrophalen wirtschaftlichen Situation in den heutigen Ländern auf dem Gebiet der ehemaligen DDR erscheinen die Erwartungen des Verhandlungsführers der Regierung de Maizière, des späteren Bundesverkehrsministers Günther Krause, übertrieben optimistisch:

"Der Staatsvertrag schafft die notwendigen Rahmenbedingungen für den raschen Übergang von der sozialistischen Kommandowirtschaft hin zur sozialen Marktwirtschaft auf allen Wirtschaftsfeldern ... Der Strukturwandel in der Wirtschaft und Landwirtschaft wird rasch die Produktivität in den Betrieben verbessern und den Menschen künftig moderne, sichere und vor allem nicht mehr gesundheitsgefährdende Arbeitsplätze schaffen."[28]

---

[25] Staatsvertrag, Art. 1,3.

[26] Staatsvertrag, Art.1,4; Zum Entwurf eines Staatsvertrages der Bonner Koalitionsparteien vom 24.4. vgl.: Wie die Bundesrepublik sich einen Vertrag mit der DDR vorstellt. Das "Arbeitspapier" über die Währungsunion, Wirtschafts- und Sozialgemeinschaft, in: Frankfurter Rundschau vom 26.4.1990, S. 16/18.

[27] Volkskammer der Deutschen Demokratischen Republik, 10. Wahlperiode, (16. Tagung), 21. Juni 1990, S. 576.

[28] Ebd., S. 568.

Bei der Unterzeichnung des Vertrages fiel in der Rede des DDR-Ministerpräsidenten ein später häufig zitierter Satz, der zeigt, mit welcher Hoffnung oder auch Naivität man auf die Einführung der Marktwirtschaft wartete: "Niemandem wird es schlechter gehen als bisher. Im Gegenteil!" Und Bundeskanzler Helmut Kohl betonte, daß niemandem "unbillige Härten zugemutet" werden würden.[29]

Die Parteien, die sich an der Regierung de Maizière beteiligten, waren sich einig, daß es keine politische Alternative zur Währungsunion gab. Es gab aber tiefgreifende Differenzen darüber, wie gesichert werden könne, daß die negativen sozialen Folgen möglichst gering gehalten werden könnten. Der von der SPD gestellte Finanzminister wies immer wieder auf die bedrohliche Lage der öffentlichen Haushalte hin, die Sozialministerin warnte vor Massenarbeitslosigkeit. Andererseits sprach der Fraktionsvorsitzende der SPD in der Volkskammer davon, daß nicht langdauernde Massenarbeitslosigkeit bevorstehe, sondern nur "verlängerte Arbeitssuche"[30]

Nicht nur von Seiten der Opposition in der Volkskammer und im Bundestag ist diese optimistische Erwartung kritisiert worden. Auch bedeutende Wirtschaftsfachleute, z.B. der Deutschen Bundesbank, hatten Bedenken angemeldet, daß die Wirtschaft der DDR den Schock einer plötzlichen Begegnung mit den Gesetzen des Marktes nicht verkraften könne und die Folgen für die wirtschaftliche Leistungsfähigkeit der Bundesrepublik nicht kalkulierbar seien. Daß diese Bedenken berechtigt waren, zeigte sich bereits kurz nach der Verwirklichung der Wirtschafts- und Währungsunion: Die erwarteten Investitionen westlicher Unternehmen blieben aus, die Betriebe der DDR, die zuvor mit politisch gestützten Preisen auf dem westlichen Markt vertreten waren, wurden von einem Tag auf den anderen ungeschützt der westlichen Konkurrenz ausgesetzt und konnten sich in dieser Auseinandersetzung nur in Ausnahmefällen behaupten, und schließlich brach der RGW-Markt in kürzester Zeit in sich zusammen, weil die bisherigen Haupthandelspartner der DDR über keine harte Währung verfügten.

Eine sachbezogene Diskussion dieser Probleme wurde dadurch erschwert, daß die Frage nach den sozialen Folgen der Währungsunion und den "Kosten der Einheit" den beginnenden Wahlkampf beherrschten. Erst Ende Februar 1991, die DDR gehörte längst der Geschichte an und der Pulverdampf mehrerer Wahlkämpfe hatte sich verzogen, wurde der Blick auf die wirtschaftliche und soziale Misere in den neuen Bundesländern frei. Erst jetzt begannen Regierung

---

[29] Die Ansprachen von Helmut Kohl und Lothar de Maizière anläßlich der Unterzeichnung des Staatsvertrages sind abgedruckt in: Frankfurter Rundschau vom 19.5.1990, S.11.

[30] Volkskammer der Deutschen Demokratischen Republik, 10. Wahlperiode , Sondertagung (8. Tagung) 21. Mai 1990, S. 218.

und Opposition, ernsthaft darüber nachzudenken, was es bedeuten würde, wenn die staatliche Teilung durch eine längerfristige wirtschaftliche und soziale Spaltung abgelöst würde. In seiner Regierungserklärung nach den Bundestagswahlen vom Dezember 1990 forderte Bundeskanzler Helmut Kohl die Herstellung einheitlicher Lebensverhältnisse. Dies sei die wichtigste Aufgabe der nächsten Jahre. Er nahm damit eine Forderung auf, die im Jahr zuvor von der SPD-Opposition in den Mittelpunkt ihres Wahlkampfes gerückt worden war.[31]

Der Staatsvertrag wurde von den Nachbarn Deutschlands nicht nur als ein Vertragswerk begriffen, das bestimmte ökonomische und soziale Vereinbarungen enthält. Völlig zutreffend sahen sie darin den ersten, entscheidenden Schritt zur Wiederherstellung der staatlichen Einheit Deutschlands. So verwundert es nicht, daß bereits im Vorfeld der staatlichen Vereinigung der beiden deutschen Staaten die Frage nach den Grenzen Deutschlands gegenüber Polen aufgeworfen wurde. Während darüber in der Bundesrepublik eine heftige Kontroverse ausgetragen wurde und die Bundesregierung durch langes Schweigen viel Glaubwürdigkeit verspielte, waren alle politischen Kräfte in der DDR einhellig der Auffassung, daß die Westgrenze Polens unantastbar sei. Volkskammer und Bundestag verabschiedeten zusammen mit dem Staatsvertrag eine "Entschließung zur deutsch-polnischen Grenze", in der die Unverletzlichkeit der Grenze auch in Zukunft garantiert wird und keine Gebietsansprüche erhoben werden.

3.4.2. Der Einigungsvertrag

Wie labil die politischen Verhältnisse in der DDR im Sommer 1990 waren, dokumentiert ein Tag in der Volkskammer: Am symbolträchtigen 17. Juni, dem Jahrestag des Aufstandes in der DDR von 1953, stellte die DSU den Antrag, sofort und ohne Aufschub den Beitritt zur Bundesrepublik zu erklären; der Abgeordnete Konrad Weiss vom Bündnis 90 argumentierte - aus ganz anderen Motiven - in die gleiche Richtung.[32]

Der Staatsvertrag hatte zwar de facto die Souveränität der DDR aufgehoben, sie bestand aber weiterhin als völkerrechtliches Subjekt. Formal war er ein völkerrechtlicher Vertrag zwischen der Bundesrepublik und der DDR, ma-

---

[31] Vgl.: Regierungserklärung und Bundestagsdebatte, in: Das Parlament, 41.Jg.(1991), Nr. 7-8; "Eine eminente Fehlentscheidung". Spiegel-Gespräch mit SPD-Kanzlerkandidat Lafontaine über die Währungs- und Wirtschaftsunion mit der DDR, in: Der Spiegel, Nr. 22 vom 28.5.1990, S.26 ff.

[32] Vgl. Volkskammer der Deutschen Demokratischen Republik, 10. Wahlperiode, 15. Tagung (Sondertagung) 17.6.1990, S. 533 ff.

teriell-inhaltlich ein verfassungsrechtlicher Vertrag,[33] der erhebliche Teile des Rechts der DDR außer Kraft setzte. Sollte verhindert werden, daß der geplante Beitritt der DDR zur Bundesrepublik einem "Anschluß" gleichkam, dann mußten in einem zweiten Staatsvertrag alle Grundlagen für einen geregelten Beitritt der DDR zur Bundesrepublik festgeschrieben werden.

Nach langen, quälenden öffentlichen Diskussionen über Art und Termin des Beitritts erklärte die Volkskammer der DDR am 23. August den Beitritt der DDR zur Bundesrepublik mit Datum des 3. Oktober 1990. Als Voraussetzung wurde genannt, daß der geplante zweite Staatsvertrag, der sogenannte "Einigungsvertrag", fertiggestellt sei, die "2 + 4-Gespräche" einen Stand erreicht hätten, der die außen- und sicherheitspolitischen Bedingungen der deutschen Einheit regelt, und die Länderbildung in der DDR soweit vorbereitet sei, daß am 14. Oktober Landtagswahlen stattfinden könnten. Der Einigungsvertrag wurde am 31. August unterzeichnet. Am 23. September stimmten der Bundestag mit 440 gegen 47 Stimmen bei 3 Enthaltungen und die Volkskammer mit 299 gegen 80 Stimmen bei einer Enthaltung dem Einigungsvertrag zu. Der Bundesrat hatte ihn am 21. September einstimmig gebilligt.[34]

Während der erste Staatsvertrag vor allem die Reform des Wirtschaftssystems zum Inhalt hatte, umfaßt der Einigungsvertrag alle übrigen Rechtsgebiete - Verfassung, Verwaltungsrecht, Strafrecht, EG-Recht, Völkerecht u.s.w. Auf etwa 900 Schreibmaschinenseiten wurde nahezu alles geregelt, vom Parteiengesetz über den Umgang mit Akten des Staatssicherheitsdienstes der ehemaligen DDR bis zur Bestimmung, daß der Standesbeamte des Standesamtes I in Berlin(West) jetzt der Standesbeamte des Standesamtes I in Berlin sei oder Regelungen des "Saatgutverkehrsgesetzes".

Es stellt sich aber heraus, daß diese Fleißarbeit deutscher Verwaltungsbeamter erhebliche Lücken aufweist. So wurden die Gemeinden im Vertrag kaum berücksichtigt, was in der Folge zu erheblichen Problemen führte. Anfang 1991 standen die meisten Gemeinden in den neuen Bundesländern vor dem Bankrott.

Der Einheitsvertrag konnte auch nicht sichern, daß es in der ehemaligen DDR zum schnellen Aufbau einer funktionsfähigen Verwaltung kam. Es fehlen dafür nicht nur die nötigen Finanzen. Von mindestens gleicher Bedeutung ist der Mangel an qualifiziertem Personal. Zum Teil arbeiten die Verwaltungen not-

---

[33] Ingo von Münch, Einführung zu: Die Verträge zur Einheit Deutschlands, a.a.O., S. XV-XVI.

[34] Vertrag zwischen der Bundesrepublik Deutschland und der Deutschen Demokratischen Republik über die Herstellung der Einheit Deutschlands - Einigungsvertrag - vom 31.8.1990, (BGBl II S. 889), in: Die Verträge zur deutschen Einheit, a.a.O., S. 43 ff.

gedrungen noch mit den alten Verwaltungskadern die von westlichen Beratern angeleitet und kontrolliert werden. Verwaltungsfachleute, aus der alten Bundesrepublik sind trotz vielseitiger materieller und anderer Anreize wegen der mangelnden Lebensqualität in den Städten und Gemeinden der östlichen Länder kaum an einem Wechsel der Arbeitsstelle interessiert. Die Ausbildung neuer Verwaltungsfachleute wird Zeit dauern.

Da die Bundesregierung glaubte, die Folgekosten der Einheit mit Hilfe eines besonderen Fonds "Deutsche Einheit"[35], dessen Mittel auf dem Kapitalmarkt aufgenommen wurden, finanzieren zu können, verankerte sie bis Ende 1994 Sonderregelungen für die Finanzierung der Länder der ehemaligen DDR. Damit wurden die neuen Länder vom sogenannten "Länderfinanzausgleich" ausgenommen, der in der föderalen Ordnung der Bundesrepublik sichern soll, daß keine allzu großen Disparitäten zwischen ärmeren und wohlhabenderen Gegenden entstehen. Man hoffte, man könne die Bürger der alten Bundesrepublik vor zusätzlichen Belastungen bewahren, und vertraute darauf, daß die ehemaligen DDR-Bürger mit dem allmählichen Anstieg ihres Lebensstandards zufrieden sein würden. Unter anderem sah der Vertrag vor, daß die neuen Bundesländer nur 55% statt des im Westen üblichen vollen Anteils des durchschnittlichen Umsatzsteueranteils pro Einwohner erhalten. Dieser Anteil sollte bis 1994 auf 70% angehoben werden.[36] Ende Februar 1991 mußten diese und andere Festlegungen des Einigungsvertrages revidiert werden, sollte nicht die wirtschaftliche und soziale Zukunft in den östlichen Ländern dauerhaft gefährdet werden. Seither fließen Milliarden in die ehemalige DDR, ohne daß ein überzeugendes Strukturkonzept für den Transformationsprozeß erkennbar wäre.

Nach Auffassung des Ministerpräsidenten des Landes Brandenburg hat der Einigungsvertrag einen "kardinalen Konstruktionsfehler, die bewußte oder unbewußte Unterschätzung des Finanzbedarfs der neuen Länder und Gemeinden." Es habe sehr lange gedauert, bis sich diese Einsicht durchgesetzt habe.[37]

Dahinter stand die -wie sich bald zeigen sollte - unrealistische Annahme, die Wirtschaft in den östlichen Bundesländern werde in kürzester Zeit einen Boom erleben. Das Gegenteil ist der Fall. Der Übergang von der zentral gelenkten Wirtschaft zur Marktwirtschaft gestaltet sich so schwierig, daß die Bundesregierung Anfang 1991 ihre bisherige Politik radikal ändern mußte. Zentrale wirtschaftliche Festlegungen des Einigungsvertrages hatten sich als

---

[35] Vgl. Gesetz über die Errichtung eines Fonds "Deutsche Einheit" vom 25. Juni 1990, BGBl 1990 II, S. 518.

[36] Einigungsvertrag, Anlage I, Abschnitt II.

[37] Manfred Stolpe, Wir fordern nur das Notwendigste zum Überleben, in: Frankfurter Allgemeine Zeitung vom 18.2.1991, S. 17.

Illusion erwiesen. Der politischen Erfolgs-Story der Verwirklichung der staatlichen Einheit Deutschlands muß die ökonomische und vor allem soziale - nämlich die vom Grundgesetz garantierte Gleichheit der Lebensverhältnisse - erst noch folgen.

Soll die Teilung Deutschlands nicht durch eine langanhaltende soziale Spaltung abgelöst werden, sind neue, tiefgreifende politische Entscheidungen nötig, die auf die Interessen der jeweiligen Wählerschaften und Parteiklientel keine Rücksicht nehmen. Diese Entscheidungen werden auch das Leben in der alten Bundesrepublik grundlegend verändern. Die staatliche Einheit ist vollbracht. Der Prozeß der Vereinigung zweier höchst unterschiedlicher deutscher Gesellschaften hat erst begonnen.

4. Entwicklung des Parteiensystems

4.1. Die alten Parteien des "Demokratischen Blocks"

Die offizielle DDR hat immer Wert auf die Feststellung gelegt, daß eines der wichtigsten Elemente des politischen Systems die Existenz mehrerer Parteien sei, die freundschaftlich zusammenarbeiteten. Von einem funktionierenden Mehrparteiensystem konnte aber nicht die Rede sein, da die Blockparteien nicht mehr waren als Erfüllungsgehilfen der SED-Politik.

Die DDR-Bürger waren an ein Parteiensystem gewöhnt, in dem die SED die führende Rolle spielte und in dem die Parteien des "Demokratischen Blocks", Christlich Demokratische Union (CDU), Demokratische Bauernpartei Deutschlands (DBD), Liberaldemokratische Partei Deutschlands (LDPD) und Nationaldemokratische Partei Deutschlands (NDPD) zuverlässige Partner, genauer, Gefolgsleute der SED gewesen sind. In ihren Programmen und Statuten unterstützten diese Parteien bedingungslos die Führungsrolle der SED. Sie hatten dies selbst dann noch getan, als die Herrschaft der SED sich im Zustand der Auflösung befand. Während es aber der LDPD und der CDU gelang, im Laufe des November 1989 Ansätze einer eigenständigen Politik zu formulieren, blieben vergleichbare Versuche der beiden 1948 gegründeten Parteien, der Demokratischen Bauernpartei Deutschlands (DBD) und der Nationaldemokratischen Partei Deutschlands (NDPD), merkwürdig unbestimmt.

Als die Volkskammer am 1. Dezember 1989 aus dem Artikel 1 der Verfassung der DDR den Passus entfernte, der den Führungsanspruch der SED verankerte, endete rechtlich eine Ära der Politik, die von der Dominanz einer selbsternannten Avantgardepartei bestimmt war. Das "vertrauensvolle Bündnis" zwischen der marxistisch-leninistischen Partei und den Parteien des "Demokratischen Blocks" wurde auch formal aufgekündigt. Alle Blockparteien traten aus der "Nationalen Front" aus und tauschten ihre Führungen aus. (Nur Manfred Gerlach, zu dieser Zeit amtierender Staatsratsvorsitzender, blieb bis zum Februar 1990 Vorsitzender der LDPD.)

Alle Parteien suchten nach neuen programmatischen Orientierungen. Sie strichen das Bekenntnis zum Sozialismus. Damit versuchten sie, vergessen zu machen, daß sie mit einer ähnlichen Erblast leben mußten wie die SED, die sich im Dezember in "Partei des Demokratischen Sozialismus" (SED-PDS) umbenannte. Nur wenige Monate später, zu den Volkskammerwahlen, präsentierten sich die traditionellen Parteien der DDR in einem neuen programmatischen Gewand. Es ist erstaunlich, in welch kurzer Zeit - zumindest äußerlich - sie sich zu Parteien westlichen Typs mauserten. Sie verzichteten darauf, sich als Vertreter bestimmter ideologischer Konzepte oder als Repräsentanten bestimmter sozialer Gruppen zu verstehen. Ideologische Orientierungen wurden verdrängt. An die Stelle trat der Versuch, die Ablösung von der eigenen belasteten Vergangenheit durch möglichst schnelle und unauffällige Adaption an das Muster westlicher Allerwelts-("catch-all-parties")[1] oder Volksparteien zu vollziehen.

Eingebunden in die "Nationale Front" und den "Demokratischen Block" hatten die Parteien in den vierzig Jahre der DDR kein erkennbar eigenes Profil.

1945 auf Initiative der KPD gegründet, war der Demokratische Block ein wirksames Instrument der Bündnispolitik im Sinne der SED. Die in ihm zusammengeschlossenen Parteien und Organisationen mit eigenen Fraktionen in den Volksvertretungen organisierten einen erheblichen Anteil der erwachsenen Bevölkerung. In der zweiten Hälfte der 80er Jahre gehörten ihm folgende Parteien und "Massenorganisationen" an:

SED	2,3 Mio.	Mitglieder
DBD	106.000	"
CDU ·	125.000	"
LDPD	83.000	"
NDPD	91.000	"
FDGB	9,5 Mio.	"
FDJ	2,3 Mio.	"
DFD	1,4 Mio.	"
Kulturbund	244.000	"
VdgB	560.000	"

Die Christlich-Demokratische Union Deutschlands (CDU) wandte sich am 26. Juni 1945 mit einem Gründungsaufruf an die Öffentlichkeit und wurde bereits im Juli 1945 von der Sowjetische Militäradministration in Deutschland (SMAD) als Partei zugelassen. Die ersten Jahre ihrer Existenz waren von massiven Konflikten um ihre politische Linie und ihr Verhältnis zur SED gekennzeichnet. Seit Ende der 40er Jahre, nach der Verdrängung ihrer ersten Vorsitzenden Andreas Hermes und später Jakob Kaisers, akzeptierte die CDU uneingeschränkt die

---

[1] Vgl. Otto Kirchheimer, Der Wandel des europäischen Parteiensystems, in: Politische Vierteljahresschrift, 6.Jg.(1965), Nr. 1, S. 20 ff.

bündnispolitischen Vorstellungen der SED. Als eine Partei des Friedens, der Demokratie und des Sozialismus, wie es die Entschließung des 14. Parteitages von 1977 formulierte, leistete die CDU einen Beitrag zur Entwicklung der sozialistischen Gesellschaft, der folgendermaßen beschrieben wurde:

"Sie nimmt wesentlichen Anteil an der politisch-geistigen Neuorientierung christlicher Bürger und geht dabei von den gesellschaftlichen Konsequenzen aus, dem christlichen Ethos der Friedens- und Nächstenliebe, den Lehren der Geschichte und den objektiven Gesetzen der gesellschaftlichen Entwicklung aus. Sie weiß sich den progressiven Traditionen humanistischen Strebens christlicher Persönlichkeiten und Bewegungen aus vergangenen Jahrhunderten, dem Vermächtnis christlicher Streiter gegen Imperialismus, Faschismus und Krieg, für Frieden und Brüderlichkeit, für Menschenwürde und soziale Gerechtigkeit verpflichtet."[2]

Die CDU bot den DDR-Bürgern eine politische Organisation an, die christlichen Glauben und aktiven Einsatz für den "realen Sozialismus" miteinander verbinden wollte. Die konzentrierte sich auf die Pflege enger Beziehungen zu christlichen Friedensorganisationen wie der Christlichen Friedenskonferenz (CFK) und der Berliner Konferenz europäischer Katholiken (BK). Bemerkenswerterweise hat die CDU bei der Verbesserung des Verhältnisses Kirche - Staat keine Rolle gespielt.

Die CDU hatte etwa 125.000 Mitglieder. In der Volkskammer stellte die CDU 52 Abgeordnete. Der Vorsitzende, Gerald Götting, war Stellvertreter des Vorsitzenden des Staatsrates und stellvertretennder Präsident der Volkskammer; im Ministerrat der DDR war die CDU ebenfalls durch einen stellvertretenen Vorsitzenden repräsentiert.

Die Demokratische Bauernpartei Deutschlands (DBD) wurde am 29. April 1948, wie es in der DDR hieß, "auf Initiative werktätiger Bauern" gegründet. Da bei ihrer Gründung ehemalige KPD- bzw. SED-Funktionäre eine maßgebliche Rolle spielten, verwunderte es nicht, daß sie "von Anfang an vorbehaltlos die führende Rolle der Arbeiterklasse und ihrer marxistisch-leninistischen Partei" anerkannte.[3] Die DBD sah ihre Aufgaben darin, die Bauern für den Aufbau des Sozialismus zu gewinnen. Sie war in den 50er und 60er Jahren aktiv an den Kollektivierungskampagnen in der Landwirtschaft beteiligt. Ihre zentrale Aufgabe sah sie darin, die Interessen der Genossenschaftsbauern zu vertreten und sich der Probleme des ländlichen Raumes anzunehmen.

Die DBD hatte rund 106.000 Mitglieder und entsandte ebenfalls 52 Mitglieder in die Volkskammer. Der Vorsitzende der DBD, Ernst Mecklenburg, war einer der stellvertretenden Vorsitzenden des Staatsrates. Die DBD war ferner im Präsidium des Ministerrates und der Volkskammer vertreten.

---

2 Handbuch Deutsche Demokratische Republik, Lexikonred.d. VEB Bibliographisches Institut (Hrsg.), Leipzig 1984, S. 261 f.

3 Ebd., S. 260.

Die Liberal-Demokratische Partei Deutschlands (LDPD) war ebenfalls eine der originären Parteigründungen des Jahres 1945. In ihrem Gründungsaufruf vom 5. Juli 1945 bekannte sie sich zur liberalen Weltanschauung, demokratischen Staatsgesinnung, zu Freiheitsrechten, Privateigentum, freier Wirtschaft und Berufsbeamtentum. Unter der Verantwortung ihres ersten Vorsitzenden Wilhelm Külz (er starb 1948) konnte sie noch eine relativ unabhängige Rolle in der SBZ spielen. Ende der 40er Jahre, nach der Verhaftung oder Flucht vieler ihrer führenden Mitglieder, band sie sich schrittweise an die bündnispolitische Konzeption der SED. Sie war seit den 60er Jahren eine Partei, die sich vor allem an Handwerker und kleine Gewerbetreibende, an Angestellte und Angehörige der "Intelligenz" wandte. Wie alle anderen Parteien erkannte sie die führende Rolle der SED und das Prinzip des demokratischen Zentralismus als innerparteiliches Organisations- und gesamtgesellschaftliches Strukturprinzip an.

Die LDPD zählte über 83.000 Mitglieder und war in der Volkskammer mit 52 Abgeordneten vertreten. Der Vorsitzende der LDPD, Manfred Gerlach, war stellvertretender Vorsitzender des Staatsrates; die Partei war im Präsidium des Ministerrates und der Volkskammer vertreten.

Die Gründung der National-Demokratische Partei Deutschlands (NDPD) im April 1948, unter maßgeblichem Einfluß der SED, diente vor allem dem Ziel, ehemalige NSDAP-Mitglieder und Offiziere, vor allem aus dem Nationalkomitee "Freies Deutschland" (NKFD), in die neue politische und soziale Ordnung einzugliedern. Dabei ging es auch darum, der CDU und der LDPD, die sich damals noch nicht dem Führungsanspruch der SED untergeordnet hatten, potentielle Parteimitglieder zu entziehen. Dieses Motiv kam auch indirekt zum Ausdruck, wenn das offiziöse "Handbuch DDR" schrieb:

> "Mit ihr traten Angehörige der ehemals städtischen Mittelschichten in einer zugespitzten Klassenkampfsituation für das Bündnis mit der führenden Arbeiterklasse und für die Freundschaft mit der Sowjetunion ein. Sie zogen die Lehren aus der Vergangenheit und brachen konsequent mit Faschismus und Imperialismus. Beispielhaft für die Mitglieder der Partei ist vor allem die Entscheidung von Gründungsmitgliedern des Nationalkomitees 'Freies Deutschland' (NKFD) im Zweiten Weltkrieg."[4]

Die NDPD hatte mehr als 90.000 Mitglieder. In ihrer Arbeit erkannte sie die Prinzipien des demokratischen Zentralismus an. In der Volkskammer war sie mit 52 Abgeordneten vertreten; ihr Vorsitzender, Heinrich Homann, war stellvertretender Vorsitzender des Staatsrates. Darüber hinaus war die NDPD im Präsidium des Ministerrates und der Volkskammer vertreten.

---

4 Ebd., S. 263.

4.2.   Der Wandel der alten Parteien

Die Herausbildung eines neuen Parteiensystems in der DDR, Anfang 1990, war wesentlich von zwei Faktoren beeinflußt: Die trotz der Krise erhalten gebliebene Organisationsmacht der alten Parteien, repräsentiert durch einen großen hauptamtlichen Funktionärskader und durch das Interesse der West-Parteien, im Osten Fuß zu fassen.

Das neue Parteiensystem in der DDR entstand in mehreren Schüben. Im Herbst 1989 nabelten sich die "Blockparteien" von der SED ab. Ferner gründeten sich neue politische Vereinigungen, die sich in einer zweiten Phase Anfang des Jahres 1990 als Parteien konstituierten. In einer dritten Phase, die vom Wahlkampf zu den Volkskammerwahlen am 18. März geprägt war, stand der Versuch im Mittelpunkt, durch die Bildung von Allianzen und Wahlbündnissen eine Zersplitterung des neuentstehenden Parteiensystems zu verhindern.

Bereits am 16. Januar hatte im Bonner Bundeskanzleramt eine Treffen von Politikern der West-CDU und CSU stattgefunden, auf dem es um Pläne ging, in der DDR eine "Allianz gegen den Sozialismus" zustande zu bringen. Unter dem direkten Einfluß und Druck der westdeutschen CDU, insbesondere des Bundeskanzlers, Helmut Kohl, formierte sich dann am 5. Februar die "Allianz für Deutschland", zu der sich, trotz unterschiedlicher Auffassungen und innerer Konflikte, die Ost-CDU, die der bayerischen CSU nahestehende "Deutsche Soziale Union" (DSU) und der als Bürgerbewegung entstandene "Demokratische Aufbruch - sozial + ökologisch" (DA) zusammenschlossen. Im liberalen Lager kam es zur Gründung des "Bundes Freier Demokraten" von LDP, FDP der DDR und "Deutscher Forumspartei".

Zu den Wahlen im März 1990 kandidierte bereits ein breites Spektrum von Parteien und Organisationen. 24 Parteien und Vereinigungen und fünf Listenverbindungen stellten sich den Wählern:

1. Aktionsbündnis Vereinigte Linke/Die Nelken - VL;
2. Alternative Jugendliste (AJL), an der u.a. die FDJ beteiligt war;
3. Bündnis 90 (Neues Forum, Demokratie Jetzt, Initiative Frieden und Menschenrechte);
4. Bund Freier Demokraten - Die Liberalen (Deutsche Forum Partei, Liberaldemokratische Partei, Freie Demokratische Partei);
5. Bund Sozialistischer Arbeiter (BSA) - Deutsche Sektion der 4. Internationale;
6. Christlich Demokatische Union (CDU) - in Listenverbindung mit DA und DSU;
7. Christliche Liga;
8. Demokratische Bauernpartei Deutschlands (DBD);
9. Demokratischer Aufbruch - sozial + ökologisch (DA);

10. Demokratischer Frauenbund Deutschlands (DFD);
11. Deutsche Biertrinker Union (DBU);
12. Deutsche Soziale Union (DSU);
13. Einheit jetzt;
14. Europäische Föderalistische Partei - Europa Partei (EFP);
15. Europa Union der DDR (EU der DDR);
16. Grüne Partei + Unabhängiger Frauenverband;
17. Kommunistische Partei Deutschlands (KPD);
18. National-Demokratische Partei Deutschlands (NDPD);
19. Partei des Demokratischen Sozialismus (PDS, die frühere SED);
20. Sozialdemokratische Partei Deutschlands (SPD);
21. Spartakist-Arbeiterpartei Deutschlands (SpAD);
22. Unabhängige Sozialdemokratische Partei (USPD);
23. Unabhängige Volkspartei (UVP);
24. Vereinigung der Arbeitskreise für Arbeitnehmerpolitik und Demokratie (VVA).

War zu Beginn des Jahres 1990 noch unklar, welches Gesicht die Parteienlandschaft in der DDR annehmen würde, so beschleunigte der unerwartete Sieg der alten Blockpartei CDU bei den Volkskammerwahlen am 18. März 1990 die Entwicklung des Vereinigungsprozesses und einer Neustrukturierung des Parteiensystems nach dem Vorbild der Bundesrepublik. Diese Entwicklung bestimmte die politische Debatte im Sommer und endete im Herbst 1990 mit Vereinigungsparteitagen von CDU, SPD und FDP. Die PDS, die Nachfolgerin der SED, dehnte sich nach Westen aus.

Allein die Grünen und die Bürgerbewegungen in der DDR bestanden auf ihrer Eigenständigkeit. Die neuen Parteien und vor allem die vor dem Oktober 1989 bedeutsamen Bügerbewegungen wie "Neues Forum" oder "Demokratie Jetzt" standen vor dem Problem, wie sie ihre hohe moralische Autorität bewahren und doch politikfähig werden konnten. Der rasante Verfall der staatlichen Ordnung hatte diese Gruppierungen schneller als erwartet vor die Frage gestellt, ob sie sich als Partei konstituieren und damit Gefahr laufen sollten, ihren Bewegungscharakter aufzugeben.

Für alle Parteien läßt sich sagen, daß im Laufe des Jahres 1990 der Einfluß der westlichen Parteien immer stärker und schließlich dominant wurde. Nach der staatlichen Vereinigung ging die Initiative vollends auf die westlichen Parteiführungen über - die Ost-Parteien waren nunmehr Objekt der weiteren Entwicklung.

4.2.1. Von der SED zur PDS - Grundzüge der Parteireform

Als hegemoniale, alle Bereiche der Gesellschaft durchdringende Partei verfügte die SED mit ihren etwa 2,3 Millionen Mitgliedern über ein weitverzweigtes organisatorisches Netz und einen entsprechenden personalpolitischen Einfluß. Die Ernsthaftigkeit, mit der eine neue Politik realisiert wird, mußte sich in einem parteizentralistischen System ganz wesentlich an der Art und Weise messen lassen, in der die Strukturen der Partei verändert und ihre Verquickung mit dem Staats- und Wirtschaftsapparat aufgegeben wurden.

Entscheidendes Element jeder Parteireform war also die Veränderung der grundlegenden Organisationsprinzipien der "Partei neuen Typs", wie sie im Statut der SED von 1976 festgelegt waren. Das vom Parteitag verabschiedete Statut legte fest, daß die Partei sich in Zukunft territorial in Gemeinde-, Orts- oder Stadtteilverbände gliedern sollte. Dies bedeutete einen Bruch mit der Parteitradition, die bis in die Frühzeit der KPD zurückging. Alle Parteien der Kommunistischen Internationale hatten sich, im Gegensatz zu sozialistischen und sozialdemokratischen Parteien, in Betriebszellen organisiert. Die SED vollzog jedoch nur halbherzig den Bruch mit der Tradition leninistischer Parteien. Den Grundorganisationen wurde das Recht gegeben, sich "entsprechend ihren jeweiligen Bedürfnissen" auch auf Betriebsebene zu organisieren. Allerdings sollte dies nicht für den Staatsapparat und die "bewaffneten Organe" gelten. Es erwies sich aber sehr schnell, daß die SED-PDS ihren Versuch, zumindest teilweise auf Betriebsebene präsent zu bleiben, aufgeben mußte, weil ihre eigene Mitgliedschaft nicht mitspielte und in vielen Betrieben die Arbeiter mit Streik drohten.

Die gleiche Halbherzigkeit wie bei der Organisationsfrage zeigte der Sonder- parteitag auch bei der Namensgebung: Es wurde auch hier eine Entscheidung getroffen, die zwei unvereinbare Dinge miteinander zu verbinden trachtete. Der Name SED-PDS (Partei des Demokratischen Sozialismus) war ein fauler Kompromiß, der dazu dienen sollte, die "Einheit" der Partei um fast jeden Preis zu wahren. Es kommt der Quadratur des Kreises nahe, wenn man den, nach eigenem Selbstverständnis mit dem "Stalinismus" untrennbar verbundenen, tradierten Parteinamen mit einem Begriff koppelt, der von der westlichen Sozialdemokratie besetzt ist. Demokratischer Sozialismus westlichen Musters ist an parlamentarisch-demokratischen und wirtschaftsdemokratischen Vorstellungen orientiert und hat mit dem tradierten Marxismus-Leninismus nichts zu tun. Die Tradition der SED, und das heißt spätestens seit 1948 die einer leninistischen Partei, ist mit der des - nicht näher definierten - demokratischen Sozialismus unvereinbar. Das mit dieser Namensgebung verbundene machtpolitische Kalkül, daß, ohne Spaltung, die SED die stärkste politische Kraft bleiben werde, ohne die keine (Regierungs)Politik gemacht werden könne, ist nicht aufgegangen.

Dieser Doppelname, der nur für eine kurze Übergangszeit erhalten blieb, war paradigmatisch für eine aus unterschiedlichen persönlichen und politischen Erfahrungen gespeiste "nostalgische, inkonsequente Linie"[5] des Führungstrios Gregor Gysi, Hans Modrow und Wolfgang Berghofer, die wesentlich zum weiteren Niedergang der Partei beigetragen hat.

In dieser Unentschiedenheit ist eine von vielen Ursachen dafür zu sehen, daß die Partei schon im Januar 1990 in eine zweite tiefe Existenzkrise geriet. Der SED-PDS gelang es nicht, eine klare Position zu deutschen Frage zu entwickeln, die seit Ende Dezember 1989 zum alles beherrschenden Thema der Politik geworden war. Sie hatte sich programmatisch auf einen reformkommunistischen Kurs festgelegt, der an euro-kommunistische Ideen anknüpfte, deren Ausstrahlungskraft nicht nur im Westen längst verblaßt war.

Der neuen Parteiführung gelang es nicht, den Parteiapparat radikal zu entmachten. Dieser nutzte seine Erfahrungen in der Handhabung der Machtstrukturen für restaurative Bestrebungen, insbesondere aber für undurchsichtige finanzielle Manöver, die die Partei in der Folge immer wieder in Skandale verwickelte. Als die SED-PDS schließlich am 3. Januar 1990 mit einer Kundgebung im Stil alter antifaschistischer und antiimperialistischer Einheitsfrontparolen auf eine (offenkundig provozierte) Schändung des sowjetischen Ehrenmals für die Gefallenen des Zweiten Weltkrieges in Berlin-Treptow reagierte, kam es zu massiven Auseinandersetzungen. Der Apparat versuchte, die Stunde zu nutzen, um seine Positionen abzusichern.[6]

Zum zweiten Mal machten verschiedene Basisinitiativen mobil. Es waren zum einen verschiedene "Plattformen" (Plattform WF; Plattform 3. Weg; Plattform "Demokratischer Sozialismus"[7]), zum anderen Mitarbeiter des Parteiapparates und kleine Funktionäre, die um ihre soziale Stellung fürchteten und die sich die Wärme einer "politischen Heimat" bewahren wollten.[8] Wie sich bei verschiedenen späteren Gelegenheiten zeigen sollte, war die neue, von Ausnahmen abgesehen politisch unerfahrene Führung der Partei in erheblichem Maße vom Herrschaftswissen des Apparates abhängig. Diejenigen in der Parteiführung, die, wie Modrow oder Berghofer, über Erfahrungen im und mit dem Apparat verfügten, standen einer Mobilisierung der Parteibasis mit Reserve gegenüber.

---

5 Thomas Falkner, Von der SED zur PDS. Weitere Gedanken eines Beteiligten, in: Deutschland Archiv 24.Jg.(1991), Nr. 1, S. 35.

6 Vgl. hierzu: Ebd., S. 41.

7 Vgl. hierzu: Gregor Gysi/Thomas Falkner, Sturm auf das Große Haus. Der Untergang der SED, Berlin: Edition Fischerinsel 1990, S. 122 ff.

8 Ebd., S. 127.

Dieser erneute Aufbruchversuch konnte den Niedergang nicht aufhalten. Bereits Ende Januar 1990 war der Zerfall der Partei soweit fortgeschritten, daß ganze Kreisverbände sich auflösten. Prominente Mitglieder des technokratischen Reformflügels, wie der stellvertretende Vorsitzende Wolfgang Berghofer[9], und viele Intellektuelle wie Mitglieder des für den innerparteilichen Umbauprozesses besonders bedeutsamen Wissenschaftlerkreises an der Berliner Humboldt-Universität kündigten ihre Mitgliedschaft auf. Die SED-PDS verlor die entschiedensten Reformer. Viele der Parteiintellektuellen, die den Aufbruch im Herbst mitgetragen und wesentlich zum Aufbegehren der Partei gegen ihre Führung beigetragen hatten, verließen eine Partei, der sie keine grundlegende Erneuerung mehr zutrauten.

Obwohl die Motive des Parteiaustritts der Gruppe um Wolfgang Berghofer, seit Dezember stellvertretender Vorsitzender der SED-PDS, eher pragmatischer Natur waren, trifft die Austrittsbegründung exakt die Stimmungslage der enttäuschten Erneuerer:

"Die alte SED und ihre Führung haben die DDR in beschämender und unverantwortlicher Weise ruiniert, politisch, wirtschaftlich und moralisch. Dadurch wurden alle Mitglieder der Partei, auch die kritischen, reformwilligen, sittlich in Verruf gebracht und ihrer politischen Heimat beraubt. Jeder Versuch, mit der Erblast der SED in dieser Partei neue Wege zu gehen, verstärkt die Angst vieler Menschen vor einer Restaurierung der SED. Wir, die wir uns persönlich aktiv für die radikale Erneuerung der SED-PDS eingesetzt haben, sehen nicht die politische Kraft dieser Partei, sich grundsätzlich zu verändern und die tiefe Krise in unserem Land an der Seite der demokratischen Kräfte mit zu überwinden. In tiefer Sorge um unser Land erklären wir, die Unterzeichner, unseren Austritt aus der SED-PDS."[10]

Auf ihrem Wahlparteitag am 24./25. Februar vollzog die Partei dann doch die Trennung von ihrem alten Namen und benannte sich in "Partei des Demokratischen Sozialismus" (PDS) um. In ihrem Statut bezeichnet sie sich als "eine sozialistische Partei auf deutschem Boden", die einen humanistischen demokratischen Sozialismus verwirklichen wolle und in der "Tradition der progressiven deutschen und internationalen Arbeiterbewegung" verwurzelt sei. "Weltanschauliche Enge ist ihr fremd."[11]

---

9 Ein Beteiligter kennzeichnet Berghofer zutreffend als "Technokraten der Macht". Vgl.: Falkner, Von der SED zur PDS, a.a.O.

10 "Sozialdemokratische" Dokumentation: Austrittserklärung der 40 SED-Mitglieder um Berghofer, in: DDR Journal Nr.2. Die Wende der Wende, Frankfurt/M.: Die Tageszeitung 1990, S. 48.

11 Statut der Partei des Demokratischen Sozialismus. Angenommen auf dem Wahlparteitag der PDS am 25. Februar 1990, in: Wahlparteitag der Partei des Demokratischen Sozialismus PDS 24./25. Februar 1990, Berlin(DDR) 1990, S. 115.

Deutlich erkennbar war der Versuch, sich als eine Art Sammlungsbewegung zur Rettung der DDR-Identität zu profilieren. In seiner Rede auf dem Parteitag führte der Parteivorsitzende u.a. aus:

"Es geht uns daher um eine ökonomisch gefestigte DDR, die in dem Prozeß des Zusammenwachsens beider deutscher Staaten ihre progressiven wirtschaftlichen und sozialen Werte einbringt und für die Bevölkerung der DDR negativen Prozessen entgegenwirkt. Das sind für uns zugleich die Leitgedanken für einen schrittweise zu schaffenden Wirtschafts- Währungs- und Sozialverbund zwischen der DDR und der BRD.

Als Partei der sozialen Sicherheit, die besonders den Interessen der Werktätigen verpflichtet ist, messen wir dem gesellschaftlichen Eigentum besondere Bedeutung zu. Seine Bewahrung bedeutet, bessere Bedingungen zu haben, um im täglichen Leben ein reales Recht auf Arbeit, gleiche Bildungschancen für alle, das warme Mittagessen in der Schule, den kostenlosen Arztbesuch - kostenlos für den einzelnen Bürger, ansonsten ist der Hinweis richtig, daß das Gesundheitswesen nicht kostenlos ist -, eine erschwingliche Betreuung unserer Kinder in den Kindereinrichtungen und Schulhorten und Schutz vor Obdachlosigkeit zu ermöglichen. Die gesicherten Abführungen aus volkseigenen Betrieben sind eine wirksame Garantie für Sozialleistungen des Staates. Das Gemeineigentum schafft auch weitaus günstigere Voraussetzungen, um die globalen Menschheitsinteressen durchzusetzen, weil es nicht einseitig am Profit orientiert ist.

Überwiegend in der DDR ist das Volkseigentum. Was wird daraus, wenn es die DDR nicht mehr gibt? Die BRD kennt kein Volkseigentum. Sie hat weder die Bodenreform noch den Volksentscheid über die Enteignung der Nazi- und Kriegsverbrecher oder andere Rechtsakte der DDR zum Eigentum verbindlich anerkannt. Bei einseitiger Vereinnahmung unseres Staates durch die BRD und damit der Einführung des geltenden Rechtes der BRD würden demzufolge alle auf dem Volkseigentum beruhenden Rechtsverhältnisse in unserem Lande zur Disposition gestellt. Das betrifft zum Beispiel die Arbeitsverträge, die Mietverträge, die Rechtsgrundlagen für Krippen, Kindergärten, Schulen und Studium, die gesetzlichen Grundlagen der Finanzierung des Gesundheitswesens, von Kunst und Kultur, von Sport und Erholung sowie die Verträge mit Banken, Sparkassen und der Staatlichen Versicherung. Das heißt, auch daher gewinnen die juristischen Fragen eine besondere Bedeutung. Und das gilt ebenso auch für das Bodenreformeigentum, eine der Existenzgrundlagen der landwirtschaftlichen Produktionsgenossenschaften."[12]

Die PDS führte eine Wahlkampagne, mit der sie sich als offene, moderne, zukunftsorientierte Partei vorstellte, bei der die Sorgen und Nöte der DDR-Bürger gut aufgehoben seien. Mit witzigen Sprüchen wie: "eine starke Opposition für die Schwachen", oder "Take it easy - wähl Gysi" versuchte sie, insbesondere junge Wählerschichten und die potentiellen Verlierer des Vereinigungsprozesses anzusprechen. Sie opponierte nicht offen gegen die Vereinigung, betonte aber, daß sie unübersehbare negative Konsequenzen haben werde. Sie spielte auf der Klaviatur antikapitalistischer Sterotype und verbreiteter Ängste vor einer "Kohlonisation". Von Selbstkritik keine Spur - allenfalls wurde, mit inzwischen ritualisierte Formeln, der Abstand zur alten SED betont.

---

12 Gregor Gysi, a.a.O., S. 24 ff.

Angesichts des politischen Erbes der PDS, Nachfolgerin der Staatspartei SED zu sein, schlug sie sich in den März-Wahlen bemerkenswert gut. Es gelang ihr jedoch weder in den letzten Monaten der DDR noch gar nach dem 3. Oktober 1990, sich als glaubhafte Opposition zu etablieren. Massiver Wähler- und Mitgliederschwund waren die Antwort auf das unbestimmte Taktieren zwischen Gestern und Morgen, auf Finanzskandale und unausgegorene Politikkonzepte.

4.2.2. Die CDU

Mit einem Überdenken tradierter Positionen tat sich anfangs die CDU besonders schwer. Erst am 26. Oktober veröffentlichte die Parteizeitung "Neue Zeit" einen "Brief aus Weimar" vom 10. September an die Mitglieder und Vorstände der CDU der DDR, in dem angesichts der Ausreisewelle gefordert worden war, "allen Tendenzen zu wehren, gesellschaftliche Probleme zu beschönigen oder zu verdrängen und zu tabuisieren, um Untätigkeit zu rechtfertigen." Die Verfasser, unter ihnen der spätere Generalsekretär der CDU in der DDR, Martin Kirchner, forderten innerparteiliche Demokratie, eine Profilierung des Beitrages der CDU im "Demokratischen Block" und ein "entschlossenes Herangehen an gesamtgesellschaftliche Probleme", vor allem eine Förderung öffentlicher Meinungsbildung. Sie übten Kritik an der Medienpolitik, die "auf Verdrängen, Verschweigen und Beschönigen setzt". Die weitestreichende Forderung zielte auf eine Veränderung des Wahlverfahrens. "Wir halten es für ganz ausgeschlossen, daß die nächsten Wahlen zur Volkskammer und zu den Bezirkstagen noch unter den alten Bedingungen durchgeführt werden."[13]

Am 28. Oktober 1989 hatte die "Neue Zeit" eine Erklärung des Präsidiums des Hauptvorstandes der CDU veröffentlicht, in der eine Erneuerung von Staat und Gesellschaft und ein "grundlegend verändertes öffentliches Bewußtsein" gefordert wurden, "in dem moralisch-ethische Werte obenan stehen, das sich durch lebendige Demokratie, strikte Rechtsstaatlichkeit und realistische Medien politisch auszeichnet". Zugleich wurde die CDU als "Partei des Sozialismus", des Friedens und des "Humanismus und geistiger Weite" charakterisiert, die als eigenständige Partei im Block wirke und im Bündnis mit den anderen Parteien "eine unerläßliche Voraussetzung" für die Verwirklichung gemeinsamer Ziele sehe.[14]

Nur wenige Monate später präsentierte sich die CDU den Wählern als "Volkspartei der Mitte", die konservativ und bewahrend, im Blick auf ethische Grundwerte ihre Politik gestalte.

---

13 Brief aus Weimar an die Mitglieder und Vorstände der Christlich-Demokratischen Union Deutschlands, in: Neue Zeit Nr. 252 vom 26.10.1989, S. 3.

14 Was wir wollen und brauchen: Reformen und Erneuerung - Vertrauen und neue Kraft. Entwurf zur Diskussion, in: Neue Zeit Nr. 254 vom 28.10.1989.

Unter der Führung des späteren Ministerpräsidenten Lothar de Maizière hatte sich die CDU seit Beginn des Jahres 1990 in einem schnellen programmatischen Erneuerungprozeß befunden, der, nach anfänglichem Zögern, von der CDU der Bundesrepublik unterstützt wurde. Eine besondere Rolle spielte hier, aufgrund persönlicher Kontakte, der Westberliner CDU-Landesvorsitzende Eberhard Diepgen.

Im Selbstverständnis war die erneuerte CDU der DDR aber durchaus keine Kopie ihrer westlichen Schwester. Vielmehr betonte sie in ihren programmatischen Aussagen vor allem die Bedeutung christlicher Werte für die Politik und ihr soziales Engagement.

> "Die CDU ist der Überzeugung, daß die sich zuspitzenden Widersprüche der heutigen Weltgesellschaft nur noch zu lösen sind, wenn die Politiknotwendigkeit christlicher Werte wie Schulderkenntnis, Buße, Gerechtigkeit und Solidarität verstanden und ihre internationale Politikfähigkeit hergestellt wird ... Die CDU tritt für eine effektive Marktwirtschaft ein, die sozial verpflichtet und ökologisch verantwortet < werden kann >... Sie lehnt zentralistische Planwirtschaft, durchgängiges Staatseigentum und Parteidiktatur ab. Aber sie überläßt die mit dem Wort Sozialismus verbundenen Menschheitsideale der sozialen Gerechtigkeit, der Freiheit, Gleichheit und Brüderlichkeit nicht dem Marxismus, sondern besinnt sich auf deren Herkunft aus dem Geist christlicher Ethik."[15]

Die Zurückhaltung der West-CDU gegenüber der ehemaligen Blockpartei in der DDR wurde fallengelassen, als die Ergebnisse der Volkskammerwahlen zeigten, daß der Ost-CDU von den Wählern ihre Vergangenheit "vergeben" worden war. Die Entscheidung, die CDU in der DDR nunmehr voll zu unterstützen, war durch eine Vielzahl von Überlegungen bestimmt: Die Ost-CDU verfügte über eine noch immer beträchtliche Mitgliederzahl, großes Vermögen und vor allem eine ausgebaute Parteiorganisation, die für die kommenden Wahlkämpfe von Bedeutung war. Zusätzlichen Gewinn zog die CDU daraus, daß sie im Sommer 1990 die Reste der Demokratischen Bauernpartei übernahm, so daß sie etwa 200.000 Mitglieder in die gesamtdeutsche CDU einbringen konnte.

Hinzu kam, daß die Wahlergebnisse der beiden anderen Allianz-Partner ernüchternd waren. Die DSU hatte bei weitem nicht ihr Ziel erreicht, zur dominierenden konservativen Kraft im Süden der DDR zu werden, und der DA war zur Bedeutungslosigkeit geschrumpft. Mit dem Ende der Allianz war allerdings ein Streit im christlich-demokratischen Lager vorprogrammiert, der den ganzen Sommer hindurch anhielt und, nach den Bundestagswahlen vom 2. Dezember, mit einem deutlichen Gewichtsverlust der CSU im gesamtdeutschen Parteienspektrum endete.

---

15 Politische Parteien und Bewegungen der DDR über sich selbst. Handbuch, Berlin: Staatsverlag 1990, S. 12.

Die Erfolge der CDU in der DDR bedeuteten aber nicht, daß sie nach der Vereinigung mit der West-CDU am 1. Oktober 1990 einen nennenswerten Einfluß auf die Geschicke der Gesamtpartei ausüben konnte - obwohl sie zu diesem Zeitpunkt mit ca. 200.000 Mitgliedern gegenüber 680.000 Mitgliedern in den westlichen Bundesländern etwa ein Viertel der Mitgliedschaft stellte. Vielmehr haben Beobachter des Vereinigungsparteitages darauf hingewiesen, daß der von manchen durch den Beitritt befürchtete "Linksruck" in der CDU nicht eingetreten sei.[16]

Auf dem 1. Parteitag der gesamtdeutschen CDU wurden vielmehr die bewährten und erprobten politischen Formeln benutzt. Der Bundeskanzler sprach vom moralischen Fundament des Grundgesetzes: "Nie wieder Krieg und Gewalt! Nie wieder Diktatur und Unrechtsherrschaft. Und wir fügen hinzu: Nie wieder Sozialismus". Die CDU wurde als "Partei der deutschen Einheit" hingestellt, die "das vereinte Deutschland in ein vereintes Europa führen" wolle. Sie sei die "Partei der sozialen Marktwirtschaft", die "Partei Ludwig Erhards", die "die Voraussetzungen für breiten Wohlstand und ein hohes Maß an sozialer Gerechtigkeit schuf - zunächst in der Bundesrepublik. Und morgen wollen wir das überall in Deutschland tun".[17] Im "Manifest zur Vereinigung" der CDU wird zwar betont, daß die Deutschen vor einem Neubeginn stehen, die politischen Aussagen des Manifests stellen aber nicht mehr dar als eine Bestätigung bekannter Positionen der CDU der westlichen Bundesländer.[18]

In der Rede von Lothar de Maizière wurden einige der Probleme angesprochen, die mit der Vereinigung der CDU verbunden sind. Vor allem: Was ist mit dem Erbe der Blockpartei?

"In der CDU der DDR wurde unter der äußeren Schale der Anpassung auch Gemeinschaft von Christen praktiziert und erlebt, die aus ihrem Glauben heraus zur Verantwortung in der Gesellschaft bereit waren. Wer die Politik in der DDR nicht nur der SED überlassen wollte, sondern sich vorgenommen hatte, auch andere politische Ansätze ins Spiel zu bringen, der konnte dies nur in der CDU oder in anderen Parteien tun.

Die Mitarbeit dort war die einzige Alternative zur SED, wenn man sich aus Resignation nicht ganz aus dem öffentlichen Leben zurückziehen wollte.

Die CDU der DDR war gespalten. Sie war geteilt in eine korrupte SED-hörige Führung und in eine an der Basis arbeitende, aber wenig wirksame Partei. Ich möchte

---

16 Peter Schmidt, Erster Parteitag der CDU Deutschlands in Hamburg, in: Deutschland Archiv, 22. Jg.(1990), Nr. 11, S. 1662.

17 1. Parteitag der Christlich Demokratischen Union Deutschlands, Protokoll, Hamburg 1.-2. Oktober 1990, Bonn 1990, S. 23.

18 Vgl. Ja zu Deutschland - Ja zur Zukunft, Manifest zur Vereinigung der Christlich Demokratischen Union Deutschlands, in: 1. Parteitag der CDU, a.a.O., S. 153 ff.

dennoch daran erinnern, daß in dieser Zeit die Mitarbeit in der CDU immer unter der Gefahr stand, Repressionen, Verdächtigung oder gar Verfolgung ausgesetzt zu sein.

Sicher kann niemand ausschließen, daß sich manche der CDU aus opportunistischer Erwägung angeschlossen haben. Andere wurden Mitglied, weil sie anders dem Druck der SED nicht standhalten konnten. Sie haben sich alle unter dem Dach des "C" zusammengefunden, das eine Nische der sozialistischen Gesellschaft bot. Viele Mitglieder haben diese Situation auch als Gewissensnot erlebt und erlitten.

Im Herbst 1989 waren es die Gedanken des konziliaren Prozesses, die auch die Neuorientierung der CDU in der DDR bestimmten und die mit den Worten Gerechtigkeit, Frieden und Bewahrung der Schöpfung kurz umschrieben sind. Erst dieser konziliare Prozeß ermöglichte es, den Kirchen den Gedanken der Gewaltfreiheit als urchristlichen Gedanken nahezubringen. Dieser Gedanke war es, der die friedliche Revolution ermöglicht hat. Viele Menschen, die sich an dieser friedlichen Revolution beteiligt haben, hatten das Gefühl: Wir stehen in Gottes Hand; wir hätten es allein nicht geschafft."[19]

Neben diesen nachdenklichen Tönen standen aber unvermittelt grobe Angriffe gegen den politischen Gegner, etwa wenn de Maizière der SPD vorwarf, sie habe bei der Gründung der SED "den Hauptteil des Parteivolks gestellt. Sie war der größte Block innerhalb der SED".[20]

Die CDU hat es nicht vermocht, die Chance zu ergreifen, die eine politische Konstellation wie die nach dem Zusammenbruch der DDR bot: Eine Neubestimmung konservativer Politik vorzunehmen, die die Erfahrungen mit der Diktatur in der DDR wirklich verarbeitet. Wanfried Dettling, bis 1991 Abteilungsleiter im Bundesfamilienministerium und Mitarbeiter von Heiner Geißler, hat dies Problem in einem nachdenklichen Artikel folgendermaßen umschrieben:

"So betrachtet ist das Elend des politischen Konservativismus in Deutschland ein öffentliches Ärgernis und ein gesellschaftliches Desaster. Eine erneuerte konservative Politik hätte wichtige Beiträge zu leisten < gehabt > zur Ökologie der Natur und des Sozialen, zu einer Entwicklungspolitik, die mehr meint als nur das Überstülpen westlicher Standards und Interessen, vielleicht auch zu einem rücksichtsvolleren Umgang mit den Menschen in der früheren DDR." Was ist der Grund dafür? "Die Angst vor der 'Verostung' Deutschlands und vor allem der schönen alten Bundesrepublik."[21]

Weder in den Wahlaussagen zur Bundestagswahl 1990 noch im Programm der ersten gesamtdeutschen Regierung lassen sich inhaltliche Aussagen wiederfinden, die erkennen ließen, daß die Erfahrungen, die die neuen CDU-Mitglieder in der

---

19 Ebd., S. 40.

20 Ebd., S. 41.

21 Wanfried Dettling, Das rechte Elend der Konservativen. Der Abstieg der CDU ist unaufhaltsam, wenn sie sich nicht auf ihre liberalen und sozialen Traditionen besinnt, in: Die Zeit Nr. 21 vom 17.7.1991, S. 4.

DDR gesammelt haben, sich programmatisch niedergeschlagen hätten. Dies gilt in gleicher Weise für die Liberalen und die Sozialdemokraten.

4.2.3. Die Liberalen

Im tradierten Parteienspektrum der DDR hatten die Liberalen im Jahre 1989 als erste erkennen lassen, daß sie für politische Veränderungen eintreten würden. Ihr Vorsitzender, Manfred Gerlach, der zugleich stellvertretender Vorsitzender des Staatsrates war, hatte bereits im Spätsommer 1989 als einziger Spitzenpolitiker der DDR die Politik von Glasnost und Perestroika öffentlich unterstützt und ein Eingehen auf die Sorgen der Bürger gefordert. Das gab ihm in der ersten Phase der Transition einigen Kredit. Diese vorsichtigen Versuche, die Bunkermentalität der SED-Gerontokratie aufzubrechen, bedeutete jedoch keinen Abschied von tradierten Politikvorstellungen.

Noch am 12.10. 1989 hatte Gerlach davon gesprochen, daß mit der Oktoberevolution von 1917 die "historische Initiative" auf die Arbeiterklasse übergegangen sei und es daher die historische Vernunft gebiete, die Politik der LDPD schon von ihrem Ausgangspunkt her als Bündnispolitik anzulegen. Er versuchte in dieser Stellungnahme ohne grundsätzliches Infragestellen der bisherigen politischen Grundsätze, d.h. der Führungsrolle der SED, den neuen politischen Kräften eine Mitgestaltungsmöglichkeit einzuräumen:

> "In Wirklichkeit geht es um die Handhabung sowohl der führenden Rolle der SED als auch der Staatsmacht bei der Gestaltung des Sozialismus hierzulande ... Einzubeziehen sind natürlich auch Bürgerbewegungen, die, ohne in einer Partei organisiert oder bisher sonst in der Nationalen Front aktiv zu sein auf demokratische Weise, in Übereinstimmung mit der Verfassung am Dialog teilnehmen wollen. Wir unterscheiden zwischen Bürgern, die die Regierungspolitik öffentlich kritisieren oder gar ablehnen oder wenigstens modifiziert wissen wollen, und Feinden des Arbeiter- und-Bauern-Staates. Die einen sind in öffentliche Diskussionen einzubeziehen, die anderen in die Schranken zu weisen - mit den gebotenen Mitteln."[22]

Welches diese gebotenen Mittel seien, wurde offengelassen.

Bei den Liberalen läßt sich eine ähnliche Entwicklung wie bei der CDU konstatieren. Die LDPD hatte sich zu Beginn des Jahres 1990 in Liberal-Demokratische Partei (LDP) umbenannt. (Ihr alter Name LDPD hatte - ebenso wie der von SED, DBD und NDPD - noch den Zusatz "Deutschland" enthalten, obwohl die Honecker-Führung in den 70er Jahren nahezu alle Hinweise auf einen gesamtdeutschen Anspruch aus dem öffentlichen Leben verbannt hatte.)

Im Oktober 1989 hatte die LDPD noch keinen Zweifel an der Führungsrolle der SED gelassen.

---

[22] Manfred Gerlach, Dem Fortschritt den Weg bahnen, in: Der Morgen Nr. 241 vom 13.10.1989.

"Bei aller Entwicklung und Veränderung, bei allem Nachdenken halten wir an bestimmten Axiomen fest. Die LDPD ist unwiderruflich eine im und für den Sozialismus wirkende demokratische Partei. Ihre Mitglieder wollen diese Gesellschaft, diesen Staat ... Die LDPD <steht> zum Bündnis der Parteien in der DDR ebenso unwandelbar ... wie zum Sozialismus ... Wir Liberaldemokraten anerkennen die führende Rolle der marxistisch-leninistischen Partei. Wir wissen (und internationale Erfahrungen der letzten Zeit bestätigen es), daß von dieser Führung, von ihrer Qualität sehr viel für das Schicksal eines Landes, für den Sozialismus überhaupt abhängt."[23]

Im März 1990 präsentierten sich die DDR-Liberalen als Partei mit "liberaler Geisteshaltung und Weltsicht", für die die Freiheit der Persönlichkeit im Mittelpunkt aller politischen Bestrebungen stehe. "Das Maß der Dinge ist der Mensch. Der Staat ist für den Menschen da, nicht umgekehrt. Staatliche Willkür, Bürokratie und Zwang widersprechen liberalem Selbstverständnis."[24] Die LDP sprach sich für die schnellstmögliche Einheit Deutschlands in einer europäischen Friedensordnung, für Rechtsstaatlichkeit und für eine freiheitliche, marktwirtschaftliche Ordnung aus.

Auch für die Liberalen war das Ergebnis der Volkskammerwahlen, bei denen sie nur 5,3 % der Wählerstimmen erringen konnten, Grund für neue Überlegungen. Am 28. März beschlossen die Parteiführungen von LDP, DDR-FDP und Deutscher Forumpartei, ihre drei sich als liberal verstehenden Parteien zu verschmelzen. Die neue Partei sollte den Namen "Freie Demokratische Partei - die Liberalen" erhalten. Dieser Plan scheiterte aber nach wenigen Tagen am Widerstand des "Fußvolks". Vor allem den aus den Bürgerbewegungen kommenden Mitgliedern der Deutschen Forumpartei war die LDP zu belastet. Nach dem Scheitern des Zusammenschlusses fusionierte die LDP Ende März mit der NDPD und nannte sich "Bund Freier Demokraten - Die Liberalen". In der Volkskammer ging sie mit der DDR-FDP eine Fraktionsgemeinschaft ein.

Eine Vereinigung der drei liberalen Parteien in der DDR kam vor dem Zusammenschluß mit der West-FDP am 11./12. August auf einem Parteitag in Hannover nicht zustande. Der Bund Freier Demokraten mit seinen ca. 135.000 Mitgliedern hätte die kleine FDP der DDR mit nur 2.000 Mitgliedern und die Forumpartei (die Zahlen schwanken von ca. 3.000 bis zu 500 Mitglieder) dominiert. Der Mitgliederzuwachs war aber auch für die West-FDP nicht ohne Probleme, die selbst nur ca. 67.000 Mitglieder zählt. Durch einen komplizierten Delegiertenschlüssel für den Parteitag mußte dafür gesorgt werden, daß die östlichen Landesverbände kein Übergewicht erhielten. Die Vorsitzenden des Bundes Freier Demokraten (früher LDP), Rainer Ortleb, und der DDR-FDP, Bruno Menzel, wurden zu stellvertretenden FDP-Bundesvorsitzenden gewählt. In einer Grundsatzerklärung formulierte der Parteitag die Ziele der Liberalen: "Die

---

23 Lutz Heuer, In diesen Wochen, in: Der Morgen Nr. 231 vom 30.9./1.10.1989, S. 5.

24 Politische Parteien und Bewegungen, a.a.O., S. 55.

Garantie unantastbarer Grundrechte, die freie Entfaltung der menschlichen Persönlichkeit, der Schutz von Minderheiten, die Teilung und Kontrolle staatlicher Gewalt und der freiheitliche Rechtsstaat sind die Grundideen des Liberalismus".[25]

4.2.4. Die Bauernpartei und die Nationaldemokraten

Während sich die ehemaligen Blockparteien CDU und LDPD bei ihrer Erneuerung an "klassischen" Vorstellungen christlicher und liberaler Politik orientieren konnten, hatten die "Demokratische Bauernpartei Deutschlands" (DBD) und die "Nationaldemokratische Partei Deutschlands" (NDPD) erhebliche Orientierungsschwierigkeiten, die letztlich zu ihrem Ende als eigenständige Parteien führten. Sie konnten nicht erklären, welchen eigenständigen Platz sie in einem demokratischen Parteiensystem einnehmen könnten. Sie hatten nie ein eigenständiges Profil entwickelt, verfügten aber über erhebliche Vermögenswerte, die sie 1990 in den Fusionsprozeß mit der CDU bzw. LDP einbringen konnten.

Ende März beschloß der Parteivorstand der NDPD, sich mit seinen ca. 80.000 Mitgliedern den Liberalen anzuschließen. Ende Juni empfahl der Parteivorstand der DBD seinen Mitgliedern, sich mit der CDU zusammenzuschließen.

4.3.   Neue Parteien und Wahlbündnisse

Bedeutender als die Reform der alten Blockparteien erschienen anfangs die vielfältigen Bemühungen, neue, unbelastete Parteien zu gründen. Diese Versuche waren eng mit der Vorstellung verknüpft, ein neues politisches System in der DDR errichten zu können, das sich dann in einem allmählichen Prozeß mit dem der Bundesrepublik vereinen könne. Bereits im Vorfeld der Volkskammerwahlen - deren Termin unter dem immer größeren öffentlichen Druck in Richtung Wiedervereinigung vorgezogen worden war - zeigte sich, daß diese Parteigründungen nur Übergangserscheinungen sein würden.[26]

Ende 1989 und in den ersten Wochen des Jahres 1990 waren eine Vielzahl von Parteien und parteiähnlichen Gruppierungen entstanden. Es waren dies u.a. der "Demokratische Aufbruch" (DA), die sozialdemokratische Partei (SDP), die sich im Januar 1990 in SPD umbenannte, die "Grünen", die "Grüne Partei in der

---

25 Für ein liberales Deutschland, in: Das Parlament, Nr. 34-35, vom 17./24. August 1990, S. 10.

26 Vgl.: Carola Wuttke/Berndt Musiolek (Hrsg.), Parteien und politische Bewegungen im letzten Jahr der DDR, Berlin: Basis Druck 1991.Sowie: Müller-Enbergs, Schulz, Wiegohls (Hrsg.), Von der Illegalität ins Parlament. Werdegang und Konzept der neuen Bürgerbewegungen, Berlin: Linksdruck Verlag 1991.

DDR", die "Grüne Liga", (ein sich überparteilich verstehender Dachverband), die "Demokratische Vereinigung DDR 40", die "Progressive Neue Partei", die "Freie Deutsche Union in der DDR", die "Liberal-Sozialistische Volkspartei", die "Partei der Mitte", die "Unabhängige Volkspartei", die "Deutsche Forum Partei", eine Abspaltung des Neuen Forums, die "Haus Europa Partei", die "Nelken", eine marxistische Partei, die sich auf Karl Liebknecht und Rosa Luxemburg berief, die KPD, die "alle ehrlichen Kommunisten" sammeln wollte, und die Ende Januar zugelassene "Deutsche Wiedervereinigungspartei" (DWP), die sich für die Wiedervereinigung in den Grenzen von 1990 einsetzte. Gegründet hatten sich ferner eine "Deutsche Volkspartei" (DVP), die "Christlich Soziale Partei Deutschlands" (CSDP) und die CSU-DDR, die später in der "Deutschen Sozialen Union" (DSU) aufgingen, die "Freie Deutsche Union" (FDU), die "Partei der Mitteldeutschen Nationaldemokraten" (MNP) mit offenkundiger Neigung zur westdeutschen NPD und andere mehr.[27]

4.3.1. Die SPD

Im Frühherbst 1989 entstand in der Illegalität die Sozialdemokratie in der DDR. Sie nannte sich damals "Sozialdemokratische Partei in der DDR" (SDP). Auf einer Konferenz in Berlin benannte sie sich am 13.1.1990 in SPD um und unterstrich damit ihren Anspruch, Nachfolgerin der 1946 unter Zwang in der SED aufgegangenen alten Sozialdemokratie zu sein. Deutlicher und früher als die anderen Parteien entwickelte sich die SPD der DDR zu einem Teil einer gesamtdeutschen Partei. Schon im Februar 1990 wurde Willy Brandt zu ihrem Ehrenvorsitzenden gewählt worden. Programmatisch sah sich die SPD ihrer Entstehungsgeschichte verpflichtet. Ihre Gründer waren Teil der Menschenrechts-, Friedens- und Ökologiebewegung in der DDR. In ihrem Wahlprogramm bezeichnete sich die SPD als eine neue Partei.

> "Im revolutionären Aufbruch des Herbstes 1989 ist sie in das Vorderfeld der politischen Reformkräfte getreten. Aber unsere Partei ist keine neuartige Partei. Denn sie hat sich von Anbeginn bewußt in die lange, bewährte Tradition der deutschen und internationalen Sozialdemokratie hineingestellt. Sie bekennt sich zur tragenden Idee der sozialdemokratischen Bewegung: einer demokratischen Ordnung von Wirtschaft und Gesellschaft, die jedem Menschen ein Leben in Freiheit, Gerechtigkeit und Solidarität ermöglicht."[28]

Ihr Selbstbewußtsein bezog die junge SPD aus ihren vielschichtigen Traditionslinien: dem Erbe der Arbeiterbewegung, des Humanismus, einer christlichen Ethik und ihrer Verankerung in der Oppositionsbewegung gegen das SED-

---

[27] Zusammenstellung des Autors anhand von Pressenotizen.

[28] Zit. nach: Helmut Müller-Enbergs, Volkskammerwahlen in der DDR 1990 - Synopse von (Wahl-)Programmen 15 kandidierender Parteien, Berliner Arbeitshefte und Berichte zur sozialwissenschaftlichen Forschung, Nr. 28, 1990, S. 11.

Regime. Deutlicher als in der westlichen SPD entstand daraus ein Selbstverständnis als "breite demokratische Volkspartei" mit politisch-ethischer Fundierung, die sich vor allem den Bürgerbewegungen gegenüber öffnet. In der politischen Praxis ging dieser Anspruch angesichts der Konkurrenz um Wählerstimmen allerdings schnell verloren. (Die SPD hatte bereits im Januar das ursprünglich vorgesehene Wahlbündnis aller Oppositionsgruppen aufgekündigt.)

Die SPD geriet nach den Volkskammerwahlen in eine Existenzkrise. Sie stand vor dem Problem, wie sie, eingebunden in eine große Koalition mit CDU, DSU und Liberalen, ein eigenständiges Profil entwickeln konnte. Ihren Anspruch, Arbeitnehmerpartei und Partei der "kleinen Leute" zu sein, hatte der Wähler zunichte gemacht - die Arbeiterschaft hatte überwiegend CDU gewählt. Die SPD verfügte, anders als die ehemaligen Blockparteien, über keinen funktionierenden Parteiapparat. In vielen Gemeinden und Kreisen war sie gar nicht präsent.

Ihr Wahlversprechen, in keinem Fall mit der rechts-konservativen DSU in eine Koalition zu gehen, konnte sie wegen der desolaten Lage der DDR, die ein breites Regierungsbündnis erforderte, nicht einhalten. Wegen persönlicher Ambitionen des amtierenden Parteivorsitzenden, Markus Meckel, hatte sie im Kabinett de Maizière das Außenministerium übernommen, obwohl klar war, daß die DDR hier kaum noch Handlungsmöglichkeiten hatte. Im Bereich der Innenpolitik verwaltete sie die undankbaren Ministerien für Finanzen und Arbeit und Soziales. Zwischen den nur etwa 30.000 Mitgliedern und der Parteiführung, die sich aus staatspolitischen Gründen an einer großen Koalition beteiligte, kam es zu erheblichen innerparteilichen Spannungen.

Auf ihrem Parteitag in Halle im Juni 1990 wurde eine neue Führungsspitze gewählt, der es gelang, diese zentrifugalen Strömungen einzugrenzen, ohne jedoch das Grundproblem lösen zu können: Der SPD der DDR gelang es in der schwierigen Phase der Transformation nicht, ein eigenständiges Profil zu entwickeln. Auch sie wurde in den Monaten bis zur Vereinigung Objekt westdeutscher Parteitaktik.

Das Wahlkampfkonzept des Kanzlerkandidaten der West-SPD, Oskar Lafontaine, stellte die zu erwartenden negativen finanziellen und sozialen Folgewirkungen der Einheit in den Mittelpunkt. Es war auch in der West-SPD nicht unumstritten. Der Vorwurf der West-SPD an der Politik der Bundesregierung, daß sie unter Einheit nur die staatliche Einheit verstehe, während Sozialdemokraten darunter auch die Einheitlichkeit der Lebensverhältnisse verstünden,[29] hatte, wie die weitere Entwicklung in der ehemaligen DDR zeigt, ihre Berechtigung. Er berücksichtigte aber in keiner Weise die Stimmungslage in der DDR. Dort

---

29 Vgl. "Eine eminente Fehlentscheidung". Interview mit Oskar Lafontaine, in: Der Spiegel Nr.22 vom 28.5.1990, S. 26 ff.

wurden diese Argumente als Kritik am Wunsch der Menschen nach baldiger Einheit Deutschlands verstanden.

Das Manifest "Zur Wiederherstellung der Einheit der Sozialdemokratischen Partei Deutschlands", das auf dem Vereinigungsparteitag am 27. September 1990 in Berlin verabschiedet wurde, geht auf dieses Problem ein, wenn es formuliert: "Die Teile Deutschlands werden um so rascher zusammenwachsen, je mehr die Deutschen sich um soziale Gerechtigkeit mühen. Daher dürfen und werden wir nicht zulassen, daß es auf Jahre hinaus Deutsche erster und zweiter Klasse gibt."[30]

In den innerparteilichen Strukturen hat sich dieser Appell nicht niedergeschlagen. Der letzte Vorsitzende der DDR-SPD, Wolfgang Thierse, wurde zwar zu einem der stellvertretenden Parteivorsitzenden gewählt, im übrigen aber vollzog sich die Vereinigung der beiden Parteien eher als Anschluß an die West-SPD. Allerdings wäre es angesichts der Kluft in den Mitgliederzahlen (ca. 900.000 im Westen, weniger als 30.000 im Osten) schwergefallen, eine stärkere Repräsentanz der Vertreter aus dem Osten durchzusetzen.

Das auf dem Parteitag verabschiedete Regierungsprogramm der SPD mit dem Titel "Der neue Weg - ökologisch, sozial, wirtschaftlich stark" ließ nahezu jede Perspektive einer gesamtdeutschen Entwicklung vermissen. Beschworen wurden auch hier die Themen der alten Bundesrepublik. Nur fehlte, wie bei der CDU, das emphatische Bekenntnis zur Einheit. Statt dessen wurden, berechtigterweise, wie sich zeigen sollte, die Risiken des Vereinigungsprozesses betont.[31]

Die nachdenkliche Rede von Wolfgang Thierse benannte die großen Schwierigkeiten, vor die sich die Sozialdemokraten in der DDR sahen:

"Was wir einbringen, ist eine doppelte Erfahrung: Die Erfahrung eines Scheiterns und die Erfahrung eines Anfangs, eines Neuanfangs.

Ich spreche zunächst vom Scheitern. Was ist eigentlich in den letzten Jahren und Monaten in Osteuropa, was in der DDR passiert? Die objektive Seite besteht im Zusammenbruch des realen Sozialismus zunächst einmal als ökonomisches System, als zentrale Planwirtschaft, als bestimmte Organisation der Produktivkräfte, als spezifische Verfassung der Eigentumsverhältnisse. Man kann dieses Scheitern durchaus orthodox-marxistisch - und dieses Vokabular ist uns DDR-Bürgern ja sehr vertraut - mit Hilfe der Dialektik von Produktivkräften und Produktionsverhältnissen erklären und es als notwendigen Vorgang auffassen.

---

30 Zur Wiederherstellung der Einheit der Sozialdemokratischen Partei Deutschlands, in: Vorwärts, Nr. 10/1990, S.14; Protokoll der Parteitage der SPD (Ost) und der SPD (West), Berlin 26. September 1990, Bonn: (Sozialdemokratische Partei Deutschlands) 1990; Protokoll vom Parteitag Berlin 27.-28.9.1990, Bonn: Sozialdemokratische Partei Deutschlands 1990.

31 Protokoll Berliner Parteitag der SPD, a.a.O., S. 229 ff.

Wir erleben zweitens das Scheitern des realen Sozialismus als politisches System im Sinne der Diktatur des Proletariats und des demokratischen Zentralismus, als Parteidiktatur und Stasi-Staat.

Wir erleben drittens den Zusammenbruch des realen Sozialismus als politische Doktrin, als Marxismus-Leninismus, d.h. einer vorgeblich wissenschaftlichen Weltanschauung.

Diesen Zusammenbruch - das will ich ausdrücklich sagen - haben wir als Befreiung erlebt: als Befreiung von Mißwirtschaft, von Not und Unterdrückung, auch in geistiger und wissenschaftlicher Hinsicht....

Wir als Individuen, als Menschen, die in diesem bloß realen Sozialismus gelebt haben, waren doch mit dieser großen Utopie, mit der Idee des Sozialismus verbunden, noch als Kritiker ihrer konkreten Verwirklichung an sie gebunden. Unsere Art der Existenz war moralisch, politisch, intellektuell ein ständiger, vielleicht hilfloser, lange wirkungsloser Einspruch gegen den realen Sozialismus; ein Einspruch, der sich u.a. auch aus einer anderen Idee von Sozialismus speiste: der Idee von Gerechtigkeit, Toleranz, Freiheit und Demokratie. Diese nämlich haben wir verteidigt, und an ihr wollen wir weiterarbeiten. Jeder Versuch, sich trotzig als Linker und nicht als Konservativer zu definieren, bedeutete mühselige Arbeit, sich gegen die Verhältnisse zu definieren, gegen diese unerträgliche Ideologie. Aber noch in der Abgrenzung, noch in der entscheidendsten Kritik waren, sind wir mit der Verwirklichungsgeschichte des Sozialismus verbunden. Unsere Biographien sind unfreiwillig ein Teil von ihr, nicht zuletzt durch die lebensgeschichtlichen Kompromisse, die wir - in sehr, sehr unterschiedlichen Ausmaßen, wahrhaftig - eingegangen sind. Wir wollen nicht so tun, als seien es nur die anderen gewesen. Wir sind keine feigen Wendehälse, die mit allem gar nichts zu tun gehabt haben wollen, obwohl gerade sie die eifrigsten Liebediener waren."[32]

4.3.2. Die DSU

Die "Deutsche Soziale Union" (DSU), am 20. Januar 1990 aus einem Dutzend kleiner christlicher und konservativer Gruppierungen und Parteien entstanden, profilierte sich als östliches Pendant zur bayrischen CSU. Sie polemisierte anfangs vor allem gegen die "Blockpartei" CDU und war nur mit Mühe zu bewegen, in die "Allianz für Deutschland" einzutreten. Während der Gründer, der Leipziger Pfarrer Hans-Wilhelm Ebeling, die DSU als Partner der Schwesterparteien CDU (West) und CSU begriff, bevorzugte ein rechts-populistischer Flügel um den späteren Vorsitzenden Hansjoachim Walter eine enge Bindung an die CSU. Im Wahlkampf profilierte sich die DSU als Partei, die gegen alle Formen des Sozialismus auftrat und das Motto des Bundestagswahlkampfes von 1980 "Freiheit statt Sozialismus" zur programmatischen Grundaussage machte.

"Die DSU ist eine konservative Partei, weil sie sich einer dauerhaften Wertordnung verpflichtet weiß. Sie ist eine liberale Partei, weil sie für die Grundrechte des Bürgers und seine Freiheit eintritt. Sie ist eine soziale Partei, weil sie sich insbesondere für die schwächeren Menschen einsetzt. Deutschland braucht Freiheit statt Sozialismus."[33]

---

[32] Ebd., S. 36 ff.

[33] Zit nach: Helmut Müller-Enbergs, a.a.O., S. 6.

Die "Allianz für Deutschland" war von Anfang an ein Zweckbündnis gewesen. Es zerbrach unmittelbar nach den Wahlen. Die DSU scherte im April, noch während der Koalitionsverhandlungen, aus dem Bündnis aus. Die Parteiführung um den Gründungsvorsitzenden Ebeling und den Generalsekretär und späteren Innenminister Peter-Michael Diestel wurde faktisch gestürzt. Die DSU gewann rechts-populistische Züge.

Die West-CDU hatte nach den Volkskammerwahlen die Kontakte zur DSU weitgehend abgebrochen und sich auf die Unterstützung der Ost-CDU konzentriert. Bei der DSU gab es Tendenzen, sich dauerhaft in allen Ländern der DDR zu etablieren. Das schloß aber eine Fusion mit der CSU aus, da dies die Übereinkunft einer regionalen Beschränkung der CSU und damit das Ende der Fraktionsgemeinschaft mit der CDU im Bundestag bedeutet hätte. In der DSU wurden verschiedene Modelle erwogen, u.a. ein Zusammengehen mit der Bauernpartei.

Am Beispiel der DSU wird besonders deutlich, daß die Vereinigung Deutschlands für das gesamtdeutsche Parteiengefüge, nicht nur für das Gebiet der ehemaligen DDR, Konsequenzen hat. Im Sommer 1990 wurde im Vorfeld der Bundestagswahlen ein erbitterter Streit um das Wahlrecht geführt, dessen eigentliche Ursache die Frage nach der zukünftigen Struktur des Parteiensystems war. Die CSU als regional begrenzte "Massen- und Apparat-Partei modernen Typs"[34] hatte ihre Bedeutung in der alten Bundesrepublik daraus gewonnen, daß sie zugleich einen wichtigen konservativen Block innerhalb der Fraktionsgemeinschaft von CDU und CSU darstellte. Durch die Erweiterung des Wahlgebietes wäre ihr Einfluß erheblich reduziert worden. Von daher war sie an einem Pendant in den östlichen Bundesländern interessiert. Da es noch keine festen Parteibindungen gab, mußte anfangs auch der West-CDU daran gelegen sein, das konservative Wählerpotential in der DDR nicht nach rechts abdriften zu lassen. Die DSU schien für diese Wählergruppen ein Angebot bereit zu halten. Nach ihrem schlechten Wahlergebnis bei den Volkskammerwahlen und einer Halbierung des Stimmenanteils bei den anschließenden Kommunalwahlen war aber klar, daß eine eigenständige konservative Partei rechts von der CDU keine Chance hatte. So geriet die DSU im Sommer endgültig zum "bargaining chip" (Handelsklasse) der CSU im Kampf um die Sicherung ihres bundespolitischen Einflusses.

4.3.3. Das Bündnis 90

Nach dem Scheitern des breit angelegten Bündnisses aller Oppositionsgruppen hatten sich im Februar das "Neue Forum", die "Initiative Frieden und Men-

---

[34] Vgl. Alf Mintzel, Die CSU. Anatomie einer konservativen Partei, Opladen: Westdeutscher Verlag, 1975.

schenrechte" und "Demokratie Jetzt" zum "Bündnis 90" zusammengeschlossen. Das Bündnis verstand sich, und versteht sich noch immer, als Zusammenschluß von Gruppierungen, denen es - aus der Erfahrung mit der Diktatur heraus - um die Verteidigung der individuellen und sozialen Rechte der Bürger geht. Alle drei Gruppierungen sprachen in ihren Wahlaussagen vom Schutz der Menschen- und Bürgerrechte, dem Ziel einer solidarischen Gesellschaft, von der Sicherung des Rechtsstaates und von der erforderlichen Demokratisierung von Staat und Gesellschaft. Gemeinsam war ihnen auch die Vorstellung, daß es dauerhaft möglich sein müsse, die Interessen von Bürgern im Parlament und außerhalb des Parlaments zu vertreten, ohne sich als Parteien zu konstituieren. In den Programmaussagen von Demokratie Jetzt heißt es dazu:

> "Mehr Demokratie wird möglich durch Bürgerbewegungen, in denen jeder mitarbeiten kann, ohne Mitglied einer Partei sein zu müssen. Bürgerbewegungen können parlamentarisch und außerparlamentarisch arbeiten. Sie bieten Möglichkeiten direkter Demokratie. Sie erlauben die Ablösung der Zuschauer- durch eine Mitwirkungsdemokratie."[35]

Auseinandersetzungen gab es immer wieder zwischen dem Neuen Forum und den übrigen Gruppen. Kern der Kontroversen war die Frage nach der Einordnung in das traditionelle Rechts-Links-Spektrum und nach den Organisationsformen. Das Neue Forum verstand sich, der Tradition seines Gründungsaufrufs entsprechend, als politische Gruppierung, die nicht dem linken Lager zuzuordnen war. Es hatte vielfältige Beziehungen zu wertkonservativen Vorstellungen und lehnte jede parteiähnliche Organisationsform ab.

Gleichwohl blieben auch über den Wahlkampf und die Volkskammerwahlen hinaus Gemeinsamkeiten, die von Erfahrungen der Zeit vor dem November 1989 geprägt blieben, als man angesichts der Unbeweglichkeit der alten SED-Führung und ihrer offenen Unterstützung der reaktionären Regime in Rumänien und China mit einer gewaltsamen Niederwerfung jeder Opposition und wachsender Repression in der DDR rechnen mußte.

Trotz erheblicher Meinungsverschiedenheiten innerhalb der DDR-Bürgerbewegungen waren sich die verschiedenen Gruppen weitgehend einig, daß sie Politik mitgestalten wollten. In einem Aufruf im Juli 1990 hieß es:

> Wir rufen "heute alle basisdemokratischen Gruppen der DDR auf, unsere Initiative für ein gemeinsames BÜRGERBÜNDNIS zu unterstützen. Unser Ziel ist es, eine wählbare politische Vereinigung zu bilden, die dann mit den Grünen Verhandlungen über ein gemeinsames Auftreten zur Wahl führt."[36]

Im Sommer sah es eine kurze Zeit so aus, als ob das Bündnis der Bürgerbewegungen, unter dem Druck der Wahlrechtsdiskussion, an der Frage des Ver-

---

35 Politische Parteien und Bewegungen, a.a.O., S. 18.

36 Offener Brief an alle Bürgerbewegten, in: Die Tageszeitung, vom 23.7.1990, S. 5.

hältnisses zu den West-Grünen zerbrechen würde. Die Grünen begegneten dem deutschen Vereinigungsprozeß mit demonstrativer Abneigung. Ihre Begeisterung für das Volk, das im Herbst 1989 in der DDR auf die Straße gegangen war, schlug in Aversionen um, als die Demonstranten riefen: "Wir sind ein Volk". Die Grünen sprachen von Wiedervereinigungsrausch, von einem entstehenden "Großdeutschland" und vom "Vierten Reich". Die Parole "Nie wieder Deutschland" machte die Runde. Die Wähler im Westen Deutschlands haben bei den Bundestagswahlen dieser weltfremden Politik eine Absage erteilt, die Grünen scheiterten an der Fünf-Prozent-Klausel.

Die acht Bundestagsabgeordneten des Wahlbündnisses von Bündnis 90/Grüne (das selbst nur nach großen Mühen zustande gekommen war) sind nach dem Scheitern der West-Grünen im Bundestag in einem doppelten Dilemma: Sie müssen die junge Tradition der Ökologiebewegung allein im Parlament vertreten, teilen aber nicht deren Erfahrungen. Sie verstehen sich zugleich als Interessenvertreter der ehemaligen DDR-Bürger, die in ihrer Mehrheit unmittelbar materielle Interessen nach wirtschaftlichem Wachstum, sicheren Arbeitsplätzen, langlebigen Konsumgütern und westlicher Lebensweise präferieren und postmateriellen Werten geringe Priorität einräumen. Sie werden schließlich von der westdeutschen Wählerschaft der Grünen und der Grünen Partei mit einem gewissen Mißtrauen beobachtet, weil sie sich nicht auf "linke" Positionen festlegen lassen.

4.4.   Wahlen und Wählerverhalten

Die revolutionären Ereignisse in der DDR Ende 1989, Anfang 1990 wurden, verständlicherweise, vor allem unter einem Aspekt gesehen: Hier brach ein politisches und gesellschaftliches System zusammen, das alle Beobachter, trotz unverkennbarer Krisenerscheinungen, für relativ stabil gehalten hatten.[37] Als das System kollabierte, richtete sich das Augenmerk auf den Gegensatz zwischen dem politischen System und den Bürgern. Erst allmählich wird deutlich, daß die soziale Wirklichkeit wesentlich komplizierter war. Die SED hinterließ eine Gesellschaft, die erhebliche soziale, kulturelle und regionale Differenzierungen aufweist. Es zeigen sich tiefe "cleavages" (Verwerfungen) innerhalb der Gesellschaft der ehemaligen DDR: Zwischen Nord und Süd, nach Klassen und Schichten, Hand- und Kopfarbeit, Alt und Jung, und es zeigen sich die Folgen einer Zentralstaatlichkeit mit vernachlässigten Regionen und einer privilegierten Hauptstadt, die sich erkennbar im Wahlverhalten niedergeschlagen haben.

---

[37] Vgl. die Beiträge in Gert-Joachim Glaeßner (Hrsg.): Die DDR in der Ära Honecker. Politik - Kultur - Gesellschaft, Opladen: Westdeutscher Verlag 1988.

Tabelle: **Wahlen zur Volkskammer vom 18.3.1990 (Ergebnisse aus den Bezirken):**

	CDU	DSU	DA	SPD	PDS	Liberale	Bündnis
gesamt	40,82	6,31	0,92	21,88	16,4	5,28	2,9
Berlin	18,28	2,23	1,02	34,85	30,22	3,00	6,33
Cottbus	42,76	4,77	0,79	19,25	17,87	5,23	2,67
Dresden	44,97	13,81	1,08	9,68	14,76	5,55	3,65
Erfurt	56,25	2,46	1,91	18,73	9,94	4,54	1,82
Frankfurt/O.	27,82	3,51	0,72	31,9	22,5	4,23	3,15
Gera	48,88	8,21	1,68	16,49	12,55	5,1	2,58
Halle	45,11	2,75	0,58	20,82	13,81	9,98	2,39
Karl-Marx Stadt	44,95	14,79	0,98	15,64	11,29	5,98	2,07
Leipzig	39,64	10,09	0,69	21,53	14,49	5,39	3,33
Magdeburg	44,22	1,95	0,68	27,47	14,22	4,41	1,95
Neubrandenburg	36,03	2,05	0,52	21,19	25,81	3,03	1,59
Potsdam	31,23	2,94	0,75	34,36	16,55	4,92	3,82
Rostock	34,32	2,79	0,66	24,82	23,16	3,38	2,67
Schwerin	39,78	1,96	0,58	25,36	17,83	4,55	2,54
Suhl	50,58	8,91	0,96	16,09	12,55	4,15	1,88

Zunächst fällt ins Auge, daß (Ost)Berlin eine Ausnahme darstellt: Hier erhielt die CDU weniger als die Hälfte der Stimmen als im Durchschnitt und nur ein Drittel des Stimmenanteils, den sie z.B. wie im Bezirk Erfurt erringen konnte. Nur in Berlin und im benachbarten Bezirk Potsdam konnte die SPD die 30% -Marke überspringen. Mit 30% der Wählerstimmen wurde hier die PDS zweitstärkste Partei. In Berlin erhielten die Liberalen ihr schlechtestes und die Bürgerbewegungen ihr bestes Ergebnis. Diese Ergebnisse spiegeln die besondere soziale Struktur der "Hauptstadt der DDR" mit ihrem großen Anteil an Parteikadern, Staatsbediensteten, Wissenschafts- und Kulturinstitutionen und einer traditionell gut organisierten Arbeiterschaft.

Im Süden der DDR hingegen, in den Bezirken Dresden, Karl-Marx-Stadt (Chemnitz) und Erfurt erreichten die Parteien der Allianz für Deutschland etwa 60% der Stimmen.

In der Fluchtbewegung des Jahres 1989 hatten die Südbezirke am meisten unter den regionalen Disparitäten zu leiden gehabt.[38] Die Schwerpunkte der Ausreise lagen in einem Südgürtel der ehemaligen Bezirke Erfurt, Suhl, Gera, Karl-Marx-Stadt und Dresden, wo soziale und ökologische Probleme kumulierten. In diesen Regionen hat die Allianz für Deutschland ihre besten Ergebnisse erzielen können. In den nördlichen Bezirken schnitt sie hingegen relativ schlecht ab.

Die SPD verzeichnete insgesamt ein niederschmetterndes Ergebnis, bedenkt man, daß sie vor den Wahlen als wahrscheinlicher klarer Sieger gehandelt wurde.[39] Die SPD kam mit Ausnahme von Berlin in keinem der Länder über 30%, in Sachsen und Thüringen blieb sie sogar deutlich unter der 20%-Marke.

Die PDS verzeichnete ihre besten Ergebnisse in Berlin und - mit Abstand - im Norden, wo die SED in den letzten Jahrzehnten neue Industrien aufgebaut hatte, während die traditionellen Industriegebiete des Südens verfielen. Hochburgen der PDS waren ferner ehemalige Bezirksstädte, in denen, aufgrund der alten politischen Strukturen, Verwaltungen und andere systemtypische Institutionen konzentriert waren.

Auch sozialstrukturell ist ein deutlicher Einfluß der DDR-spezifischen Faktoren zu erkennen. Anders als in der Bundesrepublik hat sich die CDU in der DDR zur Partei der Arbeiterschaft entwickeln können. 55% dieser Gruppe wählten die Allianz. In allen anderen Bevölkerungsgruppen mit Ausnahme der "Intelligenz"[40] war sie ebenfalls Mehrheitspartei.

---

[38] Vgl. Siegfried Grundmann, Außen- und Binnenmigration der DDR 1989. Versuch einer Bilanz, in: Deutschland Archiv 22.Jg.(1990), Nr. 9, S. 1422 ff; Siegfried Grundmann/Ines Schmidt, Wanderungsbewegungen in der DDR 1989, Berliner Arbeitshefte und Berichte zur sozialwissenschaftlichen Forschung, Nr. 30/1990.

[39] Ursache waren problematische Meiungsumfragen im Vorfeld der Wahl. Vgl. hierzu: Wolfgang G. Gibowski, Demokratischer (Neu-)Beginn in der DDR. Dokumentation und Analyse der Wahl vom 18. März 1990, in: Zeitschrift für Parlamentsfragen, 21.Jg.(1990), Nr. 1, S. 5 ff; Matthias Jung, Parteiensystem und Wahlen in der DDR. Eine Analyse der Volkskammerwahl vom 18. März 1990 und der Kommunalwahlen vom 6. Mai 1990, in: Aus Politik und Zeitgeschichte, B 27/90 vom 29. Juni 1990, S.3-15; infas-Report. Wahlen in der DDR, 1990. Wahl der Volkskammer der DDR am 18. März 1990. Analysen und Dokumente, Bonn-Bad Godesberg, März 1990.

[40] Zur "Intelligenz" gehörten nach alter DDR-Terminologie alle "Hoch- und Fachschulkader" oder Arbeitskräfte in entsprechenden beruflichen Positionen.

Nur 22% der Arbeiterschaft wählten die "klassische" Arbeitnehmerpartei SPD. Das war nur ein geringfügig größerer Anteil als an der Gesamtwählerschaft. Etwa gleiche Wähleranteile kamen aus der Gruppe der Angestellten (20,6%), der "Leiter"[41] (21,6%) und der Intelligenz (22,7%).

Tabelle: **Volkskammerwahlen vom 18. März 1990 nach Berufsgruppen**

	Ge-samt	Ar-beiter	Ange-stellte	Leiter	Intelli-genz	Selb-ständig	Stud. Schül.
Allianz f.Deutschland davon	48,1	55,4	45,0	44,3	27,8	64,6	34,5
CDU	40,9	47,4	38,5	37,3	22,1	53,5	28,5
DA	0,9	0,8	1,0	0,2	0,8	0,7	1,1
DSU	6,3	7,2	5,5	6,8	4,9	10,3	4,8
Bund freier Demokr.	5,3	3,7	6,1	6,1	6,7	11,5	5,9
SPD	21,8	22,2	20,6	21,6	22,7	12,8	17,4
Grüne + Frauenverb.	2,0	1,5	2,4	0,8	3,2	0,2	8,7
Bündnis 90	2,9	1,6	3,6	2,3	6,4	2,5	6,2
PDS	16,3	11,9	19,2	20,2	31,0	4,7	19,7
DBD	2,2	2,6	1,9	3,5	1,3	2,4	2,0
sonstige Parteien	1,4	1,1	1,2	1,2	0,9	1,4	5,7

Quelle: Forschungsgruppe Wahlen

Die Nachfolgerin der selbsternannten "Partei der Arbeiterklasse" SED, die PDS, hatte, sieht man von 4,7% der Wählerstimmen bei den Angestellten ab, das zweitschlechteste Ergebnis unter der Arbeiterschaft (11,9%). Ihr bestes Ergebnis verzeichnete sie unter den Leitern (2o,2%) und der Intelligenz (31,0%).

Diese Grundkonstellation hat sich bei den Landtagswahlen im Oktober nicht geändert: Die CDU blieb mit etwa 50% Stimmenanteil bei den Arbeitern stärkste Partei. Die SPD wurde nur von jedem vierten Arbeiter gewählt und die PDS rutschte bei dieser Wählergruppe auf sechs Prozent ab.

---

41 Personen mit Leitungsbefugnissen in Staat, Wirtschaft,"gesellschaftlichen Organisationen" usw.

Aufgrund der angedeuteten Spezifika des Wählerverhaltens gingen Beobachter nach den Volkskammerwahlen von der Vermutung aus, daß das Wahlverhalten noch nicht auf feste Parteienpräferenzen schließen lasse und sich mit der weiteren rapiden Veränderung der ökonomischen und sozialen Bedingungen, die spätestens mit der Einführung der Währungsunion zu erwarten waren, deutlich verändern werde.

Die Ergebnisse der Kommunalwahlen vom 6.Mai, der Landtagswahlen am 14. Oktober 1990 und der ersten gesamtdeutschen Bundestagswahl am 2. Dezember zeigen jedoch eine bemerkenswerte Kontinuität im Wählerverhalten.[42] Gleichwohl sind interessante Verschiebungen festzustellen. Vor allem bei den Kommunalwahlen waren eine Reihe von Besonderheiten erkennbar, die vor allem mit regionalen Problemen zu tun haben.

Tabelle: **Gesamtergebnis der Bundestagswahl vom 2. Dezember 1990 in den alten und neuen Bundesländern (in %)**

Partei	Wahlbereich Ost	Wahlbereich West*
CDU	43,4	35,0
CSU	-	9,1
SPD	23,6	35,9
FDP	13,4	10,6
Grüne	-	4,7
Bündnis 90/ Grüne	5,9	-
PDS	9,9	0,3

Quelle: Frankfurter Rundschau vom 4.12.1990, S.6, * ohne West-Berlin

---

42 Das schließt nicht aus, daß längerfristig die Zahl der Wechselwähler in den östlichen Bundesländern größer sein kann als im Westen. Vgl. hierzu: Gibowski, Demokratischer (Neu)Beginn, a.a.O., S. 21

Tabellen: **Wahlergebnisse in den Ländern der ehemaligen DDR bei den Volkskammer-, Landtags- und Bundestagswahlen 1990 (in %):**

Mecklenburg-Vorpommern:

Partei	Volkskammer	Landtag	Bundestag
CDU	36,3	38,3	41,2
SPD	23,4	27,0	26,6
LL/PDS	22,8	15,7	14,2
Bündnis 90	4,4	6,4	5,9
FDP	3,6	5,5	9,1
Sonstige*	9,5	7,1	2,9

Brandenburg:

Partei	Volkskammer	Landtag	Bundestag
CDU	33,6	29,4	36,3
SPD	29,9	38,2	32,9
LL/PDS	18,3	13,4	11,0
Bündnis 90	5,4	7,2	6,6
FDP	4,7	6,6	9,7
Sonstige	8,1	3,1	3,4

Sachsen-Anhalt:

Partei	Volkskammer	Landtag	Bundestag
CDU	44,5	39,0	38,6
SPD	23,7	26,0	24,7
LL/PDS	14,0	12,0	9,4
Bündnis 90	4,0	5,3	5,3
FDP	7,7	13,5	19,7
Sonstige	6,1	4,2	2,3

Sachsen:

Partei	Volkskammer	Landtag	Bundestag
CDU	43,4	53,8	49,5
SPD	15,1	19,4	18,2
LL/PDS	13,6	10,2	9,0
Bündnis 90	4,7	5,6	5,9
FDP	5,7	5,3	12,4
Sonstige	17,5	6,0	4,9

Thüringen:

Partei	Volkskammer	Landtag	Bundestag
CDU	52,6	45,4	45,2
SPD	17,5	22,8	21,9
LL/PDS	11,4	9,7	8,3
Bündnis 90	4,1	6,5	6,1
FDP	4,6	9,3	14,6
Sonstige	9,8	6,4	3,9

Quelle: Frankfurt Rundschau vom 4.12.1990, * Sonstige enthält auch die Wahlergebnisse der DSU

Der Vergleich der drei Wahlergebnisse zeigen nur geringe Veränderungen. Die Christlichen Demokraten blieben die führende politische Kraft. Nur in Brandenburg, und auch nur bei den Landtagswahlen, wurde die SPD stärkste Partei. Hier, wie auch in Sachsen, wo die CDU bei den Landtagswahlen eine überzeugende absolute Mehrheit erringen konnte, war das Landtagswahlergebnis von starken Persönlichkeiten für das Amt des Ministerpräsidenten bestimmt: Manfred Stolpe, ein führender Kirchenmann in der DDR, kandidierte in Brandenburg für die SPD, Kurt Biedenkopf, einer der Vordenker der West-CDU, in Sachsen.[43]

In allen Ländern verlor die PDS kontinuierlich an Anhängerschaft. Sie wird von den Wählern ganz offensichtlich, anders als die aus ehemaligen Blockparteien hervorgegangene CDU und die FDP, als eine Partei gesehen, die die alte DDR repräsentiert. Das erklärt zugleich ihre Erfolge in (Ost)Berlin, wo die PDS bei den gleichzeitig mit den Bundestagswahlen stattfindenden Wahlen zum Berliner Landesparlament noch immer 23,6% der Stimmen und mehrere Direktmandate erringen konnte, verglichen mit 30% bei den Kommunalwahlen im Mai. In Berlin gelang es ihr sogar, den Parteivorsitzenden Gregor Gysi mit einem Direktmandat in den Bundestag zu entsenden.

---

43 Forschungsgruppe Wahlen, Wahl in den neuen Bundesländern. Eine Analyse der Landtagswahlen vom 14. Oktober 1990. Berichte der Forschungsgruppe Wahlen, Mannheim, Nr.60 vom 14. Oktober 1990.

Interessant ist auch das Abschneiden der nach dem Muster der CSU in Bayern gegründeten und von ihr unterstützten DSU. In den Volkskammerwahlen konnte sie in Sachsen, wo die bayrische CSU eine massive Unterstützungskampagne gestartet hatte, 13,9% der Stimmen auf sich vereinen. In Thüringen kam sie immerhin auf 5,7%, während sie in den anderen Ländern bedeutungslos blieb bzw. gar nicht erst antrat. Bei den Landtagswahlen im Oktober rutschte sie in Sachsen auf 3,6%, in Thüringen auf 3,3% ab. Insgesamt gab sie bei den Landtagswahlen 237.000 Wähler an die CDU ab, von der sie lediglich 81.000 Wähler bezog.[44] Von den 6,6%, die die DSU bei der Volkskammerwahl errungen hatte, blieben bei der Bundestagswahl ganze 1,0% übrig. Das Experiment DSU ist gescheitert.

Das Scheitern der West-Grünen bei den Bundestagswahlen hat nicht zuletzt mit ihrer programmatischen Selbstisolation zu tun. Zwar gab es auch im Bündnis 90 erhebliche Skepsis gegen die Wiedervereinigung, sie bezog sich aber vor allem auf die Form und das Tempo, in der die Entscheidungen ohne Beteiligung der Bürger getroffen wurden. Der Mitbegründer der Initiative Frieden und Menschenrechte, Wolfgang Templin, hat die Gründe für das Desaster der Grünen und das bescheidene Wahlergebnis der Bürgerbewegungen der alten DDR bei den Bundestagswahlen damit erklärt, daß sich eine schlechte Mischung aus zwei unvereinbaren politischen Positionen durchgesetzt habe: die schroffe Ablehnung der Vereinigung und der Versuch, eigene Akzente einzubringen. Ungleich stärker als das Bündnis 90 hätten sich die Grünen durch den Vereinigungsprozeß "und die Art und Weise seiner Exekution gestört und belästigt" gefühlt.[45]

Nach vier Wahlen läßt sich zusammenfassend sagen, daß sich keine dramatischen Veränderungen vollzogen haben. Die Mehrheitsverhältnisse sind, vorerst, stabil und konservativ-liberal. Das Parteiensystem in den östlichen Ländern hat sich weitgehend dem der alten Bunderepublik angeglichen. Es gibt zwei Ausnahmen: Die PDS und das Bündnis 90. Der PDS wird es nicht gelingen, ihre Vergangenheit loszuwerden. Sie bietet auch kein überzeugendes politisches Konzept an, das es wahrscheinlich erscheinen läßt, daß sie sich längerfristig als sozialistische Partei links von der SPD etablieren könnte. Ob es den acht Abgeordneten von Bündnis 90/Grünen gelingt, einen neuen Parteitypus im politischen System Deutschlands zu verankern, nämlich eine Bürgerrechtspartei, bleibt fraglich.

Die bisherige Stabilität des Wählerverhaltens muß jedoch keineswegs bedeuten, daß die jetzigen Mehrheitsverhältnisse sich als dauerhaft erweisen. Umfragen im Frühjahr 1991 zeigen zwar dramatische Veränderungen bei der Antwort auf die

---

44 Neues Deutschland vom 16.10.1990, S. 9.

45 Wolfgang Templin, Eine bittere Lektion, in: Bündnis 2000. Forum für Demokratie, Ökologie und Menschenrechte, 1.Jg.(1990), Nr. 1, S. 7.

übliche "Sonntagsfrage" (Welche Partei würden sie wählen, wenn am nächsten Sonntag Wahlen wären?), ob sich die Wähler in den neuen Bundesländern dann auch wirklich so entscheiden würden, bleibt dahingestellt. Eine gewisse Vorsicht bei der Deutung von Umfrageergebnissen in der ehemaligen DDR ist angebracht.

Es ist offenkundig, daß die Bürger in der ehemaligen DDR bei ihren Wahlentscheidungen eine Vielzahl von Motiven hatten. Die in vielen Kommentaren wiederholte Behauptung, sie hätten nur die D-Mark oder den Mann mit dem Geld, Helmut Kohl, gewählt, zeugt von Unkenntnis und Ignoranz. Die mehrheitliche Entscheidung für die CDU war auch eine Entscheidung für ein Gegenmodell. Es ist kein Zufall, daß in vielen ehemaligen sozialistischen Ländern eine starke konservative Strömung zu beobachten ist. Sicherlich traute man in der DDR, ähnlich wie im Westen, der CDU mehr ökonomische Kompetenz zu. Sicherlich war die Sozialdemokratie in der DDR zu schwach und zu sehr eine "Pastorenpartei", als daß sie eine überzeugende Alternative bieten konnte. Sicherlich hat der Wahlkampf des SPD-Kanzlerkandidaten die Wähler in der DDR verwirrt, und sicherlich gab es für eine Mehrheit vor allem das Ziel, mit ihrer Wahlentscheidung dazu beizutragen, die Turbulenzen, die das tägliche Leben erschütterten, möglichst bald zu beenden - und da schien jeder Gedanke an eine eigenständige oder auch nur langsamere Entwicklung, wie sie von der SPD und den Bürgerbewegungen propagiert wurde, schädlich.

Daß dies zu hohe Erwartungen an die Politik waren, mag erfahrenen westlichen Wählern klar sein, die gelernt haben, mit den vollmundigen Versprechungen der Politiker rational umzugehen. In einer desolaten Situation wie der der untergehenden DDR mußten sie allemal wie messianische Botschaften erscheinen. Die Enttäuschung wird nicht auf sich warten lassen.

5. Die deutsche Einheit als Problem der Verfassungspolitik

5.1. Die Einheit als Auftrag des Grundgesetzes

Im Frühjahr 1990 war während des Wahlkampfes in der DDR ein Plakat zu sehen, das die Meinung nicht weniger DDR-Bürger ausdrückte: "Artikel 23 - Kein Anschluß unter dieser Nummer". Dies war ein Hinweis auf den "Saar-Artikel" des Grundgesetzes, der den Weg zum Beitritt der DDR zur Bundesrepublik Deutschland ermöglichte. Die Mehrheit der Wähler in der DDR hat sich mit ihrer Wahlentscheidung für diesen Weg ausgesprochen - und es gab gute Gründe dafür. Durch den Beitritt nach Artikel 23 des Grundgesetzes der Bundesrepublik Deutschland ist die DDR Teil dieser Republik geworden. Das Grundgesetz gilt für Gesamtdeutschland, mit geringfügigen Veränderungen. Die Meinung der Verfassungsexperten zur Frage, ob eine neue Verfassung oder eine Bestätigung des Grundgesetzes der Bundesrepublik Deutschland als gesamtdeutscher Verfassung verfassungsrechtlich geboten ist, fallen ebenso kontrovers aus wie die Auffassungen darüber, welcher Weg politisch sinnvoll und wünschenswert wäre.

Bis zum Jahre 1989 waren sich alle Verfassungsrechtler und Politiker darüber einig, daß die zukünftige Einheit Deutschlands, wenn sie denn je erreichbar wäre, nur auf dem Wege des dafür vorgesehenen Artikels 146 des Grundgesetzes verwirklicht werden könne. Daß sich das deutsche Volk im Falle einer Wiedervereinigung eine neue Verfassung geben werde, galt als selbstverständlich. Dies war der Weg, den die Väter und Mütter des Grundgesetzes im Artikel 146 vorgesehen hatten.[1] Dies entsprach auch den Vorstellungen des Verfassungsgebers, der das Grundgesetz als etwas Vorläufiges, als Fundament für einen "Notbau" gesehen hat, dem man nicht die Weihe gibt, die "dem festen Hause gebührt" - so Carlo Schmid 1949.[2] Der "Saar-Artikel" 23, dessen Existenz den allermeisten Politikern nicht präsent war, bot sich als nützliches Instrumentarium in einer außergewöhnlichen historischen Konstellation an.

---

[1] Vgl. Helmut Simon, "Vom deutschen Volk in freier Selbstbestimmung ..." Die geeinte Nation braucht ihre Verfassung, in: Die Zeit, Nr. 29 vom 13.7.1990, S. 8 f.

[2] Vgl. Ernst Benda, Das letzte Wort dem Volke. Auch die ostdeutschen Bürger müssen sich unsere Verfassung zu eigen machen. in: Die Zeit Nr. 38 vom 14.9.1990, S. 13.

Es hat im Zuge des Vereinigungsprozesses eine leidenschaftliche und zum Teil ideologisch verbissene Debatte darüber gegeben, ob der Artikel 23 oder der Artikel 146 den "Königsweg" zur deutschen Einheit darstellten.[3] Ihn gab es wohl nicht.[4]

Die Befürworter des Weges über Artikel 23 führten an, daß es so möglich sei, den Prozeß auf der Grundlage einer bewährten Verfassungsordnung politisch zu steuern.[5] Das Grundgesetz und die Rechtsprechung des Bundesverfassungsgerichtes sicherten "ein hohes Maß an verfassungsrechtlicher Rationalität", die beim Verfahren nach Artikel 23 erhalten bleibe. Die Lernfähigkeit des Systems und die Stabilität der Bundesrepublik sei zu recht mit dem Grundgesetz identifiziert worden. Für die Fortgeltung spreche ferner, daß es eine funktionierende bundesstaatliche Ordnung zur Verfügung stelle und "daß die Wiederherstellung der staatlichen Einheit außergewöhnliche Anstrengungen auf dem Gebiete der Wirtschafts- und Währungspolitik und der Gesetzgebung erfordert, was sich auf der Grundlage einer stabilen und bewährten Verfassung besser bewerkstelligen läßt, als wenn erst ein neues rechtliches Fundament für alles gesucht werden müßte."[6]

Diejenigen, die eine Vereinigung nach Artikel 146 GG befürworteten, wandten ein, nur so könnten die Interessen der DDR-Bürger gewahrt werden, da dieser Weg über eine verfassungsgebende Versammlung gehe.[7] Im Kern gehe es um die Frage, ob der kommende Nationalstaat "auf der Einheit der Nation, der die Verfassung nachgeordnet ist", beruhte oder ob er "seine Entstehung der demokratischen Selbstkonstitution einer politischen Gesellschaft auf dem von ihr heute bewohnten Territorium" verdankte. Das Grundgesetz habe, wegen seines provisorischen Charakters, die in der modernen deutschen Geschichte "nicht gelöste Frage einer Versöhnung des konstitutionellen mit dem nationalen Gedanken" nicht zu beantworten brauchen; dazu sei jetzt die Chance gegeben.[8]

---

[3] Vgl. Robert Leicht, Königsweg zur Einheit.
Das Saarland als Beispiel: Wie ein abgestufter Beitritt zur Bundesrepublik gelang, in: Die Zeit Nr. 10 vom 2.3.1990, S. 7; Benda, "Königsweg" oder "Holzweg". Professor Ernst Benda über verfassungsrechtliche Fragen der deutschen Vereinigung, in: Der Spiegel Nr. 18 v. 30.4.1990, S. 75 ff.

[4] Jürgen Seifert, Ein bloßer Beitritt wird der DDR nicht gerecht. Verfassungsfragen der deutschen Einigung, in: Frankfurter Rundschau vom 20.3.1990, S. 16; Hans-Joachim Mengel, Keine Zeit für eine neue Verfassung? Der Einigungsprozeß mit der DDR erschöpft sich im Transfer eines wirtschaftlichen Systems, in: Frankfurter Rundschau vom 7.7.1990, S. 5; Ulrich K. Preuß, Grundgesetz-Chauvinismus oder ..., in: Die Tageszeitung vom 3.3.1990, S. 2.; Starck, 1990).

[5] Leicht, a.a.O.

[6] Starck, a.a.O.

[7] Seifert, a.a.O.

[8] Preuß, Grundgesetz-Chauvinismus oder ... a.a.O.

gelöste Frage einer Versöhnung des konstitutionellen mit dem nationalen Gedanken" nicht zu beantworten brauchen; dazu sei jetzt die Chance gegeben.[8] Bei allen Befürwortern des Verfahrens nach Artikel 146 wog das Argument schwer, daß nur so den Bürgern der DDR eine Chance der Beteiligung an der Gestaltung der zukünftigen staatlichen Ordnung gegeben werde.

Mit Recht wurde darauf hingewiesen, daß der Eindruck, der in der politischen Auseinandersetzung entstanden war, trog. Die Regelungsvorteile beider Lösungen ließen sich durchaus miteinander verbinden:

"Ein wichtiges Argument für die 'Beitrittslösung' gemäß Art. 23 Satz 2 GG besteht < in > der Möglichkeit, innen- und gesellschaftspolitische Auseinandersetzungen um neue Verfassungsinhalte in einer späteren Phase nach der staatsrechtlichen Vereinigungsentscheidung austragen zu können".[9]

Diese Vorgehensweise läßt der Einigungsvertrag zwischen der Bundesrepublik und der DDR ausdrücklich zu. Er trägt Kompromißcharakter, indem er den Artikel 146 GG dahingehend umformuliert, daß das Grundgesetz, "das nach Vollendung der Einheit und Freiheit Deutschlands für das gesamte deutsche Volk gilt", seine Gültigkeit an dem Tage verliert, "an dem eine Verfassung in Kraft tritt, die von dem deutschen Volke in freier Entscheidung beschlossen worden ist." Ob dies geschehen solle, blieb offen.[10] Angesichts dieser Lage verwundert es nicht, daß die Debatte darüber, ob eine neue gesamtdeutsche Verfassung ausgearbeitet werden solle und welche Form der Prozeß der Verfasungsgebung haben solle, im Frühjahr 1991 erneut entbrannte.

5.2.   Die Kontroverse um eine neue Verfassung der DDR

Die Umwälzungen in den sozialistischen Ländern sind als "Verfassungsrevolutionen" bezeichnet worden.[11] Jürgen Habermas hat sie als "nachholende Revolutionen" bezeichnet[12], nachholend insofern, als sie Anschluß an die Verfassungsentwicklung der freiheitlichen Demokratien des Westens gewinnen wollten. Insofern entsprachen sie mehr dem institutionellen Charakter der amerikanischen als dem sozialrevolutionären der französischen Revolution.

---

8   Preuß, Grundgesetz-Chauvinismus oder ... a.a.O.

9   Herwig Roggemann, Zur Reformverfassung einer gesamtdeutschen Bundesrepublik - Ein verfassungspolitischer Diskussionsbeitrag -, in: Neue Justiz Nr. 5, 1990, S. 183.

10 Vgl. Art.4,6.

11 Vgl. Ulrich K. Preuß, Revolution, Fortschritt und Verfassung. Zu einem neuen Verfassungsverständnis, Berlin: Wagenbach 1990.

12 Vgl. Jürgen Habermas, Die nachholende Revolution. (Kleine politische Schriften VII), Frankfurt: Suhrkamp 1990.

nur indirekt: politische Demokratie und individuelle Freiheitsrechte waren nur zu erlangen, wenn das sozialökonomische System des "realen Sozialismus" beseitigt wurde und wenn es gelang, die in Verfassungsnormen gegossenen ideologischen Prämissen der alten Ordnung zu überwinden.

Dies ist der Hintergrund für eine, auf den ersten Blick befremdliche Debatte um die Frage, welche Elemente der alten Verfassung der DDR im Transitionsprozeß erhalten und welche geändert werden sollten. Bereits am 1.12.1989 wurde in der Volkskammer, dem (Schein)Parlament der DDR, der Artikel 1 der Verfassung mehrheitlich bei 5 Enthaltungen geändert. Dieser Artikel lautete: Die DDR ist ein "sozialistischer Staat der Arbeiter und Bauern". Und weiter hieß es: "Sie ist die politische Organisation der Werktätigen in Stadt und Land unter Führung der Arbeiterklasse und ihrer marxistisch-leninistischen Partei." (In der Fassung von 1968 hatte es noch gelautet: "Die Deutsche Demokratische Republik ist ein sozialistischer Staat deutscher Nation".) Die Volkskammer strich den Halbsatz "unter Führung der Arbeiterklasse und ihrer marxistisch-leninistischen Partei".

Daß es um mehr als bloße Deklarationen ging, zeigt eine kurze, bezeichnende Szene in dieser Sitzung. Eine CDU-Abgeordnete forderte im Namen ihrer Fraktion, auch den Passus "der Arbeiter und Bauern" zu streichen, so daß es dann geheißen hätte, "Die Deutsche Demokratische Republik ist ein sozialistischer Staat". Begründung: Wenn man neue Zeichen setzen wolle, dann müsse deutlich werden, daß die DDR der Staat aller sei. Nach einer kurzen, emotionalen Debatte, in der sich der Vorsitzende des Schriftstellerverbandes, Herman Kant, bemüßigt sah, darauf hinzuweisen, daß die Arbeiter und Bauern schließlich die überwiegende Mehrheit der Bevölkerung darstellten, und ein SED-Abgeordneter meinte, "seine Arbeiter" würden eine solche Zurückweisung nicht akzeptieren, es sei "ein rein menschliches und Klassenproblem", daß sie besonders erwähnt würden, lehnte die Volkskammer den CDU-Antrag mit großer Mehrheit ab. Für den Antrag stimmten 112 Abgeordnete, 20 enthielten sich der Stimme.[14] Das DDR-Parlament demonstrierte damit, daß es nicht länger den Führungsanspruch einer Partei akzeptieren wollte. Dies war ein symbolischer Akt, den vor und nach ihr alle Parlamente der sozialistischen Länder vollzogen.

Sechs Wochen später befaßte sich die Volkskammer erneut mit einer Verfassungsänderung. Diesmal ging es - im Vorgriff auf eine zu erarbeitende neue Verfassung - um die Änderung von Artikeln, die die Einrichtung gemeinsamer Unternehmen mit westlichen Firmen und die Gründung von Privatbetrieben in der DDR behinderten. Mit diesen Verfassungsänderungen wurde ein erster

---

[14] Mitschrift der 13. Sitzung der Volkskammer am 1.12.1989.

Schritt getan, das politische und gesellschaftliche System der DDR durch den Einbau privatwirtschaftlicher Elemente grundlegend umzugestalten.

Dies waren tastende Versuche, sich von Verfassungsvorstellungen zu lösen, wie sie dem Marxismus-Leninismus inhärent waren. Ihm war das liberale Verfassungsverständnis immer fremd, das den politischen und sozialen Kompromißcharakter rechtlicher Kodifikationen betont. Die SED hatte liberal-bürgerliche Verfassungsvorstellungen stets abgelehnt, da sie Ausdruck des Klasseninteresses der Bougeoisie seien. Die Abtretung bestimmter persönlicher Rechte der formell gleichberechtigten Gesellschaftsmitglieder an die Gemeinschaft diene einzig und allein der Mehrung des Privateigentums und der Sicherung der alten Eigentumsverhältnisse.[15]

Eine stufenweise "Reparatur" der alten "sozialistischen" Verfassung reichte nicht hin, um den Umbruchprozeß zu gestalten. Daher beschloß der zentrale "Runde Tisch" in Berlin in seiner ersten Sitzung am 7. Dezember 1989, eine Arbeitsgruppe einzusetzen, die eine neue Verfassung der DDR erarbeiten sollte.[16] Im Frühjahr 1990 hat diese Arbeitsgruppe einen Entwurf vorgelegt, der breite Resonanz hatte. Alle Parteien, die am Runden Tisch mitgearbeitet hatten, trugen diesen Entwurf mit. Gedacht als Verfassung für eine demokratische DDR, offerierte er zugleich ein Angebot für eine zukünftige gesamtdeutsche Verfassung oder auch ein verbessertes und modernisiertes Grundgesetz.

Der Verfassungsentwurf sah einen ausführlichen Grundrechtskatalog vor, formulierte verfassungsrechtlich geschützte Staatsziele wie das Recht auf Arbeit oder den Umweltschutz und versah die Verfassung mit plebiszitären Elementen. Angesichts der "friedlichen Revolution" in der DDR schien die Überbetonung des Repräsentationsprinzips im Grundgesetz der Bundesrepublik (der ehemalige Bundesverfassungsrichter Helmut Simon spricht von einer "plebiszitären Enthaltsamkeit")[17], die aus einem historisch bedingten Mißtrauen gegenüber dem Souverän bestimmt war, überholt. Der Entwurf des Runden Tisches unterstrich den Aspekt unmittelbarer Partizipation der Bürger an den Regierungsgeschäften.

Die freigewählte Volkskammer der DDR stand im Frühsommer 1990 vor der Frage, ob sie sich diesen Entwurf zu eigen machen sollte. Die neuen politischen Gruppierungen sahen darin ein Bekenntnis zum freiheitlichen Aufbruch und zu den Zielen des Herbstes 1989.

Einer der Mitverfasser des Verfassungsentwurfs des Runden Tisches, Ulrich K.

---

15 Wörterbuch zum sozialistischen Staat, Berlin (DDR): Dietz 1974, S. 373 f.

16 Helmut Herles/Ewald Rose, Vom Runden Tisch zum Parlament, Bonn: Bouvier 1990, S. 24.

17 Helmut Simon, Mehr Demokratie wagen, in: Vorwärts, Nr. 4, April 1990, S. 14.

Preuß, hat darauf hingewiesen, daß er "konsequenter als das Grundgesetz nicht nur als Staats-, sondern als Gesellschaftsverfassung" konzipiert gewesen sei.

"Die Bürgschaft für die Integrität der staatlichen Institutionen soll in freien bürgerlichen Verkehrsformen liegen - eine Gesellschaft, die jahrzehntelang unter ihrer fast totalen Verstaatlichung zu leiden hatte und deren revolutionäre Erneuerung aus unabhängigen gesellschaftlichen Initiativen hervorging, kann das nicht wundernehmen."[18]

Charakteristisch dafür sei ein kleines Detail: Der Entwurf berufe sich nicht auf das "Volk", sondern die Bürgerinnen und Bürger der DDR "erklären sich zum verfassungsgebenden Subjekt". Die Verfassung werde nicht als autoritative Setzung eines Souveräns, sondern als ein wechselseitiges Versprechen von Bürgern konzipiert, die sich "dadurch zur 'Zivilgesellschaft' konstituieren und deren Lebensform die Verfassung sein soll."[19]

Daß diese Hoffnung, die zugleich die Idee einer eigenständigen, demokratischen DDR implizierte, von den Bürgern, zumindestens von ihrer überwiegenden Mehrheit, nicht geteilt wurde, haben wenig später die Volkskammerwahlen gezeigt.

Die Volkskammer hat dies abgelehnt. Sie hat zwar in ihrer ersten Sitzung in einem symbolischen Akt die Präambel der Verfassung gestrichen, in der von der "entwickelten sozialistischen Gesellschaft" die Rede war, konnte sich in der Folge aber weder auf den Verfassungsentwurf des Runden Tisches noch auf einen neuen Verfassungsentwurf verständigen.

Dabei hatte die Koalitionsvereinbarung durchaus die Möglichkeit offengelassen, eine neue Verfassung für die DDR zu erarbeiten. In ihr sollten die sozialen Grundrechte, vor allem das Recht auf Arbeit, Wohnung und Bildung als nicht einklagbare Individualrechte verankert werden. Sollte es zu keiner neuen Verfassung kommen, seien diese Aspekte in das Grundgesetz der Bundesrepublik Deutschland aufzunehmen. Die Koalition trat dafür ein, den Vereinigungsprozeß "schnell und verantwortlich zu organisieren". Dies setze rechtsstaatliche Grundsätze voraus. Sie sollten durch Übergangsregelungen geschaffen werden, die sowohl Elemente der alten Verfassung der DDR von 1949 als auch des Entwurfs des Runden Tisches berücksichtigten.[20] Dazu kam es nicht mehr.

Auf ihrer 15. Tagung am 17. Juni 1990 verabschiedete die Volkskammer neue Verfassungsgrundsätze, die alle Rechtsvorschriften in der DDR aufhoben, die

---

[18] Ulrich K. Preuß, Auf der Suche, a.a.O.

[19] Preuß, Auf der Suche, a.a.O.

[20] Informationen (Hrsg.;:Bundesminister für innerdeutsche Beziehungen), Nr.8/1990, Beilage.

den einzelnen Bürger oder staatliche Institutionen auf den Sozialismus, die "sozialistische Gesetzlichkeit" und den "demokratischen Zentralismus" verpflichteten. Um die Währungs-, Wirtschafts- und Sozialunion mit der Bundesrepublik zu ermöglichen, legten die Verfassungsgrundsätze fest, daß die DDR Hoheitsrechte auf zwischenstaatliche Einrichtungen und Einrichtungen der Bundesrepublik übertragen konnte. Die DDR wurde als "freiheitlicher, demokratischer, föderativer, sozialer und ökologisch orientierter Rechtsstaat" beschrieben, der die kommunale Selbstverwaltung gewährleiste. Die Grundsätze gewährten Tarifautonomie, wirtschaftliche Handlungsfreiheit, das Privateigentum, eine unabhängige Rechtsprechung und den Schutz der Umwelt.[21] Sie schufen den rechtlichen Rahmen für die Ausarbeitung der beiden wichtigsten Dokumente, die die Praxis der Vereinigung der beiden deutschen Staaten bestimmten: den "Staatsvertrag zur Währungs-, Wirtschafts- und Sozialunion" vom 18. Mai 1990 und den "Einigungsvertrag" vom 31. August 1990.

5.3.   Revision des Grundgesetzes?

Nach der Vereinigung der beiden deutschen Staaten begann eine höchst kontroverse Debatte darüber, ob das Grundgesetz der Bundesrepublik Deutschland, das jetzt in ganz Deutschland gilt, einer Generalrevision unterworfen werden oder durch eine neue gesamtdeutsche Verfassung ersetzt werden solle. Vertreter des konservativen Lagers befürchteten, daß eine Verfassungsdiskussion nur dazu dienen solle, gleichsam durch die Hintertür bewährte Verfassungsgrundsätze außer Kraft zu setzen und eine "andere Republik" zu schaffen. Der Generalsekretär der CDU, Volker Rühe, sprach in einem Beitrag in der "Welt am Sonntag" vom 19. Mai 1991 davon, daß derjenige, der eine neue Verfassung wolle, sich fragen lassen müsse, ob er nicht in Wirklichkeit eine andere Gesellschaftsordnung und einen anderen Staat zum Ziel habe. Der Politikwissenschaftler Peter Graf Kielmansegg meinte, das Ziel derer, die mit Eifer für eine Verfassungsrevision plädierten, sei eine "Links-Verschiebung" des Grundgesetzes.[22]

Unmittelbar damit verbunden war eine scharfe Kontroverse über die Frage, ob die Erfahrungen von über vierzig Jahren Demokratie in der Bundesrepublik und der demokratischen Umwälzung in der DDR nicht eine gemeinsame Verständigung der Deutschen über die Grundlagen ihres zukünftigen Gemeinwesens erfordern. Diejenigen, die dies bejahten, waren zuerst für die

---

21 Verfassungsgrundsätze in: GBl I, Nr. 33 vom 22.6.1990, S.

22 Peter Graf Kielmansegg, Entscheiden muß die Politik. Die Verfassung kann kein Regierungsprogramm sein, sie bestimmt nur die Regeln für den demokratischen Meinungsstreit, in: Die Zeit, Nr. 20 vom 10.5.1991, S. 8.

Ausarbeitung einer neuen Verfassung in der DDR, später für eine Totalrevision des Grundgesetzes. Wolfgang Ullmann, Bundestagsabgeordneter von Bündnis 90, hat darauf hingewiesen, daß das Grundgesetz in seiner Vorläufigkeit und seinem Anspruch, auch für jene zu sprechen, denen 1949 die Mitwirkung versagt war, einen verfassungsgebenden Akt der gemeinsamen "freien Entscheidung" zwingend voraussetze, der das Grundgesetz überhaupt erst zur Verfassung des ganzen deutschen Volkes erhebt. Er unterstellte der Regierungsmehrheit eine Furcht vor einer Ausweitung plebiszitärer Elemente in einer zukünftigen Verfassung.

> "Ist es nicht die gleiche antidemokratische Furcht vor direktdemokratischen Elementen wie Volksbegehren, Volksentscheid, Volksgesetzgebung, die jetzt den klaren Forderungen des Grundgesetztextes nach einer expliziten Äußerung des Selbstbestimmungsrechtes der 1949 ausgeschlossenen deutschen Länder sich entgegenzustellen versucht?"[23]

Im Einigungsvertrag wurde diese Frage in der Schwebe gehalten. Artikel 5 des Vertrages befaßt sich mit zukünftigen Verfassungsänderungen. Er "empfiehlt" den gesetzgebenden Körperschaften des vereinten Deutschland, sich innerhalb von zwei Jahren mit den im Zusammenhang mit der Vereinigung aufgeworfenen Fragen "zur Änderung oder Ergänzung der Grundgesetzes" zu befassen. Dazu werden genannt: Das Verhältnis Bund-Länder, die Möglichkeit der Neugliederung des Raums Berlin/Brandenburg, die Aufnahme von Staatszielbestimmungen in das Grundgesetz und die Frage "der Anwendung des Artikels 146 des Grundgesetzes und in deren Rahmen einer Volksabstimmung." Letztere Bestimmung war das Ergebnis intensiver Verhandlungen mit der SPD-Opposition, die eine, dann vom ganzen deutschen Volk in einer Abstimmung bestätigte demokratische Verfassung erarbeiten möchte, die sich eng an das Grundgesetz anlehnt.

In einem Kommentar der Frankfurter Allgemeinen Zeitung im September 1990 hieß es, daß das Grundgesetz "seine größte Bewährungsprobe mit Bravour bestanden und sich als gesamtdeutsche Verfassung qualifiziert" habe. Dieser Artikel trägt die Überschrift "Die Drohung des Artikels 146". Der Autor sprach davon, daß der Artikel 146 eine "allzu gut gemeinte" Bindung und ein Angebot des Parlamentarischen Rates gewesen sei und daß "so manche Kräfte im Westen wie im Osten, denen nicht ein Beitritt der DDR, sondern eine Konvergenz-Vereinigung (!) vorschwebte", den "dafür notwendigen Artikel 146 vor der Abschaffung durch Einführung einer leicht geänderten Fassung in den Einigungsvertrag" gerettet hätten. Es gehe "diesem Lager" darum, Reformbedürfnisse und Anregungen aus dem Verfassungsentwurf des Runden

---

[23] Wolfgang Ullmann, Das Volk muß entscheiden. Das vereinte Deutschland braucht eine neue Verfassung, in: Die Zeit, Nr. 22 vom 24.5.1991, S. 5/7.

Tisches "der Modrowschen DDR" zu übernehmen.[24] Diese Polemik zeigt, daß es um mehr geht als um Verfahrensfragen im Einigungsprozeß: Dahinter steht, vor allem in konservativen Kreisen, die Furcht, die in der Bundesrepublik bewährten Formen und Verfahren pluralistischer Demokratie könnten gefährdet werden, oder, um den Vorsitzenden der CDU/CSU-Bundestagsfraktion Alfred Dregger zu zitieren, der Verdacht, daß diejenigen, die für eine Volksabstimmung über eine gesamtdeutsche Verfassung eintreten, eine "andere Republik" anstreben.[25]

Kern der Auseinandersetzung aber ist die Frage, ob jetzt der geeignete Zeitpunkt sei, das Grundgesetz, dessen Qualitäten keiner der Diskutanten leugnet, zu modifizieren. Dabei geht es um zwei wesentliche Aspekte: Sollen "Staatszielbestimmungen" wie Umweltschutz, das Recht auf Arbeit u.a., auf die der Grundgesetzgeber bewußt verzichtet hatte, aufgenommen werden, und verträgt das Grundgesetz eine plebiszitäre Öffnung?

Die politische Ordnung der Bundesrepublik entstand auf den Trümmern der Weimarer Republik und verarbeitete die traumatischen Ereignisse des "Dritten Reiches". Aus diesen Erfahrungen heraus insistiert das Grundgesetz auf dem Repräsentationsprinzip. Es ist von der Furcht vor einer rousseauistischen, in der Tendenz, totalitären Konsequenz direktdemokratischer Herrschaftsausübung bestimmt. Problematisch erscheint vielen Verfassungsrechtlern und Politikwissenschaftlern - aus heutiger Sicht - die Überbetonung des Repräsentationsprinzips gegenüber der Möglichkeit unmittelbarer Partizipation der Bürger. Gerade aber die Ereignisse des Jahres 1989 zeigten, daß die Diktaturen in Mittel-Osteuropa nicht gefallen wären, wenn sich die Bürger in den letzten Jahren nicht immer deutlicher in die Politik eingemischt und ihre Angelegenheiten in die eigenen Hände genommen hätten.

Ganz im Sinne des Entwurfes des Runden Tisches, der eine deutliche Ausweitung der Partizipationsrechte zum Inhalt hatte, argumentierten auch die Mitglieder eines "Kuratoriums für einen demokratisch verfaßten Bund Deutscher Länder" in ihrem Verfassungsentwurf, den sie im Frühjahr 1991 der Öffentlichkeit vorlegten. Der Entwurf beschwört die "Erfahrungen freiheitlicher Demokratie" und die "demokratische Revolution", durch die die Einheit Deutschlands ermöglicht worden sei, und leitet daraus weitreichende Folgerungen ab. Staatszielbestimmungen werden vorgenommen (Recht auf Arbeit, Art. 12; Recht auf soziale Sicherung, Art. 12b; Schutz der natürlichen Lebensgrundlagen, Art. 20a) und neue Formen demokratischer Mitwirkung an der Politik vorgeschlagen - so zum Beispiel die Einrichtung eines "Ökologischen

---

[24] Paul Hefty, Die Drohung des Artikels 146, in: Frankfurter Allgemeine Zeitung vom 24.9.1990, S. 1.

[25] Frankfurter Allgemeine Zeitung vom 24.9.1990, S. 5

Rates", der bei der Gesetzgebung und Verwaltung des Bundes mitwirken soll. Seine Mitglieder sollen je zur Hälfte von den Länderparlamenten und vom Bundestag gewählt werden und sollen keiner gesetzgebenden Körperschaft oder Regierung angehören.[26] In diesem Entwurf und anderen Äußerungen, die für eine umfassende Verfassungsreform plädieren, kommen zwei Argumentationslinien zusammen: Angesichts der Probleme, vor denen moderne Gesellschaften stehen, werden die auf dem Repräsentationsprinzip beruhenden Legitimationsmuster der Politik in Frage gestellt. Zum anderen werden die Erfahrungen der ehemaligen sozialistischen Länder, der friedliche Umbruch in Polen, der CSFR, Ungarn und der DDR als Beleg dafür herangezogen, daß die Völker reifer sind, als dies den Politikern immer bewußt sei. Nur eine umfassende Demokratisierung könne die Probleme lösen, vor die sich die Staaten und Gesellschaften Europas gestellt sehen.

Anders als noch einige Jahrzehnte zuvor stehen allerdings andere als im schlechten Sinne utopische oder historisch diskreditierte Global-Alternativen nicht zur Verfügung. Weder die spätrouseauistische Variante Lenins und seiner Nachfolger noch die in verschiedenen Kleidern auftretende Vorstellung eines Auszugs aus der hochdifferenzierten, von großen Organisationen und mächtigen politischen Institutionen geprägten Gesellschaft vermögen eine überzeugende Alternative zur parlamentarisch repräsentativen Demokratie zur Verfügung zu stellen. Der Parlamentarismus wird daher auch nicht ernsthaft in Frage gestellt.

Allerdings ist nicht zu erkennen, wie die Vorstellungen einer alle gesellschaftlichen Bereiche durchdringenden partizipativen Demokratie, wie sie die Debatte Anfang der 70er Jahre bestimmt haben und die von der Wirklichkeit enttäuscht wurden, verarbeitet worden sind. Weitreichende Demokratisierungskonzepte operierten möglicherweise mit falschen anthropologischen Grundannahmen und überschätzten sowohl die Fähigkeit wie die Bereitschaft der Bürger zur aktiven Beteiligung an den politischen und gesellschaftlichen Dingen. Schließlich wurde die Frage, ob der beklagte Mangel an Partizipation nicht auch Ausdruck der Zufriedenheit mit den wirtschaftlichen, sozialen und politischen Verhältnissen sein könne, nicht genügend ernst genommen.

Moderne Demokratien sind vor allem auf organisierte soziale und politische Interessen großer Gruppen zugeschnitten, die die Fähigkeit haben, ihre Interessen zu definieren, zu organisieren und die Chance zu nutzen, sie machtpolitisch umzusetzen. Dieses Zusammenspiel von Interessengruppen und politischen Repräsentanten funktionierte in der Bundesrepublik (auch in Krisenzeiten) ohne große Probleme und hat sicher zur Stabilität der sozialen und politischen Ordnung entscheidend beigetragen. Zugleich aber war bereits vor den

---

[26] Vgl. den Text des Entwurfs in: Frankfurter Rundschau vom 10. bis 15.6.1991.

historischen Ereignissen des Jahres 1989 erkennbar, daß neue "issues" (Problemfelder) und veränderte "cleavages" (Konfliktlagen), die das Ergebnis ökonomischer Umstrukturierung und sozialer, kultureller und politischer Differenzierungsprozesse sind, nicht oder nur mit großer Verspätung wahrgenommen werden. Die "offizielle" Politik jedenfalls bearbeitete sie nur fragmentarisch.

Der deutsch-deutsche Vereinigungsprozeß hat diese Probleme noch verschärft, auch wenn sie bis zum Oktober 1990 durch die außenpolitischen und innerstaatlichen Aspekte der Einheit überlagert waren. Danach kamen völlig neue ökonomische, soziale und kulturelle Schwierigkeiten auf eine Gesellschaft zu, die im Inneren noch nicht zusammengewachsen ist und sich über die gemeinsamen politischen Grundlagen noch nicht verständigen konnte.

Der Verfassungsentwurf des Runden Tisches, über den sich die freigewählte Volkskammer der DDR nicht einigen konnte, weil seine Beratung und Verabschiedung dem gewünschten Verfahren des Beitritts entgegengestanden hätte, war ein Angebot, in welche Richtung eine zukünftige deutsche Verfassung oder auch ein verbessertes und modernisiertes Grundgesetz gedacht werden könnte - sei es bei der Frage von Staatszielbestimmungen oder sei es bei der Aufnahme plebiszitärer Elemente. In jedem Falle aber ist er ein positives Beispiel deutscher Verfassunggeschichte.

In einer Situation, die durch erhebliche ökonomische und soziale Probleme des Zusammenwachsens gekennzeichnet ist, kann eine Verfassungsdebatte eine gemeinschaftsstiftende Funktion haben, sie kann aber auch neue Gegensätze produzieren.Ganz sicher eignet sie sich nicht dazu, verlorene Schlachten erneut zu schlagen: Sei es mit dem Ziel, die bestehende Verfassungsordnung doch noch zugunsten utopischer Ziele zu verändern, sei es, um den liberalen Geist des Grundgesetzes im Sinne konservativer Ordnungsvorstellungen umzudeuten. In jedem Falle aber gebietet es die Achtung vor der historischen Leistung der DDR-Bürger, sie wenigstens zu fragen, ob sie das Grundgesetz als ihre Verfassung annehmen wollen. Dies ist nur scheinbar mit der Vereinigung über den Artikel 23 geschehen, der für die DDR der schnellstmögliche politische Weg zur Einheit war.

Über Verfassungsfragen haben sich die DDR-Bürger im revolutionären Umbruch des Jahres 1989 und bei ihrer Wahlentscheidung am 18. März 1990 keine Gedanken gemacht. Insoweit ist auch der Verfassungsentwurf des Runden Tisches ein Beleg für die Distanz zwischen Bürgerbewegungen und den transitorischen politischen Institutionen auf der einen und "dem Volk" auf der anderen Seite.

Daß auch nach den Wahlen in der DDR keine breite Verfassungsdebatte zustande kam hat vielerlei Gründe: Den Weg und das Tempo des Vereinigungsprozesses, die Allgegenwärtigkeit täglicher Sorgen und Nöte, gewisse politische Ermüdungserscheinungen. Das enthebt die politischen Akteure aber nicht der Pflicht, das Versprechen von 1949 einzulösen. Ernst Benda hat diesen Aspekt der Debatte hervorgehoben, als er anmerkte:

"Findet ... eine Aussprache über die Verfassung der Deutschen statt, so kann eine Chance genutzt werden, die Integrationsfunktion der Verfassung in einer einmaligen historischen Situation zu nutzen. Nie wird die Gelegenheit wiederkehren, das Grundgesetz im Bewußtsein der Deutschen zur Verfassung zu machen, mit der sie sich innerlich verbunden fühlen können, weil sie sich in freier Entscheidung zu ihm bekannt haben. Dies setzt voraus, daß Alternativen geprüft, begründete Verbesserungsvorschläge angenommen und gegenüber kritischen Nachfragen die Bewährung der in langer Staats- und Gerichtspraxis geprüften Regelungen festgestellt wird. Für die Bevölkerung der Bundesrepublik bedarf das Grundgesetz keiner zusätzlichen Legitimation. Es hat in vierzig Jahren gewirkt und ist anerkannt worden. Für die Menschen in der heutigen DDR ist das ganz anders. Sie haben bisher die Wirklichkeit einer Verfassungsordnung noch nicht kennengelernt, die ihnen verzerrt und entstellt übermittelt worden ist. Der offene Dialog enthält die Chance, Vorurteile und Mißverständnisse und die Ergebnisse einer langen Falschinformation abzubauen. Daher ist der Prozeß der Auseinandersetzung für sich allein schon wichtig."[27]

---

[27] Benda, Das letzte Wort, a.a.O., S. 13

6. Verfassungsgebot versus Realpolitik?
Die Deutschlandpolitik und das Ziel
der Wiedervereinigung

6.1.   Ausgangsbedingungen der Ost- und Deutschlandpolitik

In einem Buch mit dem programmatischen Titel "Mit der Teilung leben - eine gemeindeutsche Aufgabe" hat der Theologe Erich Müller-Gangloff 1965 die Wiedervereinigung als Lebenslüge der Deutschen bezeichnet - eine Fomulierung, die mehr als ein Jahrzehnt später von Willy Brandt wiederholt worden ist.

> "Ein Gespenst geht um bei den Deutschen und hält die Welt in Verwirrung. Es heißt Wiedervereinigung ... Es ist bei allen denkfähigen Menschen - mehr und mehr auch unter den Deutschen - ein offenes Geheimnis, daß es eine Wieder-Vereinigung im Wortsinn der Herstellung eines vergangenen Zustandes nicht geben wird. Und ob irgendwann so etwas wie eine Neuvereinigung oder überhaupt eine Vereinigung der getrennten Teile unseres Volkes geschehen kann, ist absolut ungewiß ... Das Gespenst muß gebannt werden, der Lebenslüge lebendige Wahrheit konfrontiert werden."[1]

So wie Müller-Gangloff waren die meisten Intellektuellen in der Bundesrepublik der Meinung, daß die Wiedervereinigung historisch verspielt sei und zudem eine Frieden und Sicherheit gefährdende Forderung darstelle. Sie anzumahnen war in den letzten zwei Jahrzehnten, nach dem Beginn der Ostpolitik, eine Sache, die man den Vertriebenenverbänden und Sonntagsrednern überließ.

In der Bundesrepublik betonten alle Bundesregierungen den Auftrag des Grundgesetzes, die Einheit Deutschlands in Freiheit zu erstreben, sahen sich aber angesichts der Weltlage gezwungen, mit denen Realpolitik zu betreiben, die diesem Ziel im Wege standen, der Führung der Sowjetunion und ihren - wie es in den 50er Jahren hieß - "Statthaltern" in der DDR. Während am 17. Juni jeden Jahres kluge Reden zur Frage der Einheit der Nation gehalten wurden, entwickelte sich in der Bundesrepublik ein Alltagsbewußtsein, das gut ohne die DDR auskam. Die Bundesrepublik war im allgemeinen Bewußtsein Deutschland, die DDR ein weitgehend unbekanntes und auch uninteressantes Land.

---

[1]   Erich Müller-Gangloff, Mit der Teilung leben. Eine gemeindeutsche Aufgabe, München: List 1965, S. 9.

Insbesondere unter Jugendlichen war ein großes Desinteresse zu erkennen, dem staatliche Institutionen mit vielfältigen Bemühungen versuchten entgegenzusteuern.[2]

Sah man genauer hin, differenzierte sich das Bild. Die DDR, der Staat und das Gesellschaftssystem, war den meisten suspekt, die Menschen nicht. Die Wiedervereinigung war für die übergroße Mehrheit kein Problem: man hielt sie allgemein für wünschenswert, glaubte aber nicht daran, daß sie zu realisieren sei. Eine Anfang der 80er Jahre unter Jugendlichen durchgeführte repräsentative Umfrage mag das illustrieren.[3]

Tabelle: **Umfrage unter Jugendlichen in der Bundesrepublik zwischen 14 und 21 Jahren**

Assoziationen wenn man an die DDR denkt	An der DDR Interessierte	An der DDR Desinteressierte
Es überwiegt der Gedanke, das Gefühl...		
...daß einem die DDR ziemlich gleichgültig geworden ist, weil die Teilung schon so lange dauert	15%	46%
...daß trotz der Teilung viele Gmeinsamkeiten zwischen uns und den Menschen in der DDR geblieben sind	64%	25%
Eine Wiedervereinigung halten		
...für wünschenswert	79%	33%
...für realistisch	4%	3%

Quelle: infratest, Mai 1981

---

2 Vgl. Gert-Joachim Glaeßner (Hrsg.), Die DDR in der Ära Honecker. Politik - Kultur - Gesellschaft. Köln: Westdeutscher Verlag 1988.

3 Anne Köhler/Rudolph Eppinger, Einstellungen von Jugendlichen zu DDR und zur Deutschlandpolitik, in: Schriften und Materialien zur Deutschlandpolitik und Europapolitik, Nr.3/1984, München: Studienstätte für Politik und Zeitgeschehen, S. 21.

Wäre nicht der Verfassungsauftrag des Grundgesetzes und der Wille aller Parteien gewesen, das Ziel der deutschen Einheit nicht aufzugeben, die Bundesbürger hätten sie, anders als ihre Landsleute in der DDR, nicht eingefordert.

Mit der Dauer der Teilung Deutschlands in zwei Staaten und Gesellschaften erschien immer unwahrscheinlicher, daß es gelingen werde, das in der Präambel des Grundgesetzes formulierte Ziel deutsch-deutscher Politik zu erreichen, zumal diese Zielformulierung niemals mit der Option verbunden war, die eigenen normativ begründeten Staats- und Gesellschaftsvorstellungen aufzugeben.

Die "magische Formel", die diesen Zwiespalt über zwei Jahrzehnte überbrücken konnte, in den letzten Jahren aber immer mehr Gefahr lief, ihn zu verdecken, war der Kernsatz der neuen Ostpolitik Willy Brandts:

> "20 Jahre nach Gründung der Bundesrepublik Deutschland und der DDR müssen wir ein weiteres Auseinanderleben der deutschen Nation verhindern, also versuchen, über ein geregeltes Nebeneinander zu einem Miteinander zu kommen ... Dabei geben wir uns keinen trügerischen Hoffnungen hin: Interessen, Machtverhältnisse und gesellschaftliche Unterschiede sind weder dialektisch aufzulösen, noch dürfen sie vernebelt werden. Aber unsere Gesprächspartner müssen auch wissen: Das Recht auf Selbstbestimmung, wie es in der Charta der Vereinten Nationen niedergelegt ist, gilt auch für das deutsche Volk. Dieses Recht und dieser Wille, es zu behaupten, können kein Verhandlungsgegenstand sein."[4]

Die Chance, die Spaltung Deutschlands zu überwinden, war auch nach den ersten Erfolgen der Ostpolitik nicht größer geworden. Dies um so weniger, als die DDR, in Übereinstimmung mit ihrer Führungsmacht Sowjetunion, jeden Gedanken an eine zukünftige nationale Einheit ablehnte.

War sie bis in die 60er Jahre hinein zumindest verbal noch als wahre Hüterin des gemeinsamen nationalen Erbes aufgetreten, so bestand sie jetzt darauf, daß sich eine eigene, sozialistische Nation herausgebildet habe. 1949 hatte der Artikel 1 der Verfassung formuliert: "Deutschland ist eine unteilbare Demokratische Republik; sie baut auf den deutschen Ländern auf." Damals hatte sich die DDR noch, ähnlich wie die Bundesrepublik, als vorläufigen staatlichen Teil einer gespaltenen Nation gesehen, über deren Fortbestand es trotz der Teilung Deutschlands bis zum Beginn der 70er Jahre keinen Zweifel gab. In der "sozialistischen" Verfassung von 1968 hieß es noch: "Die Deutsche Demokratische Republik ist ein sozialistischer Staat deutscher Nation. Sie ist die politische Organisation der Werktätigen in Stadt und Land, die gemeinsam unter

---

4 Bundeskanzler Brandt, Regierungserklärung vor dem Deutschen Bundestag am 28. Oktober 1969, Bulletin des Presse- und Informationsamtes der Bundesregierung Nr.132/1969, Sonderdruck, S. 33 f.

Führung der Arbeiterklasse und ihrer marxistisch-leninistischen Partei den Sozialismus verwirklichen." 1974 wurde diese Formulierung fallengelassen. Seither lautete diese Passage: "Die Deutsche Demokratische Republik ist ein sozialistischer Staat der Arbeiter und Bauern. Sie ist die politische Organisation der Werktätigen in Stadt und Land unter Führung der Arbeiterklasse und ihrer marxistisch-leninistischen Partei."

Die zitierten Veränderungen signalisieren ein gewandeltes Selbstverständnis der DDR. Sie kennzeichnen die zentralen Probleme eines Staates, der sich als Teil einer geteilten Nation in einer politisch-historischen Situation etablierte, in der in bezug auf die nationale Frage noch keine endgültigen Optionen bestanden. Als Folge dieser "Offenheit" stand auch die gesellschaftliche und politische Ordnung, die bereits vor Gründung der DDR geschaffen worden war, zumindest potentiell zur Disposition.

Die Verfassung von 1968 und die veränderte Fassung von 1974 definieren demgegenüber das Selbstverständnis eines sozialistischen Staates nach sowjetischem Vorbild: die führende Rolle der Arbeiterklasse und ihrer marxistisch-leninistischen Partei, die grundlegenden Formen der Organisationen der Werktätigen und die politischen Grundlagen der sozialistischen Gesellschafts- und Staatsordnung, die Einheit der Gewalten, Bündnispolitik, Struktur und Funktion des politischen Systems und das angebliche Fehlen antagonistischer Interessen.

Die Verfassungsänderung von 1974 eliminierte den Begriff der deutschen Nation. Sie bezeichnete so einen Bruch mit dem tradierten Selbstverständnis der DDR, die bis dahin ihre Rolle als Wegbereiter einer sozialistischen Zukunft für Gesamtdeutschland betont hatte; sie hatte ihre Legitimation aus der Tatsache hergeleitet, daß sie die alte Klassengesellschaft überwunden habe und so ein Vorbild für ein zukünftiges Gesamtdeutschland sei.

Dieser Einschnitt war eine Reaktion auf die erfolgreiche Ostpolitik der Bundesregierung, des Beitritts der beiden deutschen Staaten zu den Vereinten Nationen und zugleich der Versuch, die gewünschten Ergebnisse der KSZE-Konferenz, wie sie 1975 in Helsinki verabschiedet wurden, vorweg zu normieren: Die Existenz der DDR sei durch die Entspannungspolitik nicht in Frage gestellt, im Gegenteil, diese Politik mache endlich wahr, was die DDR bereits seit langem gefordert hatte. Daß diese Selbstdefinition nicht ohne Zustimmung der Sowjetunion geschah, mußte jedem Beobachter klar sein.

Die Ostpolitik und die Schlußakte von Helsinki beruhten auf der gegenseitigen Übereinkunft der Blöcke, daß eine Veränderung des status quo nur mit Gewalt zu erreichen wäre. Sie eröffneten zugleich aber neue Möglichkeiten der Kooperation. Dies war der Rahmen, in dem die beiden deutschen Staaten sich bewegten, wenn es darum ging, ihre zwischenstaatlichen Beziehungen zu regeln.

Die DDR war bestrebt, bei jeder sich bietenden Gelegenheit ihre Souveränität unter Beweis zu stellen und pochte darauf, die in Helsinki festgelegten Prinzipien der territorialen Integrität und der Sicherung des status quo zu realisieren.

Die Bundesrepublik forderte die Achtung der Menschenrechte ein, auf die sich die Vertragsstaaten verpflichtet hatten. Alle politischen Kräfte in der Bundesrepublik konzentrierten ihre Phantasie darauf, die bestmöglichen Bedingungen zu schaffen, um die Zweistaatlichkeit so erträglich wie möglich zu machen und nach Kräften dazu beizutragen, die Lage der Menschen in der DDR zu verbessern. Sowohl die sozial-liberale Koalition, als auch ihre Nachfolgerin vermochten die einer solchen Politik innewohnende Zweideutigkeit nicht zu überwinden: Das Festhalten an Rechtspositionen und der eigenen gesellschaftlichen und politischen Ordnung und das Ziel der Vereinigung schlossen sich unter den Bedingungen der Entspannungspolitik, die keine wirkliche Überwindung des Kalten Krieges darstellte, aus.

Diese Politik beruhte auf einer übereinstimmenden Analyse der weltpolitischen Konstellation, die eine Überwindung der Blöcke allenfalls als Fernziel vorstellbar machte - bis Ende des Jahres 1989. Drei Jahrzehnte Deutschlandpolitik der Bundesrepublik orientierten sich an diesen Vorgaben:

1. Das primäre Ziel war nicht die Wiedervereinigung, sondern das Selbstbestimmungsrecht für alle Deutschen. Daß die DDR-Bürger, wenn sie die Gelegenheit dazu hätten, sich für gleiche Verhältnisse wie in der Bundesrepublik einsetzen würden, stand für die meisten Beobachter nicht ernsthaft in Frage.

2. Deutschlandpolitik rangierte hinter der Ostpolitik. Das primäre Ziel war die Schaffung eines modus vivendi und die Aussöhnung mit den östlichen Nachbarn. Nur wenn dies dauerhaft gelang, gab es überhaupt Chancen, die Verhältnisse in Deutschland zu verbessern.

3. Deutschlandpolitik rangierte hinter der Westpolitik. Nur in einer europäischen Friedensordnung, über deren Gestalt bis heute nur sehr vage Vorstellungen existieren, erschien die deutsche Frage lösbar. Ein deutscher Alleingang erschien weder aussichtsreich noch wünschenswert. Die Bundesrepublik hat ihre Westbindung nie ernsthaft in Frage gestellt.

4. Ostpolitik und Deutschlandpolitik waren nur möglich, wenn man die politischen Verhältnisse in den sozialistischen Ländern akzeptierte, wie sie waren. Nach der Konferenz von Helsinki, die der Opposition in Mittel-Osteuropa das Recht auf Dissens verbriefte (Charta 77), mußte diese Politik in einen Zielkonflikt geraten, standen doch die neuen Oppositionsgruppen für eben jene demokratischen Verhältnisse, die man mit der Ostpolitik zu erreichen suchte. Nicht zu Unrecht haben Dissidenten in diesen Ländern den westlichen Politikern und Intellektuellen vorgeworfen, daß sie zu einseitig auf die herrschende politische Klasse gesetzt hätten. Für die DDR stellte

sich das insofern anders dar, als es eine erkennbar strukturierte politische Opposition vor dem Jahre 1989 kaum gab.

5. Die Deutschlandpolitik der Bundesregierung und der Opposition hat in den Jahren nach dem Amtsantritt von Michail Gorbatschow die Dramatik der Entwicklung verkannt. Die Sprengkraft, die die Idee eines "Europäischen Hauses" für eine geteilte Nation enthielt, wurde allen Zeitgenossen erst 1989 deutlich.

6.2. Lebenslüge Wiedervereinigung?

"Wir wissen, daß die Überwindung der Teilung Deutschlands in naher Zukunft nicht zu erwarten ist, weil die Teilung Europas noch andauert ... Die Voraussetzungen für eine Einigung sind einfach nicht vorhanden, weder im innerdeutschen Verhältnis noch im Verhältnis der vier Siegermächte des Zweiten Weltkrieges."[5]

Mit dieser Einschätzung stand die seinerzeitige Bundesministerin für innerdeutsche Beziehungen im Januar 1988 nicht allein - und es war auch nicht die letzte Aussage dieser Art.

Der ehemalige Bundeskanzler Helmut Schmidt drückte eine nicht nur in der SPD weitverbreitete Meinung aus, als er im September 1989 schrieb:

"Eine Eruption in der DDR würde den Reformprozeß im Osten Europas gefährden. Die deutsche Frage wird erst im nächsten Jahrhundert gelöst werden."[6]

In einem Kommentar mit der Überschrift "Einheit und NATO sind unvereinbar" antwortete im Oktober 1989 der Vordenker der neuen Ostpolitik Willy Brandts, Egon Bahr, auf die selbstgestellte Frage, ob die staatliche Einheit in greifbare Nähe gerückt sei:

"Alle erkennbaren Faktoren in West und Ost sprechen nach wie vor dagegen. Die große Aufgabe bis zum Jahr 2000 durch gemeinsame Sicherheit und Angriffsunfähigkeit Krieg in Europa unmöglich zu machen, verlangt die Stabilität der beiden Bündnisse mit ihren beiden deutschen Staaten."[7]

Genau ein Jahr später waren die beiden deutschen Staaten vereinigt und Mitglied der NATO. Noch am 8. November 1989, einen Tag vor der Öffnung der Mauer in Berlin, erklärte Bundeskanzler Kohl in seinem Bericht zur Lage der Nation:

---

5   Dorothee Wilms, Deutschlandpolitik im Rahmen der europäischen Einigung (Rede vor dem Institut Francais des Relations Internationales am 25. Januar 1988 in Paris), in: Texte zur Deutschlandpolitik (hrsg. vom Bundesministerium für innerdeutsche Beziehungen), Reihe III/Bd.6 - 1988, Bonn 1989, S. 34.

6   Helmut Schmidt, in: Die Zeit vom 22.9.1989.

7   Egon Bahr, Einheit und NATO sind unvereinbar, in: Vorwärts Nr. 10, 1989.

"Bewahren wir, so schwer uns - und vor allem unseren Landsleuten in der DDR - dies fallen mag, die beharrliche Geduld, auf den Weg evolutionärer Veränderung zu setzen, an dessen Ende die volle Achtung der Menschenrechte und die freie Selbstbestimmung für alle Deutschen stehen müssen."[8]

An anderer Stelle wurde hervorgehoben, daß die Bundesregierung an ihrer Politik der Zusammenarbeit mit der DDR in allen Bereichen festhalte, in der Wirtschaft, dem Umweltschutz, der Wissenschaft, der Kultur, daß die DDR aber durch Reformen die Voraussetzungen dafür schaffen müsse, "daß diese Zusammenarbeit auch tatsächlich Früchte tragen kann."[9]

In vielen offiziellen Äußerungen der tragenden politischen Gruppierungen - aber auch weiter Teile der kritischen Intelligenz[10] - finden sich in den letzten Jahren, bis kurz vor dem Zusammenbruch des alten Regimes in der DDR, neben der Kritik an Unbeweglichkeit und Halsstarrigkeit der SED-Führung immer wieder auch Hoffnungen auf Reformen und eine Öffnung des Systems hin zur Achtung der Prinzipien der KSZE-Schlußakte von 1975. So bemerkte z.B. die Ministerin für innerdeutsche Beziehungen im Januar 1989, daß die SED-Führung gesellschaftlicher Unzufriedenheit "häufig genug mit Methoden einer vergangenen Epoche" begegne. Andererseits aber bemühe sich die DDR-Führung, "den Problemdruck in manchen Bereichen durch sachgerechte Lösungen zu mildern, nicht zuletzt in den Beziehungen zur Bundesrepublik Deutschland". Bemerkenswert seien z.B. erste Ansätze, Elemente eines "sozialistischen Rechtsstaats" auszugestalten, was immer das angesichts parteilicher Rechtsprechung konkret heiße. "Wir hoffen, daß damit nicht nur auf dem Papier, sondern auch in der Praxis obrigkeitliche Willkür zurückgeschnitten wird zugunsten größerer Berechenbarkeit und Transparenz, ja vielleicht sogar zunehmender Rechtssicherheit für die Menschen." Gleiches gelte für die jetzt in Kraft getretene neue Reiseverordnung, die ein wichtiges Element beachtlicher schrittweiser Erfolge auf dem Weg zur Freizügigkeit für alle Deutschen sei.[11]

Es gab in der Bundesrepublik eine weitgehende Übereinstimmung darüber, daß die (Wieder)Vereinigung lange auf sich warten lassen werde. Das war der Hintergrund für Willy Brandts Äußerung, das Streben nach Wiedervereinigung

---

8 Bericht der Bundesregierung zur Lage der Nation im geteilten Deutschland, in: Presse- und Informationsamt der Bundesregierung, Bulletin Nr. 123 vom 9.12.1989, S. 1059.

9 Bericht der Bundesregierung, a.a.O., S. 1058

10 Vgl. hierzu die scharfsinnige Kritik von Peter Schneider, Man kann ein Erdbeben auch verpassen, in: Germany: From Plural to Singular, German Politics and Society, Issue 20, Summer 1990, S.1 ff.

11 Dorothee Wilms, Probleme und Perspektiven der Deutschlandpolitik (Rede vor dem deutschlandpolitischen Forum der Friedrich-Ebert-Stiftung in Bonn am 24. Januar 1989), in: Informationen (Hrsg. Bundesministerium für innerdeutsche Beziehungen) Nr. 3/1989, Dokumentation.

sei die Lebenslüge der Bundesrepublik.[12] Dies führte den Chefredakteur der Wochenzeitung "Die Zeit" im Sommer 1989 zu der Aussage, die Idee der Einheit Deutschlands solle zugunsten der Freiheit der Deutschen in der DDR aufgegeben werden.[13] Gegen eine derartige Auffassung hat Helmut Schmidt seinerzeit heftig mit dem Argument protestiert, den Verzicht auf dieses Ziel werde den Deutschen kein europäischer Nachbar abnehmen, die "sehr wohl ihre eigene nationale Einheit und Selbstbestimmung als natürlich" empfinden.[14]

In der Analyse der Situation lagen Sommer und Schmidt jedoch nicht weit auseinander. Beide sahen die nationalstaatliche Vereinigung Deutschlands in weiter Ferne. Patentlösungen der deutschen Frage waren nach Meinung Helmut Schmidts nicht in Sicht. Er stellte den Deutschen das Beispiel Polens vor Augen, das mehr als ein Jahrhundert geteilt und im 20. Jahrhundert erneut zerstückelt worden war und daraus gleichwohl als Nationalstaat hervorgegangen ist.

> "Ich bin zuversichtlich, daß es im Laufe des nächsten Jahrhunderts ein gemeinsames, Freiheit gewährendes Dach über der deutschen Nation geben wird."[15]

Die wohl radikalste Absage an eine Politik der Wiedervereinigung von einem Vertreter der staatstragenden Parteien kam im Dezember 1988 von Egon Bahr. In einer Rede in München sprach er vom Widerspruch, der zwischen dem Gebot der staatlichen Einheit und dem Ziel der europäischen Integration bestehe. Der Formel der Adenauerzeit, daß es keinen Frieden in Europa geben könne, solange Deutschland geteilt sei, hielt Bahr entgegen, sie beruhe teils auf kindlichem Trotz, teils auf Selbsttäuschung, teils auf Betrug. Wie kurz zuvor Willy Brandt hielt er die Wiedervereinigung für die Lebenslüge der zweiten deutschen Republik. Das gebetsmühlenartige Wiederholen alter Positionen führe nicht weiter. Auch am Ende des anzustrebenden europäischen Einigungsprozesses werde es die beiden deutsche Staaten geben. Das müsse man nicht nur wissen, sondern sogar wollen.

> "Das ist unsere Freiheit, zu den beiden deutschen Staaten zu sagen: Ich will, weil ich muß. In der Teilung gibt es deutsche Chancen. Es gibt keine Chance, die deutschen Staaten zusammenzuführen."[16]

---

12 Willy Brandt, Deutsche Wegmarken, in: Der Tagesspiegel vom 13.9.1988, S. 9.

13 Theo Sommer, Qou vadis, Germania? Eine Standortbestimmung der Bundesrepublik nach dem Besuch von Bush und Gorbatschow, in: Die Zeit, Nr. 26 vom 23.6.1989, S. 3.

14 Helmut Schmidt, Was ist der Deutschen Vaterland? Ein endgültiger Verzicht auf die Einheit würde nur das Mißtrauen unserer Nachbarn in Ost und West verstärken, in: Die Zeit Nr.29 v. 14. Juli 1989, S. 4.

15 Schmidt, Was ist der Deutschen Vaterland?, a.a.O.

16 Egon Bahr, Das Gebot staatlicher Einheit und das Ziel Europa im Widerspruch, in: Frankfurter Rundschau (Dokumentation) vom 13.12.1988, S. 10.

Weniger deutlich und provokant wurden in der Zeit nach dem Honecker-Besuch in Bonn, im Herbst 1987, verschiedentlich Überlegungen zur Perspektiven der Deutschlandpolitik und der deutsch-deutschen Beziehungen angestellt - nicht nur im Lager der parlamentarischen Opposition. Dabei ergaben sich bemerkenswerte Parallelen zwischen den Positionen dauerhafter Rivalen um die Gunst des Publikums, zum Beispiel: Franz Josef Strauß und Heiner Geißler.

"Ist es wirklich die Wiedervereinigung, die uns in erster Linie drängt, quält, bedrückt und treibt? Es ist doch weniger die Wiedervereingung im Sinne der Wiederherstellung der staatlichen Einheit Deutschlands; es ist doch mehr das Herzensanliegen der Wiederherstellung demokratischer und menschenwürdiger Zustände in diesem Gebiet."[17]

Seit dem November 1989 ist von einer solchen Rangordnung, wie sie Strauß und andere im Laufe der 80er Jahre wiederholt formuliert hatten, nichts mehr zu bemerken gewesen. Die historischen Ereignisse sind über solche langfristig angelegten Konzepte hinweggegangen. Wenn jedoch Vertreter der CDU/CSU so taten, als sei für sie und die von ihr geführte Bundesregierung die Vereinigung der beiden deutschen Staaten schon immer Tagesaufgabe gewesen, dann muß an einen erbitterten Streit am Beginn des Jahres 1988 erinnert werden, als im Entwurf zum neuen Parteiprogramm der CDU aus dem Hause des damaligen Generalsekretärs Heiner Geißler sehr weitreichende Vorstellungen über die Perspektiven der Deutschlandpolitik entwickelt worden waren, die sich von denen Egon Bahrs gar nicht so sehr unterschieden. Es ging de facto um die Streichung der Wiedervereinigung als Ziel der Deutschlandpolitik. Die "Frankfurter Rundschau" sprach in diesem Zusammenhang von einem "ostpolitischen Godesberg auf Raten".[18] Als eine Art "Testballon" für die angestrebte programmatische Wende in der Deutschlandpolitik der Union war seinerzeit die bereits erwähnte Rede der innerdeutschen Ministerin in Paris angesehen worden.

In ihrem Grundsatzprogramm von 1978 hatte die CDU die Überwindung der Teilung Deutschlands als erstes Hauptziel ihrer Politk bezeichnet, erst danach folgten die europäische Einigung und die Mitarbeit in der NATO. Durch die programmatischen Aussagen der CDU zieht sich diese Prioritätensetzung wie ein roter Faden. So hatte die CDU/CSU-Fraktion wenige Tage vor Bekanntwerden des Programmentwurfs in einer Erklärung zur Berlin- und Deutschlandpolitik das "Selbstbestimmungsrecht des deutschen Volkes und die Überwindung der Teilung Deutschlands und Europas" angemahnt und sich bei den Alliierten "für die

---

17 Franz Josef Strauß, Die moralische Substanz der Nation bleibt erhalten. Beitrag von Franz Josef Strauß beim Münchner Podium 84 "Reden über das eigene Land: Deutschland", in: Frankfurter Rundschau (Dokumentation) vom 2.1.1985, S. 16.

18 Martin Winter, Ein ostpolitisches Godesberg auf Raten. Heiner Geißler, die CDU und die Formulierung christdemokratischer Deutschlandpolitik, in: Frankfurter Rundschau vom 19.2.1988, S. 3.

unmißverständliche Unterstützung der Forderung nach Wiedervereinigung"
bedankt und zugleich betont:

> "Berlin ist und bleibt die Hauptstadt der deutschen Nation. Berlin ist zugleich das
> unübersehbare Symbol für die Offenheit der deutschen Frage, die in ihrem Kern die
> Forderung nach Gewährung von Freiheitsrechten und des Selbstbestimmungsrechts
> für das deutsche Volk ist."[19]

Der Programmentwurf der CDU stellte die europäische Dimension der deutschen
Frage in den Mittelpunkt. Das Ziel der Einheit könne nur "mit Einverständnis
und Unterstützung" der Nachbarn in Ost und West erreicht werden. Dies
bedeutete implizit, daß die stets beschworenen Rechtspositionen, insbesondere
zur Oder-Neiße-Grenze, nicht mehr haltbar waren. Die Überwindung der Teilung
Europas und damit Deutschlands setze eine Überwindung des Ost-West-Konflikts
voraus. "Die Lösung der deutschen Frage ist daher gegenwärtig nicht zu
erreichen."[20] Die Verantwortung der Deutschen bestehe darin, das heute
Mögliche und Verantwortbare zu tun, um den Ost-West-Konflikt in Deutschland
und Europa zu mildern. Die CDU wolle den "politischen Dialog" mit der DDR
intensivieren und neben den Kirchen auch mit "anderen Gruppen und
Institutionen" sprechen - eine Andeutung in Richtung der Ost-CDU. Offizielle
Beziehungen zur Volkskammer wurden nicht mehr grundsätzlich ausgeschlossen.
Vorgeschlagen wurde der Ausbau der von der CDU/CSU lange Zeit abgelehnten
deutsch-deutschen Städtepartnerschaften sowie eine Vielzahl von Formen der
Kooperation bis hin zu Hochschulpartnerschaften.

Interessant ist die Begründung für diese Positionsbestimmung: Zu den
Grundlagen der Deutschlandpolitik wurden das Grundgesetz, der Deutsch-
landvertrag von 1954, der Moskauer und Warschauer Vertrag von 1970, das
Viermächteabkommen über Berlin von 1971, der Grundlagenvertrag zwischen
der Bundesrepublik und der DDR von 1972 und die in diesem Zusammenhang
ergangenen Entscheidungen des Bundesverfassungsgerichts aus den Jahren 1973
und 1975 erklärt. Obwohl damit de facto nichts anderes getan wurde, als die
Realpolitik der konservativ-liberalen Bundesregierung programmatisch zu
untermauern, ging ein Schrei der Empörung durch die Reihen der Union. Wo
liegen die Gründe dafür?

---

[19] Erklärung der CDU/CSU-Bundestagsfraktion zur aktuellen Lage der Berlin- und
Deutschlandpolitik in Berlin(West) am 19. Januar 1988, in: Informationen (Hrsg.
Bundesministerium für innerdeutsche Beziehungen), Nr. 2/1988 Dokumentation, S.
19 f.

[20] Christlich-demokratische Perspektiven zur Außen-, Sicherheits-, Europa- und
Deutschlandpolitik, in: Frankfurter Allgemeine Zeitung vom 19.2.1988, S. 4.

6.3. Die schwierigen 80er Jahre

Die Deutschlandpolitik der Union war seit langem durch einen wachsenden Widerspruch zwischen programmatischen Erklärungen und praktischer Politik gekennzeichnet. Er reicht zurück bis in die 60er Jahre. Erste vorsichtige Versuche eines Kurswechsels in der Ostpolitik waren bereits in den letzten Regierungsjahren Adenauers erkennbar. Sie waren geboren aus seiner Furcht, das Pochen auf Wiedervereinigung könne zu Konflikten mit der Führungsmacht USA unter dem Präsidenten Kennedy führen, die Versuche unternahm, mit der Sowjetunion unter Chruschtschow ins Reine zu kommen. In einer Regierungserklärung vom 9. Oktober 1962 (und erneut am 7. Februar 1963) erklärte Adenauer, daß menschliche Überlegungen im Verhältnis von Bundesrepublik und "Sowjetzone" eine größere Rolle spielten als nationale. Damit war das Leitmotiv angeschlagen, das - nach dem Sturz Adenauers - erst in der Zeit der Großen Koalition, wenngleich sehr zögerlich, und dann nach 1969 von der sozialliberalen Koalition die Ost- und Deutschlandpolitik bestimmte. Die Schlüsselsätze in der Regierungserklärung von Willy Brandt 1969 lauteten:

> "Aufgabe praktischer Politik in den jetzt vor uns liegenden Jahren ist es, die Einheit der Nation dadurch zu wahren, daß das Verhältnis zwischen den Teilen Deutschlands aus der gegenwärtigen Verkrampfung gelöst wird ... 20 Jahre nach Gründung der Bundesrepublik Deutschland und der DDR müssen wir ein weiteres Auseinanderleben der deutschen Nation verhindern, also versuchen, über ein geregeltes Nebeneinander zu einem Miteinander zu kommen."[21]

Anders als ihre Vorgängerinnen war die Regierung Brandt-Scheel der Meinung, daß die Bundesrepublik nicht nur eine aktive Rolle in den Ost-West-Beziehungen spielen könne, sondern daß dies auch aus "nationalem" Interesse geboten sei. Von der Konfrontation zur Kooperation in Deutschland zu kommen bedeutete aus dieser Sicht, einen Beitrag zu einer zukünftigen Friedensordnung zu leisten, die allein eine gemeinsame deutsche Zukunft garantiere - freilich um den Preis einer de facto - Anerkennung der DDR als zweite deutscher Staat. Dieses Grundmuster der neuen Ost- und Deutschlandpolitik wurde von der großen Mehrheit der CDU/CSU nicht nur aus partei- und wahltaktischen Überlegungen, sondern aus tiefster Überzeugung erbittert bekämpft. Innenpolitisch wirkten die im Zuge dieser Politik vereinbarten Ostverträge als Katalysator für eine seit den Anfangsjahren der Bundesrepublik nicht mehr gekannte Polarisierung zwischen den Parteien und in der öffentlichen Meinung.[22] Die Leidenschaft, mit der sie debattiert wurden, deutet darauf hin, daß es um mehr ging als um eine

---

21 Regierungserklärung von Bundeskanzler Willy Brandt am 2. Oktober 1969, in: Presse- und Informationsamt der Bundesregierung, Bulletin Nr. 132/1969, S. 33 f.

22 Vgl. hierzu: Gert-Joachim Glaeßner, Die Ost- und Deutschlandpolitik, in: ders./Jürgen Holz/Thomas Schlüter (Hrsg.): Die Bundesrepublik in den siebziger Jahren. Versuch einer Bilanz, Opladen: Leske + Budrich 1984, S. 237 ff.

außenpolitische Entscheidung. Ähnlich wie nach dem November 1989 ging es vielmehr um das Selbstverständnis der Bundesrepublik als integraler Bestandteil der westlichen Gemeinschaft. Die Ostverträge wurden von den Konservativen als Meilenstein in der sowjetischen Expansionsstrategie gesehen. So meinte Franz Josef Strauß in der ersten Beratung der Ostverträge vor dem deutschen Bundestag, sie bedeuteten eine Festigung des sowjetischen Besitzstandes und "eine Ermutigung für die Linksradikalen, die diese Politik seit zwanzig Jahren in unserem Lande gefordert haben". Kurzum, die Verträge waren für Strauß "Bausteine einer sowjetischen Weststrategie", die das Ziel habe, die Bundesrepublik "stärker in ihr Machtsystem und dessen Zielsetzungen einzubinden".[23] Von dieser Position zur Politik des pacta sunt servanda, zum Milliardenkredit an die DDR und zu der folgenden Aussage ist ein weiter Weg:

> "Weil die Teilung Deutschlands untrennbar mit der Teilung Europas verbunden ist, kann die bloße Wiederherstellung des deutschen Nationalstaates nicht das vorrangige Ziel unserer Deutschlandpolitik sein. Die Zukunft auch der deutschen Nation liegt allein in einer europäischen Ordnung der Freiheit, des Rechts und des Friedens, in der die Frage nach den staatlichen Grenzen zweitrangig geworden ist. Bis wir und alle Europäer das verwirklicht haben, müssen wir noch einen langen geschichtlichen Weg zurücklegen."[24]

Die Praxis der Verträge in den 70er Jahren zeigte, daß viele der Befürchtungen, die sich mit ihnen verbunden hatten, gegenstandslos waren, aber auch, daß viele Hoffnungen, die an sie geknüpft worden waren, sich nicht realisierten. Auf seiten der DDR standen Pragmatismus und eine sich verhärtende Politik der "Abgrenzung" unvereinbar nebeneinander. Auf der anderen Seite bot das Vertragswerk einen Rahmen für das Entstehen eines engen Geflechts von Einzelabkommen.[25]

Die Ausgangsbedingungen für eine auf Ausgleich und Zusammenarbeit in praktischen Fragen gerichteten Politik in Deutschland waren am Beginn der 80er Jahre alles andere als günstig. Die weitreichenden Erwartungen an die Verwirklichung der Schlußakte der KSZE-Konferenz von Helsinki 1975 waren enttäuscht worden. Wenn man die Beziehungen zwischen den europäischen Staaten, vor allem aber die deutsch-deutschen Beziehungen nach der KSZE-Schlußkonferenz von Helsinki Revue passieren läßt, erinnert man sich eher an problematische Ereignisse: die Ausweisung von Schriftstellern aus der DDR und die Verschärfung des kulturpolitischen Kurses, die Behinderung der Be-

---

23 Erste Beratung der Ostverträge im deutschen Bundestag am 23., 24. und 25. Februar 1972. Mit dem Bericht der Bundesregierung zur Lage der Nation (Hrsg. Presse- und Informationsamt der Bundesregierung) o.J. (1972), S. 128.

24 Franz Josef Strauß, Vorwort zu: Klaus Lange, (Hrsg.): Aspekte der deutschen Frage, Herford: Busse Seewald 1986, S. 10 f.

25 Vgl. Beziehungen der Deutschen Demkratischen Republik zur Bundesrepublik Deutschland. Dokumente 1971-1988, Berlin(DDR): Staatsverlag 1990, S. 83 ff.

suchsmöglichkeiten für Bürger der Bundesrepublik, die polnische Krise, die zur Verhängung des Kriegsrechts im Dezember 1981 führte und der von diesen Ereignissen überschattete Besuch Helmut Schmidts bei Erich Honecker am Werbellinsee.

Der Einmarsch sowjetischer Truppen in Afghanistan im Dezember 1979 und der "NATO-Doppelbeschluß" im gleichen Monat hatten zu einer massiven Verschlechterung des Ost-West-Verhältnisses geführt. Auch die Deutschlandpolitik stand vor neuen Belastungsproben. Am 13.10.1980 hatte der Staatsratsvorsitzende der DDR, Erich Honecker, in einer Rede zur Eröffnung des Parteilehrjahres der SED in Gera Forderungen erhoben, die auf eine Verhärtung der Politik der SED-Führung gegenüber der Bundesrepublik hinausliefen. Als Voraussetzung für weitere Verbesserungen der innerdeutschen Beziehungen nannte Honecker die Anerkennung der DDR-Staatsbürgerschaft, die Auflösung der Zentralen Erfassungsstelle in Salzgitter (die Gesetzesverletzungen der DDR-Sicherheitsorgane dokumentierte), den Verzicht, DDR-Bürgern auf Wunsch Reisepässe der Bundesrepublik auszustellen, die Festlegung des Grenzverlaufs auf der Elbe (in der Strommitte) und schließlich die Umwandlung der Ständigen Vertretungen der Bundesrepublik in Berlin(Ost) und der DDR in Bonn in Botschaften.

Andererseits zeigte sich die DDR-Führung verhandlungsbereit. Die Äußerung Erich Honeckers in seiner Tischrede anläßlich des Treffens mit Bundeskanzler Helmut Schmidt am Werbellinsee vom 11. bis 13. Dezember 1981, daß die beiden deutschen Staaten sich "von der Weltpolitik nicht abkoppeln", aber jeder auf seine Weise einen Beitrag zur "Verbesserung des internationalen Klimas, vor allem zur Stabilisierung des Friedens in Europa" leisten könnte, signalisierte gemeinsame deutsche Interessen angesichts des sich bedrohlich verschärfenden Konfrontationskurses der beiden Supermächte. In der Antwort von Helmut Schmidt wurde das Thema aufgenommen:

> "Aus dieser Einsicht, daß von deutschem Boden niemals wieder ein Krieg ausgehen darf, aus dieser Einsicht, die mit den Fundamenten unserer Beziehungen und mit den Fundamenten einer Europäischen Friedensordnung zu tun hat, müssen mit zwingender Logik auch Handlungen folgen, die in der Zukunft mehr Vertrauen, mehr Normalität, mehr Selbstverständlichkeit im Umgang miteinander schaffen."[26]

Trotz der außenpolitischen Belastungen blieb auch im Verlauf der Jahre 1981/82 erkennbar, daß die SED, obwohl sie (übrigens bis zum Ende ihrer Herrschaft

---

[26] Das deutsch-deutsche Treffen am Werbellinsee. Dokumentation zum Treffen des Bundeskanzlers der Bundesrepublik Deutschland, Helmut Schmidt, mit dem Generalsekretär des ZK der SED und Vorsitzenden des Staatsrates der DDR, Erich Honecker, vom 11. bis 13. Dezember 1981 (Hrsg: Bundesministerium für innerdeutsche Beziehungen), Bonn 1982, S. 19.

1989) auf der Erfüllung der Geraer Forderungen bestand, an keiner Verschlechterung der Beziehungen zur Bundesrepublik interessiert war.

Diese Entwicklung blieb durch den Regierungswechsel in Bonn im Oktober 1982 weitgehend unbeeinflußt. Die DDR betonte vielmehr die Verantwortung beider deutscher Staaten für die Friedenssicherung. Dabei war ohne Zweifel die Absicht bestimmend, die Verwirklichung des NATO-Doppelbeschlusses zu verhindern. In den folgenden Jahren wurde aber immer deutlicher erkennbar, daß die DDR-Führung, angesichts der gefährlichen Eskalation der Spannungen zwischen den USA und der UdSSR, an einer gewissen Eigenständigkeit der Politik der beiden deutschen Staaten interessiert war. Es ging beiden deutschen Regierungen darum, die Spannungen nicht noch zusätzlich zu verschärfen, sondern im Gegenteil durch die Weiterentwicklung der Vertragsbeziehungen zwischen den beiden deutschen Staaten an der Schnittstelle der beiden Systeme zur Entspannung beizutragen. Die "Politik der kleinen Schritte" wurde weitergeführt.

6.4. Ziele und Ergebnisse der Deutschlandpolitik

Entgegen verbreiteten Befürchtungen und der Erwartung vieler Skeptiker unterstrich die Regierung Kohl-Genscher von Anfang an die Kontinuität in der Deutschlandpolitik. In seiner Regierungserklärung betonte Bundeskanzler Helmut Kohl, daß die neue Regierung sich auf der Grundlage der geschlossenen Verträge und der Schlußakte von Helsinki um "echte Entspannung" bemühen werde.

Pacta sunt servanda, lautete die deutschlandpolitische Devise. Diese Formel wurde immer wieder von einem der vormals schärfsten Kritiker der sozial-liberalen Ostpolitik, Franz Josef Strauß, benutzt. Es gibt Indizien dafür, daß er im Hintergrund eine wesentlich bedeutendere Rolle bei der Reformulierung der deutschlandpolitischen Vorstellungen der Union gespielt hat als bisher bekannt.[27] Die Bereitstellung eines Milliardenkredits für die DDR 1983, der ein politisches Signal darstellte, das wesentlich dazu beitrug, die DDR international wieder kreditfähig zu machen, ist von Strauß, in enger Abstimmung mit dem später ins Zwielicht geratenen "Devisenbeschaffer" der DDR, Alexander Schalck-Golodkowski, politisch vorbereitet worden.

Mit ihrem nahezu bruchlosen Wechsel in der Deutschlandpolitik nahm die konservativ-liberale Regierung der Sozialdemokratie den Wind aus den Segeln. Dieser lautlos vollzogene Übergang auf Positionen, die zuvor heftig bekämpft worden waren - bei gleichzeitiger demonstrativer Betonung der Bündnistreue -,

---

27 Vgl. Peter Siebenmorgen, Das große Spiel hinter der Kulisse. Wie Franz Josef Strauß nach der Bonner Wende die Fäden der Deutschlandpolitik zog, in: Die Zeit Nr.16 vom 12.4.1991, S. 4 f.

stellt wohl die entscheidende politisch-strategische Leistung der neuen Regierung dar.

Trotz der Nachrüstung, die, nach Meinung vieler, die Tür zu einer weiteren Verbesserung des Ost-West-Verhältnisses zugeschlagen hatte, gediehen die zwischenstaatlichen Beziehungen. Voraussetzung dafür war der Verzicht auf die Revision der Ergebnisse der sozial-liberalen Ost- und Deutschlandpolitik. Das legte die Frage nahe, was die Politik der neuen Regierung von der der sozial-liberalen Koaltion unterscheide, die so massiv bekämpft worden war.

Wenn gleichwohl das innergesellschaftliche Klima sich verschärfte, dann lag das an der Diskussion über die "Nachrüstung". Die Rede von der NATO als Staatsräson der Bundesrepublik schien auf eine Aufkündigung des demokratischen Grundkonsenses in der Bundesrepublik und die Ausgrenzung derer hinzudeuten, die der Politik der Reagan-Administration in den USA kritisch oder ablehnend gegenüberstanden. Die Entschlossenheit der Regierung Kohl-Genscher, die Stationierung der Mittelstreckenraketen durchzusetzen, führte zum Erstarken der Friedensbewegung - nicht nur in der Bundesrepublik, sondern, indirekt, auch in der DDR. Die Stationierung erscheint im Nachhinein geradezu als Voraussetzung dafür, daß in einer sich verschärfenden Weltsituation, gleichsam im Windschatten, an der Entspannungs-, Ost- und Deutschlandpolitik festgehalten werden konnte, ohne sich dem Verdacht mangelnder Bündnistreue und geheimer Neutralitätsneigungen auszusetzen. Der sicherheitspolitische Konservativismus war zudem in der Spätphase der Breschnew-Ära der Situation allemal angemessener als das Spielen mit Überlegungen über einseitige Abrüstungsschritte, mit denen die westdeutsche Linke bis weit in die Reihen der SPD hinein liebäugelte.

Die SED hatte schon frühzeitig signalisiert, daß sie auch mit der neuen Bundesregierung die innerdeutschen Gespräche und Verhandlungen fortführen wolle. Seit 1982 intensivierten sich die Regierungskontakte, die innerdeutschen Beziehungen wurden ausgebaut. Das beiderseitige Interesse an guten Beziehungen war so stark, daß sogar ernsthafte Belastungsproben wie der Tod eines Transitreisenden während einer Vernehmung durch DDR-Grenzorgane 1983 oder der Zustrom von Ausreisewilligen in die bundesdeutsche Vertretung und die Übersiedlung von etwa 24.000 DDR-Bürgern in die Bundesrepublik 1984 überstanden werden konnten.

Ohne Zweifel war der Besuch Erich Honeckers in Bonn vom 7. bis 11. September 1987 eine wichtiger Meilenstein in den deutsch-deutschen Beziehungen, zugleich aber auch auf dem Wege zur vollen internationalen Anerkennung der

DDR.[28] Im Vorfeld hatte es in Kreisen der CDU/CSU-Bundestagsfraktion Widerstände gegen die protokollarischen Begleiterscheinungen des Besuches gegeben - Ehrenformation der Bundeswehr, Abspielen der Nationalhymnen und Hissen der "Spalterflagge". Für den Vorsitzenden der Ost- und Mitteldeutschen Vereinigung der CDU/CSU, Herbert Hupka, eher ein Anlaß zur "Trauerbeflaggung". Der Kanzler sah sich mehrfach veranlaßt, vor unerfüllbaren Vorbedingungen zu warnen, die den Besuch gefährden würden.

Der frühere Bundeskanzler, Helmut Schmidt, griff im Juli in die Auseinandersetzung um den Honecker-Besuch ein. Unter dem lyrischen Titel "Einer unserer Brüder" warnte er die westdeutsche Publizistik davor, "nicht uferlos und nicht würdelos" zu werden. Bei dem Besuch handle es sich "um einen weiteren Schritt auf einer nur sehr langsam, sehr mühsam begangenen Straße, die zur Normalisierung im Zentrum Mitteleuropas führen soll."[29] Schmidt bescheinigte Honecker persönlich, daß er längst Realist und inzwischen ein alter und kluger Mann geworden sei.

> "Auch bei ihm spüre ich inzwischen die deutsche Identität, nicht nur das Quentchen Heimweh nach Wiebelskirchen und dem Saarland."

Und Schmidt schloß seinen Artikel mit der emphatischen Aufforderung:

> "Seit Jahren haben wir an die tausendmal von den Deutschen in der DDR als von unseren Brüdern und Schwestern geredet. Laßt uns damit Ernst machen. Auch wenn Erich Honecker und wir politisch und parteipolitische nie Freunde werden können, laßt uns ihn würdig empfangen - empfangt ihn als einen unserer Brüder!"[30]

Hier sprach wohl eher der Christ Helmut Schmidt als der Poltiker.

Die Haltung der Öffentlichkeit gegenüber dem Besuch war eher ambivalent. Dies kam auch in einer Bemerkung des damaligen Chefs des Bundeskanzleramtes, Wolfgang Schäuble, zum Ausdruck, mit der er den Besuchstermin ankündigte. Der Besuch sei nach Auffassung der Bundesregierung ein wichtiges Ereignis, "das bei vielen Menschen sehr vielfältige Empfindungen ansprechen wird" und

---

28 Vgl. Der Besuch von Generalsekretär Honecker in der Bundesrepublik Deutschland. Dokumentation zum Arbeitsbesuch des Generalsekretärs der SED und Staatsratsvorsitzenden der DDR, Erich Honecker, in der Bundesrepublik Deutschland im September 1987, Bonn 1988; Ein Erfolg der Politik der Vernunft und des Realismus. Offizieller Besuch des Generalsekretärs des Zentralkomitees der Sozialistischen Einheitspartei Deutschlands und Vorsitzenden des Staatsrates der Deutschen Demokratischen Republik, Erich Honecker, in der Bundesrepublik Deutschland vom 7. bis 11. September 1987, Berlin (DDR) 1987.

29 Helmut Schmidt, Einer unserer Brüder. Zum Besuch Erich Honeckers, in: Die Zeit, Nr. 31 vom 24.7.1987, S. 3.

30 Ebd.

mit dem "sehr behutsam umzugehen" sei. "Das heißt übrigens auch, daß wir den Besuch nicht mit Erwartungen überfrachten sollten."[31]

Bei mehreren Gelegenheiten unterstrich der Bundeskanzler die Grundpositionen der Bundesregierung, die an der Einheit der Nation festhalte und sich dabei auf den Grundlagenvertrag und den Brief zur deutschen Einheit beziehe, die sich zum Gewaltverzicht als zentralem Element der Politik der Bundesrepublik und zur Achtung der bestehenden Grenzen bekenne und die Teilung auf friedlichem Wege durch einen Prozeß der Verständigung überwinden wolle.[32] Auch er ging auf die zwiespältigen Gefühle ein, die viele Deutsche anläßlich dieses Besuches bewegten: Bei einem Essen zu Ehren Honeckers in der Godesberger Redoute bemerkte er u.a.:

"Das Bewußtsein für die Einheit der Nation ist wach wie eh und je, und ungebrochen ist der Wille, sie zu bewahren. Diese Einheit findet Ausdruck in gemeinsamer Sprache, im gemeinsamen kulturellen Erbe, in einer langen, fortdauernden gemeinsamen Geschichte. So tut sich heute mancher schwer mit seinen Empfindungen und mit der Überlegung, wie sich dieses Treffen in die Kontinuität deutscher Geschichte einfüge. Unser Zusammentreffen in Bonn ist aber weder Schlußstrich noch Neubeginn. Es ist ein Schritt auf dem Weg einer schon lange währenden Entwicklung. Sie ist gekennzeichnet durch das Bemühen um ein geregeltes Miteinander ... An den unterschiedlichen Auffassungen der beiden Staaten zu grundsätzlichen Fragen, darunter zur nationalen Frage, kann und wird dieser Besuch nichts ändern ... Die Präambel unseres Grundgesetzes steht nicht zur Disposition, weil sie unserer Überzeugung entspricht. Sie will das vereinte Europa, und sie fordert das gesamte deutsche Volk auf, in freier Selbstbestimmung die Einheit und Freiheit Deutschlands zu vollenden."[33]

Obwohl also die rechtlichen und politischen Positionen der Bundesrepublik mehrmals deutlich gemacht wurden, war die Wahrnehmung im In- und Ausland eine andere: Der Besuch schien die Dauerhaftigkeit der Existenz zweier deutscher Staaten zu besiegeln. Der Leiter der Berliner Redaktion der Frankfurter Allgemeinen Zeitung hat zutreffend darauf hingewiesen, daß der Besuch für die DDR "die faktische Anerkennung als unabhängiger und gleichberechtigter deutscher Staat durch die Bundesrepublik Deutschland" bedeutete. Und er fügte hinzu:

"Gewiß, de jure hat die Bundesrepublik der DDR keinerlei Zugeständnisse gemacht, völkerrechtlich ändert sich nichts zwischen den beiden Staaten ... Politisch jedoch wird der Empfang Honeckers als Oberhaupt des zweiten deutschen Staates in Bonn von den europäischen Nachbarn als Sich-Abfinden mit der staatlichen Teilung Deutschlands und Respektierung der Konsequenzen daraus für den Umgang miteinander verstanden werden."[34]

---

31 Der Besuch, a.a.O., S. 12.

32 Vgl. ebd., S. 17.

33 Ebd., S. 26 f.

34 Peter Jochen Winters, Erich Honecker in der Bundesrepublik, in: Deutschland Archiv, 20.Jg.(1987), Nr. 10, S. 1009.

6.5. Widersprüche und Beschränkungen

Erst in der Rückschau wird deutlich, daß der Honecker-Besuch in der Bundesrepublik in ganz anderer Weise eine Wegscheide in den deutsch-deutschen Beziehungen markiert. Das erworbene internationale Prestige, das später noch durch einen Staatsbesuch in Frankreich gefestigt wurde, hat wohl mit dazu beigetragen, daß die politische Führung in der DDR deutliche Symptome einer sich abzeichnenden gesellschaftlichen Krise mißachtete und jeder Reform eine Absage erteilte. Erstes Zeichen war die Abkehr der SED-Führung vom gemeinsamen Papier der Grundwertekommission beim Parteivorstand der SPD und der Akademie für Gesellschaftswissenschaften beim ZK der SED, in dem die Konturen einer "Kultur des politischen Streits und des Dialogs" zwischen den beiden Gesellschaften skizziert worden waren.[35] Die DDR-Regierung protestierte im Dezember offiziell gegen die "Einmischung" westlicher Politiker in die "inneren Angelegenheiten" der DDR, weil diese Einreiseverbote für Politiker der SPD und der Grünen und die Durchsuchung der Räume der Umweltbibliothek in der Ost-Berliner Zionskirche kritisiert hatten.[36] Das Verhältnis wurde weiter belastet durch die Massenverhaftungen und Abschiebungen prominenter Oppositioneller nach der Luxemburg/Liebknecht-Demonstration im Januar 1988. Petra Kelly forderte in einer Bundestagsdebatte den "Mut zur Einmischung" und die Einsicht, daß "der innere und der äußere Friede als untrennbare Einheit zu begreifen sind."[37]

Trotz der insgesamt positiven Bilanz der Deutschlandpolitik wurde nach dem Besuch von Erich Honecker in Bonn und der anschließenden Verhärtung der Positionen der SED-Führung deutlich, daß die Bundesregierung, ebenso wie die SPD-Opposition, über keine zukunftsweisende Konzeption verfügte. Dies lag zum einen daran, daß die praktizierte Kontinuität in der Deutschlandpolitik nicht ohne Widerstände in den eigenen Reihen durchgesetzt werden konnte, was angesichts der ablehnenden Haltung der CDU/CSU-Fraktion zu den Ostverträgen zehn Jahre zuvor nicht verwundern kann. Offiziell war diese Position aber nie revidiert worden. Das machte die politische Rhetorik der verschiedenen Flügel der CDU/CSU so schwer verständlich. Pragmatismus, Revisionismus, das Beharren auf Rechtspositionen und einige wenige zukunftsweisende

---

35 Vgl. Der Streit der Ideologien und die gemeinsame Sicherheit, in: Vorwärts Nr. 35 vom 29.8.1987, S. 31 ff.

36 Texte zur Deutschlandpolitik (Hrsg. Bundesministerium für innerdeutsche Beziehungen), Reihe III, Bd. 5, 1987, S. 361 ff.

37 Texte zur Deutschlandpolitik (Hrsg. Bundesministerium für innerdeutsche Beziehungen), Reihe III, Bd. 6, 1988, S. 43 f.

programmatische Überlegungen standen unvereinbar nebeneinander. Das zeigte sich deutlich, als die weltpolitischen und deutschlandpolitischen Rahmenbedingungen sich mit zunehmender Dynamik zu verändern begannen.

Ähnlich wie die Sozialdemokraten - wenn auch aus anderen Gründen - geriet die Bundesregierung mit ihrer Politik, die sich darauf konzentrierte, menschliche Probleme zu regeln, in Schwierigkeiten, weil das innergesellschaftliche Gefüge in den sozialistischen Ländern und der DDR sich zu verändern begann. Weder Regierung noch Opposition hatten ein Konzept, wie man dem Prozeß der Emanzipation der Gesellschaft vom Parteistaat in der DDR begegnen könne, ohne den Pakt der Vernunft mit den Machthabern aufzukündigen. (Die Grünen standen mit ihrer eindeutigen Parteinahme für die Opposition und die sich entwickelnde Bürgerbewegungen nicht vor diesem Problem - hatten freilich auch nicht die Aufgabe, Realpolitik betreiben zu müssen.)

Regierungsparteien und SPD-Oppositon verkannten, daß es einen merkwürdigen Widerspruch in ihrer Politik gab, einen Widerspruch, der sich in den folgenden Jahren noch verschärfen sollte.

Die Ausgangsüberlegung der Ost- und Deutschlandpolitik, wie sie Egon Bahr in seiner berühmten Rede von 1963 in Tutzing vorgedacht hatte: Wandel durch Annäherung, galt nicht mehr. Die Politik des Interessenausgleichs führte zwar noch immer zu einem Wandel, sprich Verbesserungen für die Menschen, zugleich aber in wachsendem Maße auch zu einer ungewollten Festigung der orthodoxen Regime in Mittel-Osteuropa.

Ost- und Deutschlandpolitik blieb auch nach Helsinki ausschließlich Regierungspolitik. Der "Korb 3" der Schlußakte der KSZE-Konferenz wurde zwar immer wieder eingefordert, das bedeutete aber keineswegs, daß man sich erkennbar mit denen solidarisiert hätte, die in der DDR die Ergebnisse von Helsinki einklagten. (Anders verhielt es sich in den mittel-osteuropäischen Ländern.) Der Grund dafür dürfte sein, daß die Opposition in der DDR äußerst klein und marginal war und zudem noch Themen aufwarf, mit denen man in der eigenen Gesellschaft seine Schwierigkeiten hatte, wie radikale Abrüstung, Umweltschutz, Basisdemokratie, Solidarität mit der "Dritten Welt". Die Honecker-Führung wußte diesen Widerspruch wohl zu nutzen.

Die Abstinenz hatte aber auch eine grundsätzlichere Dimension: Am 21. August 1968 war klar geworden, daß die Sowjetunion keine Revision ihres Modells zulassen werde. Wollte man gleichwohl die Situation in diesen Ländern verbessern helfen, ging dies nur mit, nicht gegen die Sowjetunion und die Parteiführungen ihrer Verbündeten. Diese Einschätzung führte zur Ostpolitik mit ihren historischen Verdiensten.

"Dann haben die Sozialdemokraten ihre eigene Realpolitik, die notwendig und sinnvoll war, gewissermaßen dogmatisiert und die Fähigkeit verloren, sich von den kommunistischen Parteiführern nicht den Stil ihrer Kontakte und ihrer Politik diktieren zu lassen"[38].

Dieser Vorwurf des stellvertretenden SPD-Vorsitzenden Thierse an seine westlichen Parteifreunde kann durchaus auch für die anderen Parteien in der Bundesrepublik - außer den Grünen - gelten. Der Widerspruch zwischen Realpolitik und den eigenen normativen Zielen wurde allerdings erst richtig offenkundig als die Sowjetunion unter Gorbatschow das politische Ruder herumwarf und die SED-Führung begann, sich gegen die Einflüsse von Glasnost und Perstroika durch wachsende Repression zu schützen.

Der Wandel in der Sowjetunion brachte nicht nur die alten politischen und Bündnisstrukturen in Unordnung, er hatte vor allem einen tiefgreifenden Einfluß auf die innere Befindlichkeit der "realsozialistischen" Gesellschaften. Bislang marginalisierte Dissidenz- und Oppositionsgruppen gewannen mit ihrem Denken Einfluß bis weit in die Reihen der regierenden kommunistischen Parteien und bereiteten den Boden für neues Denken, neue Formen politischer und sozialer Interessenvertretung und wachsende nationale Eigenständigkeit. All dies bedeutete eine ernste Gefahr für das Machtmonopol der Parteiführungen.

Auch wenn in den Jahren 1987/88 niemand den Kollaps dieser Systeme vorhersehen konnte, hatten sich die Rahmenbedingungen für die Ost- und Deutschlandpolitik dramatisch verändert, ohne daß sich dies in Bemühungen niedergeschlagen hätte, ähnlich wie am Beginn der 60er Jahre, neue Konzepte zu erarbeiten, die der Situation gerecht geworden wären.

Die bundesdeutsche Sozialdemokratie, genauer: einige ihrer maßgeblichen Sicherheitspolitiker verloren das Ziel des Wandels durch Annäherung aus den Augen. Sie begriffen nicht, daß sich - nicht zuletzt als Folge der von der SPD selbst eingeleiteten Politik - in der DDR ein sozialer und kultureller Wandel vollzogen hatte, daß die Gesellschaft, sehr zögerlich vorerst, begann, sich in ihren eigenen Bahnen zu bewegen und ihre Rechte gegenüber dem Parteistaat einzufordern. Das Denken war über weite Strecken in sicherheitspolitischen Kategorien befangen. Dazu brauchte man die Zusammenarbeit mit der SED-Führung. Die auf gesellschaftspolitische Veränderungen zielende Absicht des SPD-SED-Papiers wurde keineswegs von allen einflußreichen Sozialdemokraten getragen.

Es war Erhard Eppler, der in seiner in vielerlei Hinsicht bedeutsamen Rede am 17. Juni 1989 danach fragte, was denn eigentlich passieren werde, wenn sich die Situation in Europa und Deutschland schneller ändere als erwartet. Es gebe mehr

---

38 Gespräch mit Wolfgang Thierse, Dolmetscher zwischen West- und Osteuropa, in: Die neue Gesellschaft/Frankfurter Hefte, 38.Jg.(1991), Nr. 2, S. 123.

Europäer, die an der Teilung Deutschlands festhalten wollten, als solche, die mit dem politischen System der DDR sympathisierte. Die Existenz der DDR habe etwas mit den Sicherheitsinteressen der Sowjetunion zu tun, in Polen sei eine Abneigung gegen eine gemeinsame Grenze mit einem gesamtdeutschen Staat verbreitet, und auch in den USA gebe es einflußreiche Gruppen, die jede Form der deutschen Teilung jeder Form der Einheit vorzögen.

"Trotzdem scheint sich in der Führung der DDR so etwas wie Existenzangst breitzumachen. Auch das ist nur allzu verständlich. Polen und Ungarn sind tausend Jahre älter als die dort herrschenden Staatsparteien. Die DDR ist nicht älter als die SED, sogar jünger. Die Existenz der DDR wurde und wird begründet in der Sprache der Staatspartei, in sozialen, ideologischen, nicht nationalen Kategorien. Perestroika in einer DDR, die immer dem natürlichen Sog des größeren, reicheren, freieren deutschen Staates ausgesetzt sein wird, ist in der Tat schwieriger und gefährlicher als anderswo. Sie ist riskanter, aber eben nicht weniger nötig. Wir dürfen uns nicht wundern, wenn jetzt, wo nationale Wellen über Europa hinwegziehen, unsere Nachbarn wieder darüber rätseln, was wir Deutschen wollen. Wir haben bisher nicht präzise und detailliert genug sagen können, was in Deutschland geschehen soll, wenn der Eiserne Vorhang rascher als erwartet durchrostet. Vielleicht werden wir es nie so genau sagen können, das dies alle beruhigt."[39]

Der Eiserne Vorhang rostete nicht durch, er wurde am 11. September in Ungarn von denen durchgetrennt, die ihn errichtet hatten. Dies stellte die Gesellschaft der Bundesrepublik vor völlig neue Herausforderungen, auf die sie nicht vorbereitet war, nicht vorbereitet sein konnte. Solange es darum ging, die Flüchtlinge aus den Botschaften aufzunehmen, dominierte das Mitleid, oft auch die Erinnerung an das eigene Flüchtlingsschicksal in der Nachkriegszeit. Als deutlich wurde, daß die Migration von Ost nach West eine dauerhafte Erscheinung und die Übersiedler Konkurrenten auf dem angespannten Arbeitsmarkt sein würden und daß die Finanzierung ihrer Eingliederung in die Gesellschaft der Bundesrepublik möglicherweise Opfer fordern würde, schwanden die Bereitschaft zu helfen und die positive Grundhaltung dramatisch.

Spätestens in dieser Situation wurde die Kluft zwischen politischer Rhetorik und Alltagsbewußtsein unübersehbar. Dies zu notieren bedeutet nicht, in eine Beschimpfung derer einzustimmen, die sich so äußerten. Es meint nur, daß individuelle und kollektive Interessen anders gelagert waren, als dies offizielle Politik immer glauben machen wollte. Auf die Umwälzung in der DDR reagierten Regierung und Opposition nach gewohnten Mustern: Man mahnte mehr Liberalität an, war im übrigen aber bereit, sich "im Interesse der Menschen" mit den jeweiligen Partei- und Staatsführungen zusammenzusetzen.

---

39 Erhard Eppler, Deutschlandpolitik mit Europa. (Gedenkrede am 17. Juni im Deutschen Bundestag), in: Das Parlament, Nr. 26 vom 23.6.1990, S. 2; vgl. auch den bemerkenswerten Essay von Adam Michnik, in dem er Anerkennung des Rechtes der Deutschen auf Selbstbestimmung als "ein Gebot der Moral" und als ein "Gebot der polnischen Staatsräson" bezeichnete. Adam Michnik, Liegt die Existenz der DDR im Interesse Polens?, in: Der Spiegel Nr. 42, 1989, S. 49.

Das konservative Lager tat sich anfangs schwer, auf die neue Situation zu reagieren. Die im westlichen Ausland wachsenden Zweifel an der Bündnistreue der Deutschen mußten zerstreut werden. Die Reaktionen auf die Versuche der Bundesrepublik, Anfang 1989 sicherheitspolitische Eigenständigkeit in der Frage der Stationierung neuer Kurzstreckenraketen zu erlangen, erst recht aber auf das Verhalten der Bundesregierung angesichts des Zusammenbruchs der SED-Herrschaft Ende des Jahres 1989, ließen erkennen, daß dies, trotz aller Anpassungsfähigkeit und oft auch vorauseilendem Gehorsam, in den zurückliegenden Jahrzehnten nicht dauerhaft gelungen war.

Angesichts des sich beschleunigenden Tempos des deutschen Vereinigungsprozesses vermehrten sich die kritischen Kommentare bei westlichen und östlichen Nachbarn Deutschlands, die eine Dominanz eines zukünftigen einheitlichen Deutschland in Europa fürchteten. Der anfängliche Alleingang des Bundeskanzlers und sein Zögern, die Dauerhaftigkeit der polnischen Westgrenze explizit zu bestätigen, trugen dazu bei, tiefsitzende Ängste und überwunden geglaubte Befürchtungen vor dem furor teutonicus neu zu beleben.

Keine der politischen Kräfte der Bundesrepublik war auf eine solche Situation vorbereitet, die man, wenn überhaupt, ins nächste Jahrhundert verlegt hatte: Die Chance, den Auftrag der Präambel des Grundgesetzes in weniger als einem Jahr zu realisieren, "in freier Selbstbestimmung die Einheit und Freiheit Deutschlands zu vollenden". Es wäre jedoch ein Irrtum zu glauben, daß damit die Deutschlandpolitik am Ende wäre. Der 3. Oktober 1990 als Tag der staatlichen Vereinigung ist erst der Beginn eines langen Prozesses des Zusammenwachsens zweier Gesellschaften, die 45 Jahre unter völlig verschiedenen ökonomischen, politischen, sozialen und psychologischen Bedingungen gewachsen sind. In diesem Sinne wird es weiterhin eine Deutschlandpolitik geben. Sie wird Teil der Innenpolitik sein, die dafür zu sorgen hat, daß nach der politischen auch die gesellschaftliche Spaltung überwunden wird.

7. Deutschland in Europa
(von Monika Schröder)

Die Einheit Deutschlands hat das Gefüge des europäischen Staatensystems gründlich verändert. Da nimmt es nicht Wunder, daß dieser Prozeß von den Nachbarn Deutschlands mit gespannnter Aufmerksamkeit, häufig auch mit Skepsis und Mißtrauen, verfolgt worden ist.

Bemerkenswert ist eine deutliche Diskrepanz zwischen öffentlicher Meinung, soweit durch Meinungsumfragen ermittelt worden ist, der Haltung der Medien und den offiziellen Positionen der Regierungen.

7.1. Die deutsche Frage und die westliche Öffentlichkeit

Im Februar 1990 hat ein einflußreiches französisches Meinungsforschungsinstitut (SOFRES) ermittelt, daß 58% der Franzosen positiv auf die Frage reagierten, ob sie eine Wiedervereinigung wünschten, 28% waren für die Beibehaltung zweier deutscher Staaten. 43% waren der Meinung, daß die Wiedervereinigung die politische Integration Deutschlands erschweren werde und 37% fürchteten, daß die Stellung Frankreichs durch die deutsche Vereinigung geschwächt werde.[1]

Eine Umfrage von "The Economist" und "Los Angeles Times" in Großbritannien, Frankreich, Polen und den USA zum Problem der Wiedervereinigung ergab folgendes Resultat (in Prozent):

	Groß- britannien	Frankreich	Polen	USA
Dafür	45	61	41	61
Dagegen	30	15	44	13
Weder noch	19	19	14	9
Keine Meinung	6	3	0	8

Quelle: The Economist vom 27.1.1990, S.29-34

---

1 Vgl. Alfred Grosser, Es könnte noch viel schlimmer sein.... Eine kritische Betrachtung aus Paris, in: Wickert, Ulrich (Hrsg.): Angst vor Deutschland, Hamburg: Hoffmann und Campe 1990, S.148.

Die Umfrage eines französischen Instituts (CSA) die ebenfalls Anfang des Jahres
1990 in mehreren ost- und westeuropäischen Staaten durchgeführt wurde,
erbrachte u.a. folgende Ergebnisse (in Prozent):.

	BRD	Spa-nien	Frank-reich	Groß-br.	Ita-lien	Un-garn	Po-len-	SU
sehr positiv	31	48	17	21	41	23	9	17
eher positiv	49	25	51	40	37	45	17	34
eher negativ	15	4	17	15	1	16	26	17
sehr negativ	2	2	6	12	5	6	38	13
keine Antwort	3	21	9	12	9	10	10	19

Quelle: Frankfurter Rundschau vom 19.2.1990

Die Ergebnisse dieser Meinungsumfragen stehen in einem gewissen Kontrast zu
der veröffentlichten Meinung in den westlichen Ländern. Bereits bevor die Bilder
über Ungarn flüchtenden, meist jungen Menschen aus der DDR um die Welt
gingen, bereits vor den Massendemonstrationen in Leipzig und anderen Städten
und bereits vor dem 9. November 1989 war in der Presse der wichtigsten
westlichen Verbündeten der Bundesrepublik Unsicherheit spürbar. Unter der
Oberfläche offizieller Freundschaft zeigten sich erste tektonische Verwerfungen.

Wie würden die historischen Veränderungen in Mittel-Osteuropa das europäische
Gleichgewicht beeinflussen? Welche Rolle würde Deutschland in einem neuen
Europa spielen? Haben die Deutschen wirklich aus der Geschichte gelernt? Dies
waren die Fragen, die die westliche Öffentlichkeit bewegten. Die Antworten
waren zwiespältig.

"Wer sind diese Leute?", fragte Mary McGrory in "Washington Post" am 15.
Oktober 1989, "die wir auf dem Bildschirm sehen? Diese Menschen, die "We
shall overcome" singen, Kerzen tragen und ihre Polizei freundlich begrüßen.

"Sie sind Ostdeutsche, wird uns gesagt. Aber sie sind nicht das im Stech-Schritt marschierende, 'Heil Hitler'-rufende, authoritätsverliebte Volk, welches einem verrücktem Führer in einen Krieg folgte, der die Welt verschlang und eine Generation dezimierte, und das über die Vernichtung von sechs Millionen Juden schwieg - oder zumindest sicher ging, nicht zuviel darüber zu wissen"[2]

Der Herbst 1989 hatte das Bild "der" Deutschen verändert. Zum ersten Mal in ihrer Geschichte wagten sie einen Aufstand gegen die Diktatur und stritten für Demokratie und Menschenrechte. Die Frage ist, ob diese Ereignisse nachhaltig das Bild der Deutschen in der Zukunft prägen werden, denn der Ballast der Geschichte wiegt schwer.

"Vertraut den Deutschen nicht" hatte Roger Scruton, ein Vordenker der Konservativen in Großbritannien auf dem Höhepunkt einer Diskussion über die Stationierung neuer atomarer Kurzstreckenraketen in Europa und am Vorabend des NATO-Gipfels im Juni 1989 einen Artikel im "Sunday Telegraph" überschrieben. Die West-Deutschen seien nicht länger gewillt, die Politik des Westens zu unterstützen. Sie liebäugelten mit der Neutralität und einseitiger Abrüstung. Die gefährde die westliche Allianz und unterstütze das langfristige Ziel sowjetischer Politik, die Amerikaner aus Europa zu vertreiben. Nicht Friede und dauerhafte Entspannung, nicht ein gemeinsames europäisches Haus werde das Ergebnis dieses Prozesses sein, sondern der Eiserne Vorhang werde gelüftet, um dann wieder zu fallen: im Atlantik.[3]

In besonders scharfer Form wurde an historische Muster deutscher Politik erinnert, welche aus der Mittellage Deutschlands einen besonderen Führungsanspruch abgeleitet hatten. Erst die Bundesrepublik Deutschland hatte sich eindeutig für die politischen Ideale westlicher Demokratien entschieden. Nur wenige Menschen - nicht zuletzt die meisten Westdeutschen - wollten keine Restauration deutscher Hegemonie in Europa. Viele kritische Intellektuelle stellten aber die Frage, ob und inwieweit diese Entscheidung dauerhaft sei, und ob sie nicht vor allem auf einem ideologischen Motiv beruhte: der Abgrenzung gegenüber dem Kommunismus und die Kennzeichnung der freiheitlichen, westlich geprägten Demokratie als Gegenmodell zur totalitären Diktatur in der DDR.

Das Feindbild des Kommunismus diente in der Geschichte der Bundesrepublik Deutschland nicht nur außenpolitischen, sondern auch innerstaatlichen Zwecken, der "Erhaltung einer Herrschaft, die ohne Abschreckung nicht auskommt < und der > Tabuisierung der vorhandenen Herrschaftsform"[4]. Ob die Westorientierung

---

2   Washington Post vom 15.10.1989.

3   Sunday Telegraph vom 21.6.1989.

4   Max Frisch, Wir hoffen, in: Frank Grube/Gerhard Richter (Hrsg.): Der SPD-Staat, München: Piper 1977, S. 16.

der Bundesrepublik mehr war als eine Orientierungsmarke im Ost-West-Konflikt, mußte sich im Prozeß des Umbruchs in Europa erweisen.

Unklarheiten und Unsicherheiten waren nicht zu übersehen: Den Menschen eines Landes, das nun vierzig Jahre alt geworden ist, fehlte ein Gefühl "Gefühl nationaler Identität".

"Die Westdeutschen suchten die Widergutmachung zunächst in harter Arbeit und dann in dem sie gute Europäer waren, mit letzterem leisteten sie einen wichtigen Beitrag zu Europas ökonomischem Wiedererstarken und der Entstehung der Europäischen Wirtschaftsgemeinschaft. Materieller Erfolg reichte jedoch offensichtlich nicht aus, die spirituellen Bedürfnisse eines Volkes zu befriedigen, das lange Zeit zu abstraktem Verlangen neigte; und der 'West-Europäismus' wurde bald durch Willy Brandts Ostpolitik ergänzt. Das föderale System und das Fehlen wahren Kapitals begünstigte starke Regionalentwicklung und kulturelle Dezentralisierung, aber tat nichts, um ein Gefühl nationaler Identität zu fördern."[5]

Allgemein wurde anerkannt, daß Deutschland sich in seinem westlichen Teil zu einer gefestigten Demokratie entwickelt hat. Timothy Garton Ash argumentierte, daß die Westdeutschen ihre Demokratie, ihre Marktwirtschaft und ihre Rechtsordnung nicht just dann aufgeben würden, "wenn Ostdeutsche, Polen und Ungarn sie übernehmen wollten"[6].

Bevor die Deutschen vom Wind aus dem Osten berührt waren, seien "unsere" Deutschen voll integriert gewesen, meinte Claude Cheysson in einem BBC-Interview am 28. Mai 1989. Man müsse jetzt darauf achten, daß es so bleibe. Diese Auffassung meint nicht mehr, aber auch nicht weniger, als daß den unverkennbaren Differenzierungen im östlichen Lager nicht minder bedeutsame im Westen gegenüber standen. Wenn die Rationalität des westlichen Bündnisses in den Worten von Churchills militärischem Berater und ersten NATO-Generalsekretär, Lord Ismay, darin bestand, "die Amerikaner drin, die Russen draussen und die Deutschen unten zu lassen"("to keep the Americans in, to keep the Russians out, and to keep the Germans in"), so stellte sich für die westlichen Beobachter der Politik der Bundesrepublik im Jahre 1989 die Frage, ob und wie diese Formel verändert werden müsse. Diese Strategie habe solange Sinn gemacht, wie die Sowjetunion ihre Rolle als "Meister des Reiches des Bösen" gespielt habe.

"Die russische Bedrohung rechtfertigte die Notwendigkeit der NATO, während die Stärke der NATO die Deutschen davon abhielt, auf 'dumme Gedanken' bezüglich ihrer Lage zu kommen. Plötzlich sah alles anders aus."[7]

---

5   The Independent vom 25.5.1989.

6   Zitiert nach: Der Spiegel, Nr. 47/1989 vom 20.11.1989, S. 167.

7   The Independent vom 12.6.1989.

Das neue Motto müsse lauten: "Helft den Russen auf und haltet die Deutschen drin"("to help the Russians up, and keep the Germans in").[8]

Nigel Hawkes, außenpolitischer Redakteur des "Observer", nannte in einem Artikel über das Ende des Kalten Krieges den aus der Sicht vieler Briten entscheidenden Aspekt aller dieser Überlegungen über eine Überwindung und Auflösung der Blöcke und einer Demokratisierung Osteuropas: die Angst vor einem von Deutschland dominierten Europa, das in der Vergangenheit nie ein Rezept für Frieden und Stabilität gewesen war.[9]

Vor diesem Hintergund ist die Diskussion über die NATO-Mitgliedschaft eines vereinigten Deutschland zu sehen. Die geopolitische Lage Deutschlands stellt für alle Nachbarn ein Problem dar. Solange der Kalte Krieg das Klima in Europa bestimmte, waren die Deutschen sicher im westlichen Bündnis verankert. Als sich angesichts der inneren und äußeren Wandlungen der östlichen Führungsmacht Sowjetunion weitreichende Veränderungen der europäischen politischen Landschaft andeuteten, machte sich eine gewisse Unsicherheit darüber breit, wohin der Weg der Deutschen führen werde.

Peter Tarnoff, der Präsident des "Council on Foreign relations", notierte sogar eine "bizarre Nostalgie" für den Kalten Krieg.[10] Henry Kissinger sprach von einer plötzlichen Nostalgie für den Status quo.[11] Lawrence Eagleburger wurde mit der Bemerkung zitiert, daß der Kalte Krieg ein bemerkenswertes Set an stabilen und berechenbaren Beziehungen zwischen den Großmächten bereitgestellt habe. Unsicherheit über die Erfolgsaussichten Gorbatschows taten ein übriges, um alte Positionen zu festigen.[12] Es war die Rede von den "good old days", als die Trennung zwischen Ost und West noch deutlich gewesen sei.

So war in der amerikanischen Öffentlichkeit bereits vor dem November 1989 eine Unsicherheit zu registrieren, die mit der Tatsache zu tun hatte, daß alte Gewissheiten in die Brüche gingen, alte Feindbilder revidiert und neue politische Strategien gefunden werden mußten. Es ging um die Neueinschätzung der politischen Kräfteverhältnisse in Europa, die neue Rolle der Sowjetunion und die Stellung Deutschlands im "europäischen Haus".

Das Unbehagen, die Deutschen könnten neue geopolitische Optionen anstreben, wurde bereit im Vorfeld des deutschen Einigungsprozesses artikuliert. In der Bundesrepublik mehrten sich Stimmen, die einer Wiederauflage alter

---

8 Ebd.

9 The Independent vom 5.5.1989.

10 New York Times vom 19.9.1989.

11 Henry Kissinger, Living with the inevitable, in: Newsweek vom 4.12.1989, S. 22.

12 The Washington Times vom 1.10.1989 sowie New York Times vom 6.10.1989.

Neutralitätsvorstellungen gleichkamen und Befürchtungen im Westen über einen "German Alleingang" nährten. Daß diese Furcht durchaus verbreitet war, zeigen eine Vielzahl von Pressekommentaren in den Jahren 1989/90. So bemerkte z. B. Peter Kellner im Sommer 1989 in "The Independent" unter dem beziehungsreichen Titel "Die Deutschen an der Leine halten"("Keeping the Germans on a leash"):

"Wenn Westdeutschland nicht wirkungsvoll an die internationale Gemeinschaft gebunden wird, könnte dem innenpolitischen Druck einen 'Alleingang' zu machen und dabei Österreich und Ostdeutschland in seinen Einflußbereich zu bringen, schwer zu widerstehen sein."[13]

Diese Tendenzen könnten zu einer gefährlichen und unwiderstehlichen Kraft in der Politik der Bundesrepublik werden. Also werde eine neue Leine benötigt. Um so mehr, als die Vereinigung der beiden deutschen Staaten einen neuen Faktor in die europäische Politik bringen könne:

"Deutschland wird nach der Macht trachten, um das Schicksal Europas zu bestimmen. Der einzige Weg, das Risiko dieser Situation zu reduzieren, würde darin bestehen, die Bonner Regierung immer enger an die Gemeinschaft freier Nationen zu binden. Wenn wirtschaftliche Bande militärische Allianzen ersetzen, heißt das, daß die EG wichtiger wird als die NATO"[14]

Auch in Frankreich löste die Perspektive einer deutschen Vereinigung aufgrund der negativen historischen Erfahrung mit Deutschland Befürchtungen aus. Die Presse überschlug sich in Horrorvisionen. "Auf dem Weg zu einem wirtschaftlichen IV. Reich" schrieb - ohne Fragezeichen - die mitte-rechte Wochenzeitung "Le Point"[15]. Jaques Juillard fragte im linken "Nouvelle Observateur": "Wird Europa deutsch?"[16]. André Fontaine, der Chefredakteur von "Le Monde", erinnerte an den "mitteleuropäischen Lebensraum", der "nun der Bundesrepublik ganz deutlich in den Schoß gefallen sei".[17] Es wurde die Befürchtung geäußert, daß in ökonomischer und politischer Hinsicht ein "deutscher Hegemonismus" wiederentstehen könnte, eine Nation mit ca. 80 Millionen Bürgern, die zu einem "industriellen Koloß geworden ist".[18] Dadurch könnte für die europäische Gemeinschaft eine "innere und äußere Krise" entstehen: Im Innern der EG durch einen übermächtigen Partner, der das bestehende Interessengeflecht der EG-Mitgliedsländer zerstören könnte. Von außen drohe die Gefahr, daß durch die schnelle Aufnahme der DDR und anderer osteuropäischer

---

13 The Independent vom 12.6.1989.

14 International Herald Tribune vom 15.11.1989.

15 Vgl. Ulrich Wickert, a.a.O., S. 13.

16 Nouvelle Observateur vom 8.11.1989.

17 Le Monde vom 14.11.1989.

18 Le Figaro vom 14.11.1989.

Staaten sich die EG in ein "unförmiges und impotentes Magma"[19] verwandeln könnte. Es wurde befürchtet, daß Frankreich politisch an den Rand Europas gedrückt werden und sich seine Rolle in Europa verringern würde.

Die Veränderungen in Deutschland, darüber bestand kein Zweifel, wiesen Deutschland eine führende Rolle in Europa zu, oder, wie es in einem Kommentar der "International Herald Tribune" hieß: "Deutschland wird der Kopf des Europäischen Hauses sein"[20]

7.2. Auf der Suche nach einer neuen Balance

Die Regierungen der westlichen Verbündeten wurden von den Ereignissen des Herbstes 1989 nicht weniger überrascht als die Deutschen selbst. Für die Beziehungen zwischen der Bundesrepublik und ihren Alliierten galt in bezug auf die deutsche Frage das gleiche wie in der innerdeutschen Politik: Die Einheit Deutschlands wurde zwar immer erneut beschworen - zuletzt, wie immer publikumswirksam, von Ronald Reagan vor dem Brandenburger Tor, der diplomatische Alltag aber nahm davon kaum Notiz. Vielmehr ging es um Stabilität und Sicherheit in Europa, und die innere Destabilisierung der DDR war ebensowenig "erwünscht" wie die der Staaten Mittel-Osteuropas.

Entsprechend ambivalent war die offizielle Haltung der westlichen Verbündeten zu den sich abzeichnenden Veränderungen in Deutschland und Europa. Die jeweiligen nationalen Interessen mußten neu definiert und neue politische Strategien entwickelt werden.

Diese Neuorientierung begann bereits erkennbar im Frühjahr 1989, als es noch keinerlei sichtbare Anzeichen dafür gab, daß die DDR binnen kürzester Zeit zusammenbrechen würde.

Im Sommer 1989 war die Diskussion zwischen den Westalliierten und der Bundesrepublik beherrscht durch die Nachrüstungsdiskussion. Den Hintergrund bildete die Reformentwicklung in der Sowjetunion und Osteuropa, welche deutlich werden ließ, daß der Kalte Krieg endgültig beendet war und die Nachkriegsordnung in Europa sich fundamental verändern würde. Außenminister Genscher und Verteidigungsminister Stoltenberg unterbreiteten während ihres USA-Besuchs im Frühjahr 1989 den Vorschlag, möglichst rasch mit den Verhandlungen über einen Abbau nuklearer Kurzstreckenwaffen in Europa zu

---

19 Ebd.

20 "Germany will be the head of the European House." In: International Herald Tribune vom 1.12.1989.

beginnen. Zwar lehnten die USA den Vorschlag ab, aber dieser Vorstoß der Bundesregierung zog die internationale Aufmerksamkeit auf die von dieser internationalen Entwicklung nicht zu trennende politische Perspektive der deutschen Frage. Die Politik des bundesdeutschen Außenministers, die auf eine vorsichtige Neubestimmung (west)deutscher Außenpolitik hinauslief, wurde im Westen mit großer Skepsis aufgenommen. Der Begriff "Genscherismus" avancierte zum beliebtesten Schimpfwort der amerikanischen Administration. Andererseits bescheinigte US-Präsident Bush der Bundesrepublik, daß sie gemeinsam mit den Amerikanern "Partner in einer Führungsrolle" (partners in leadership seien)[21].

Die britischen Reaktionen waren von der Anstrengung geprägt, das bundesdeutsche Gewicht in der EG zu kontrollieren bzw. zu begrenzen. In Reaktion auf die Forderung nach Abbau der Kurzstreckenraketen warf Premierministerin Thatcher der Bundesrepublik vor, sich aus der Westallianz zurückzuziehen. Aus dieser Abwehrhaltung heraus verschloß Großbritannien stärker als die USA oder Frankreich die Augen vor der Dynamik der osteuropäischen Entwicklung.

Diese Interessendifferenz verursachte auch die Spannungen zwischen den USA und Großbritannien, die schließlich darin gipfelten, daß Präsident Bush die EG-Staaten am 4. Dezember 1989, wenige Tage vor einem EG-Gipfel, ausdrücklich ermunterte, den westeuropäischen Zusammenschluß zu beschleunigen.

Frankreich hatte seinerseits ebenfalls ein Interesse an einer stabilen und kontrollierten Entwicklung; anders als Großbritannien war es allerdings ein Motor der europäischen Integration, da man in Paris darin das Mittel sah, "Sonderwegsbetrebungen" zu unterbinden. Die offizielle Haltung Frankreichs formulierte Staatspräsident Francois Mitterand bereits im Juli 1989. Während einer gemeinsamen Pressekonferenz mit dem sowjetischen Staatschef zum Abschluß des Staatsbesuchs von Michail Gorbatschow in Paris antwortete er auf die Frage eines Journalisten nach der deutschen Vereinigung, sichtlich irritiert, die Geschichte werde darüber entscheiden.[22] In einem Interview mit der Zeitschrift "Le Nouvel Observateur" vom 27. Juli 1989 erklärte er, die Wiedervereinigung sei ein berechtigtes Anliegen aller Deutschen. Man könne sich dem prinzipiell nicht widersetzen. Mitterand hat seinerzeit mehrfach bekräftigt, dies sei ein gesetzmäßiger geschichtlicher Prozeß des Selbstbestimmungsrechts der Völker, aber man müsse dabei beachten, daß er sich unter bestimmten Voraussetzungen und Bedingungen vollziehe. Dazu gehörte nach Ansicht des französischen

---

21 Fritsch-Bournazel, Europa und die deutsche Einheit, München: Bonn aktuell, S. 135

22 Vgl. Walter Schütze, Frankreich angesichts der deutschen Einheit, in: Europa Archiv, 45.Jg.(1990) Nr. 4, S 133 f.

Präsidenten, daß sich beide deutschen Regierungen einig seien, "daß keiner dem anderen etwas aufzwingen könne"[23]. Es ginge

> "nicht ohne die Zustimmung derer, die heute für die Anwendung der Verträge und die Sicherheit der Bundesrepublik sorgen. Die Deutschen müssen sich natürlich frei entscheiden können, aber das Einverständnis der Sowjetunion und der Westmächte erfordert einen echten Dialog".[24]

Und schließlich verwies Mitterand darauf, daß die Wiedervereinigung nicht das bestehende Kräftegleichgewicht und die Stabilität in Europa untergraben dürfe.[25]

Im Vergleich zu früheren Äußerungen war der Hinweis neu, daß auch die beiden deutschen Regierungen, also nicht nur das deutsche Volk in beiden Staaten, dem zustimmen müßten. Dieser Standpunkt, im Juli 1989 formuliert, ist danach vom Premierminister und von Regierungsmitgliedern mehrfach wiederholt und bekräftigt worden.

Ähnliche Überlegungen bestimmten im Herbst 1989 die Diskussion in der amerikanischen Administration.

> "Die Bush-Administration überdachte die amerikanische Politik gegenüber Ostdeutschland, auf der Suche nach einer Balance zwischen dem Bestreben die Demokratiebewegung zu ermutigen, ohne dabei eine überstürzte Wiedervereinigung zu unterstützen, die sowohl Moskau als auch Amerikas NATO-Verbündete erschrecken würde."[26]

Ein hoher Beamter der amerikanischen Regierung wurde mit der Bemerkung zitiert:

> "In Polen und Ungarn können wir Reform- und Demokratiebewegung unterstützen, ohne dabei gegen amerikanische Interessen zu verstoßen. Aber wenn wir die selben Dinge in Ost-Berlin unterstützen, beschleunigen wir einen Prozeß, der die endgültige Wiedervereinigung der Deutschen wahrscheinlicher macht."[27]

Der Status quo bestand trotz des Wandels in Polen und Ungarn weiter, die beiden deutschen Staaten waren in ihre jeweiligen Bündnisse eingebunden, und weder Moskau noch der Westen wünschten diesen Zustand zu ändern.

Anläßlich des 54. deutsch-französischen Gipfeltreffens Anfang November 1989 sagte der französische Präsident Mitterand auf einer Pressekonferenz:

> "Ich habe keine Angst vor der Widervereinigung. Ich stelle mir diese Art von Fragen nicht, angesichts der fortschreitenden Geschichte... Ich glaube, daß die Sorge um die

---

23 Interview mit dem französischen Staatspräsidenten Francois Mitterand, in: Süddeutsche Zeitung vom 27.7.1989.

24 Ebd.

25 Vgl. ebd.

26 New York Times vom 20.10.1989.

27 Ebd.

Wiedervereinigung für die Deutschen legitim ist, da die Deutschen die Wiedervereinigung haben wollen und sie sie haben können."[28]

Mit dieser Bemerkung verletzte der französische Staatspräsident zwar nicht die diplomatischen Standards, machte aber zugleich auch klar, daß die internationale Politik sich auf das Ende der DDR einstellte.

Im Kontrast zu den jahrelangen Bekenntnissen, die die Äußerungen westlicher Verbündeter durchzogen, wirkten die ersten offiziellen Reaktionen auf den Fall der Mauer eher spröde.

In historischer Stunde suchte der amerikanische Präsident, George Bush, mühsam nach den angemessenen Worten. Die Fernsehzuschauer sahen ihn nach dem Fall der Berliner Mauer mit einem Gesichtsausdruck, "als hätte er gerade seinen letzten Freund verloren"[29]. Bush versicherte im Oval Office des Weißen Hauses, er sei durchaus gehobener Stimmung, "aber ich bin eben kein sehr emotionaler Kerl"[30].

Die deutsche Euphorie war auch nicht bis ins Hotel Matignon gedrungen. Die offizielle Reaktion der französischen Regierung präsentierte Premierminister Michel Rocard. Vor dem Senat erklärte er,[31] daß die ungelöste deutsche Frage ein Sicherheitsrisiko sei, und fügte hinzu, daß sie aber mit dem Vertrauen und der Freundschaft aller Nachbarn geregelt werden könne.

Die ersten britischen Reaktionen waren ebenfalls von großer Zurückhaltung geprägt. Londons Regierungschefin Margaret Thatcher teilte Helmut Kohl dem Vernehmen nach telefonisch mit, die deutsche Wiedervereinigung stehe für die britische Regierung nicht auf der Tagesordnung.[32] Zwar nannte sie den 9. November während eines Pressetermins vor ihrem Regierungssitz "einen großen Tag für Freiheit und Demokratie"("a great day for freedom, a great day for democracy")[33]. Doch warnte sie vier Tage später im Unterhaus vor "Zeiten großer Unsicherheit, ja selbst Gefahren", bekräftigte "übermäßige Freude über

---

[28] "Je n'ai pas peur de la réunification. Je ne me pose pas ce genre de question à mesure que l'histoire avance...Je pense que le souci de réunification est légitime pour les Allemands. S'ils le veulent et s'ils le peuvent." In:Déclarations du president de la république sur l'Allemagne, Bonn 1990, ohne Seitenzahl.

[29] Zitiert nach: Der Spiegel,Nr. 47/1989 vom 20.11.1989, S. 164.

[30] Ebd.

[31] Vgl. Werner Rouget, Die deutsche Frage und ihre formelle Lesart, in: Dokumente, 46.Jg.(1990), Nr. 1, S. 57

[32] Zitiert nach: Der Spiegel, Nr. 47/1989 vom 20.11.1989, S. 165.

[33] The Guardian vom 11.11.1989.

die Maueröffnung sei unangebracht", und riet zu "vorsichtiger Reaktion" auf die Ereignisse in der DDR[34].

Die Öffnung der DDR-Westgrenze war für die Westalliierten gleichbedeutend mit dem Beginn der deutsch-deutschen Vereinigung. "Wiedervereinigung" war das Stichwort der Stunde. Da die Regierungen von der Geschwindigkeit, mit der sich der Zusammenbruch der DDR vollzog, überrascht wurden, bestanden ihre ersten Antworten in der Wiederholung von Sprachhülsen.

Die Angst um die Stabilität in Europa war den Regierungen der drei Westalliierten gemeinsam. Die Ereignisse im November und Dezember 1989 zwangen sie, der Bewahrung der Stabilität - und damit auch der Bewahrung der Verhältnisse in der DDR - größere Bedeutung zuzumessen als einem abrupten Wandel. Als die großen Straßendemonstrationen in Dresden und Leipzig eine wachsende Unterstützung innerhalb der Bevölkerung der DDR für eine rasche Wiedervereinigunng beider Teile Deutschlands zeigten, zwang dies zur Neubestimmung westlicher Positionen. Dies wurde durch das Verhalten der Bundesregierung nicht gerade erleichtert.

Am 28. November hatte Bundeskanzler Kohl in seinem "Zehn-Punkte-Programm"[35] eine längerfristige Perspektive entworfen, die eine Vertragsgemeinschaft und konföderative Strukturen zwischen den beiden deutschen Staaten als ersten Schritt vorsah und über eine Föderation schließlich zur Vereinigung Deutschlands führen sollte. Dieser Zehn-Punkte-Plan war hastig entworfen worden, ohne politische Persönlichkeiten der Bundesrepublik oder gar die westlichen Nachbarn zu konsultieren. Obwohl darin kein Zeitplan angegeben war, schien der Vorschlag des Bundeskanzlers anfangs einer raschen Wiedervereinigung Schwung zu verleihen.

Zwischen dem 1. und 4. Dezember 1989 hatten sich der sowjetische Staatschef Michail Gorbatschow und der amerikanische Präsident George Bush bei einem Gipfeltreffen auf Malta darüber geeinigt, daß keine übereilten Maßnahmen getroffen werden sollten, die die Nachkriegsordnung in Europa zerstören könnten. Dies geschah aus Rücksicht auf Gorbatschows Reformen und die damit verbundenen innenpolitischen Schwierigkeiten. Die USA wollten verhindern, daß der west-östliche Ausgleich durch allzu abruptes Handeln in Deutschland gefährdet würde. Aber sie bremsten auch deshalb, weil sie selbst nicht so schnell auf eine völlige Veränderung der über vierzig Jahre gewachsenen "tektonischen" Struktur Europas reagieren konnten und wollten.

---

34 Zitiert nach: Frankfurter Allgemeine Zeitung vom 15.11.1989.

35 "Zehn-Punkte-Programm zur Überwindung der Teilung Deutschlands und Europas", in: Presse- und Informationsamt der Bundesregierung, Bulletin Nr. 134/1989.

In seiner Rede auf dem NATO-Gipfel in Brüssel vom 4. Dezember 1989 räumte George Bush daher kurzfristig der Stabilität Vorrang ein. Dennoch hatten die Vereinigten Staaten als erste der drei Westmächte ein Konzept entwickelt. Hinsichtlich der Deutschen Frage stellte Bush vier Prinzipien herauus:

- Die Selbstbestimmung müsse ohne Vorwegnahme des Ergebnisses der innerdeutschen Verhandlungen gewahrt werden. Die USA sollten zu diesem Zeitpunkt weder eine bestimmte Form der Einheit unterstützen oder ausschließen.

- Die Vereinigung beider deutscher Staaten solle sich im Kontext einer fortgesetzten Verpflichtung der Bundesrepublik gegenüber der NATO und einer zunehmend integrierten Europäischen Gemeinschaft sowie mit gebührender Rücksicht auf die rechtliche Rolle und Verantwortung der Alliierten Mächte vollziehen.

- Im Interesse der politischen Stabilität Europas müsse die Herstellung der deutschen Einheit friedlich erfolgen und ein Teil eines schrittweisen Prozesses sein.

- Im Hinblick auf Grenzfragen wiederholten die USA ihre Unterstützung für die Prinzipien der Schlußakte von Helsinki[36].

An diesen vier Bedingungen - die Außenminister Baker in seiner programmatischen Rede während seines Deutschlandbesuchs am 12. Dezember 1989 wiederholte - fällt auf, daß zwischen den ersten beiden Prinzipien ein Widerspruch bestand. Wenn die beiden deutschen Staaten ihre Selbstbestimmung ohne Vorwegnahme des Ergebnisses verfolgt hätten, wäre eine Entscheidung für ein neutrales Gesamtdeutschland möglich gewesen. Genau diese Option schloß das zweite Prinzip jedoch aus.[37] Diesen logischen Widerspruch nicht zu einer realen Möglichkeit der Weltpolitik werden zu lassen, bildete den Kern der amerikanischen Deutschlandpolitik seit dem Herbst 1989.

Das Hauptinteresse Frankreichs bestand ebenfalls in einer Begrenzung und Kanalisierung der deutschen Dynamik. Als amtierender EG-Präsident lud Francois Mitterand die Regierungschefs der übrigen elf EG-Länder am 17. November 1989 zu einem Sondertreffen der EG nach Paris ein. Mit dieser Einladung wollte der französische Staatspräsident den Eindruck erwecken, daß Europa - auf Mitterands Initiative hin - sein Schicksal nicht allein mehr den

---

36 Vgl.: A New Europe, A New Atlanticism: Architecture for a New Era, in: Current Policy (United States Department of State), Nr. 1233, Washington 1989, S. 5; sowie Michael Haltzel, Amerikanische Einstellungen zur deutschen Wiedervereinigung, in: Europa Archiv, 45. Jg. (1990),Nr. 4, S. 129.

37 Vgl. ebd., S. 130, sowie Charles Weston, Die USA und der politische Wandel in Europa, in: Aus Politik und Zeitgeschichte, B 49/90 vom 30.11.1990, S. 33.

Supermächten überlasse. Auf einer Pressekonferenz im Anschluß an den Son-
dergipfel am 18. November unterstrich Mitterand sein gutes Verhältnis zum
Bundeskanzler Helmut Kohl. Auf die Frage, ob sich Kohl als Deutscher oder
Europäer gezeigt habe, antwortete der französiche Präsident mit einer sehr
gewählten Formulierung[38], die seinen Standpunkt bekräftigte, daß die deutsche
Einigung nur im Zusammenhang mit der Europäischen Union zu verwirklichen
ist. Hinter dem Bezug auf seinen französischen Patriotismus verbirgt sich auch
der Hinweis auf die besondere historische Verantwortung Deutschlands
gegenüber Frankreich.

Gerade im Hinblick auf die Besonderheit des deutsch-französischen Verhältnisses
läßt sich der Affront verstehen, den die Tatsache bedeutete, daß Helmut Kohl
seinen 10-Punkte-Plan veröffentlichte, ohne den französischen Partner zu
informieren. Ende November schienen damit die deutsch-französischen Beziehungen, ihren vorläufigen Tiefpunkt erreicht zu haben. Es sollte bis März 1990
dauern, bis sich die bilateralen Beziehungen zwischen beiden Regierungen ent-
spannten.

Nachdem der Überraschungseffekt dieses "coups" vorüber war, wurde der 10-
Punkte-Plan vor allem kritisiert, weil dort eine klare Aussage zur endgültigen
Anerkennung der Nachkriegsgrenzen fehlte. Dies wurde in der Rede des fran-
zösischen Außenministers Roland Dumas vor der Nationalversammlung am 12.
Dezember 1989 deutlich.

Hier definierte Dumas ausführlich die offizielle französische Haltung. Sie stützte
sich auf zwei Prinzipien: nämlich die uneingeschränkte Anerkennung des
Selbstbestimmungsrechts der Deutschen in ihren zwei Staaten und die Anerkennung ihrer Entscheidung durch die anderen europäischen Länder. Das
Selbstbestimmungsrecht dürfe den anderen Ländern jedoch nicht als vollendete
Tatsache und Ausdruck einer Machtpolitik aufgezwungen werden. Nach
französischer Ansicht sollte die Schlußakte der KSZE-Verhandlungen von
Helsinki zum Rahmen und Leitfaden der künftigen europäischen Gestaltung
werden.[39] Die vom amerikanischen Außenminister geforderte Einbeziehung eines
vereinigten Deutschland in die NATO hielt man im Elysee-Palst für unrealistisch,

---

38 "Il était allemand et européen sans aucun doute. Il a tenu à reaffirmer a quel point il
    ne concevait pas d'engagements en dehors de la construction a laquelle l'Allemagne
    est attachée depuis le premier jour, c'est-a-dire la communauté. Mais qu'il soit
    patriote allemand, je serais bien faché d'avoir à renoncer á etre un patriot francais et
    je ne vois pas ou serais l'antinomie". In:Conference de la Presse a l'issue du diner
    des douze, 18. Novembre 1989, zitiert nach : Declarations du President de la
    Republique sur l'Allemagne, herausgegeben von der französischen Botschaft, Bonn
    1990.

39 Vgl. Alfred Frisch, Nach dem Erdrutsch im Osten. Frankreichs Verhältnis zum
    deutschen Partner, in: Dokumente, 46.Jg. (1990), Nr. 1, S. 10.

da sie einen Rückzug der sowjetischen Truppen hinter den Bug, also eine quasi-Kapitulation der Sowjetunion voraussetzte.

Die Wiedervereinigung sah Paris, laut Aussage von Dumas, als letzte und entscheidende Etappe des europäischen Einigungsprozesses, dem sich noch die europäischen Oststaaten anschließen würden. Dumas nannte schließlich zwei wesentliche Faktoren der französischen Außenpolitik: die vorbehaltlose Anerkennung der polnischen Westgrenze und der französische Wille, eine gemeinsame Zukunft in einer stärkeren Europäischen Gemeinschaft zu teilen. Die endgültige Regelung der Grenzfrage war für Frankreich in völliger Übereinstimmung mit den USA und Großbritannien eine unabdingbare Voraussetzung des Wiedervereinigungsprozesses.

Am 6. Dezember 1989, zwei Tage vor dem EG-Gipfel in Straßburg, reiste Mitterand zu einem Sondertreffen mit Gorbatschow außerhalb der regelmäßigen jährlichen Begegnungen in die Sowjetunion. Schon in einem Interview des "Wall Street Journals" einige Tage vorher hatte sich Mitterand für eine verstärkte westliche Hilfe für die UdSSR ausgesprochen und im Zusammenhang mit der deutschen Vereinigung Verständnis für ihre geopolitischen und strategischen Interessen geäußert.[40]

Beim Treffen selbst meinte Mitterand, die Bundesrepublik solle nicht Grenzfragen aufwerfen und sich im Osten einmischen, sondern eher danach streben, die europäische Gemeinschaft zu stärken. Die beiden Regierungschefs traten für eine Beschleunigung der Wiener Verhandlungen über konventionelle Streitkräfte in Europa (VKSE) sowie für die Einberufung des nächsten KSZE-Folgetreffens bereits für 1990 (statt, wie vorgesehen, für 1992) ein[41].

Damit wurde die Enttäuschung über die selbstgerechte Art, in der die Bundesregierung auf die Vereinigung der beiden Staaten zusteuerte, demonstriert und zugleich in der Tradition der "Kontrolle durch Integration" das Ziel verfolgt, die Bundesregierung auf dem EG-Gipfel zu einer europäischen Politik anzuregen.[42] Die Reise Mitterands in die Sowjetunion schien darüber hinaus die Absicht zu verfolgen, Bonn an die lange Tradition französisch-russischer Diplomatie zu erinnern.

Auf eine Frage zur Vereinigung der beiden deutschen Staaten antwortete Mitterand auf einer gemeinsamen französisch-sowjetischen Pressekonferenz in Kiew, daß es nur demokratische und friedliche Veränderungen geben dürfe. Er

---

[40] Vgl. Wall Street Journal vom 22.11.1989; vgl. auch: Le Monde vom 24.11.1989.

[41] Fritsch-Bournazel, a.a.O., S. 135

[42] Vgl. ebd.

merkte an, daß man die Reihenfolge der Dinge nicht vertauschen dürfe und vor allem nicht die Grenzen in Frage stellen solle.[43]

Mit Reisediplomatie und Anlehnungen an die Bündnispolitik des 19. Jahrhunderts versuchte Frankreich, die Existenz zweier deutscher Staaten zu erhalten, während die französische Regierung gleichzeitig öffentlich stets das Selbstbestimmungsrecht der Deutschen betonte. In einem bundesdeutschen Presseartikel wurde deshalb Mitterands Blitzbesuch in Kiew als "Dolchstoß" in den Rücken der Bundesrepublik interpretiert.[44]

In seiner Pressekonferenz vom 10. Dezember 1989 meinte Mitterand:

> "Das Risiko einer Neutralisierung Deutschlands besteht. Das ist übrigens ein konstantes Bestreben der Sowjetunion. Es genügt, hierzu Nein zu sagen."[45]

Da Frankreich die Neutralisierung Deutschlands ablehnte, und die Ausweitung des atlantischen Bündnisses bis zur Oder ebenfalls nicht für eine Lösung hielt, wäre zu erwarten gewesen, daß es ein Alternativmodell entwickeln würde - vielleicht unter Rückgriff auf den Dreistufenplan von de Gaulle.[46] Doch dieser Entwurf eines französischen Gegenmodells blieb aus.

Vor dem Straßburger EG-Gipfel am 9. Dezember 1989 gab es weitere Gründe zur Anspannung des deutsch-franzöischen Verhältnisses, denn Bundeskanzler Kohl schlug in einem Brief an Mitterand vor, weitere Schritte zur Währungsunion mit stärkeren Kontrollmöglichkeiten durch das europäische Parlament zu verbinden. Dies wurde von französischer Seite als Verlangsamung des europäischen Einigungsprozesses angesehen. Während des Gipfeltreffens gab Bundeskanzler Kohl den französischen Vorstellungen einer frühzeitigen Währungsunion jedoch nach. Außerdem ging das Gerücht einer deutsch-britischen Allianz um, weil Kohl die von Frau Thatcher öffentlich verkündete Meinung teile, die bisherigen Vorstellungen über die Zukunft der Europäischen Gemeinschaft seien überholt; es sei daher ein Irrtum, im jetzigen Augenblick diese Gemeinschaft zu stärken. [47]

---

43 Kiev, Conference de Presse conjointe avec M. Gorbatschev, Propos Liminaires, 6 Decembre 1989, zitiert nach: Declarations du president de la Republique, a.a.O.

44 Luc Rosenzweig, Beziehungen auf dem Prüfstand, in: Das Parlament, Nr.16-17, 13./20.4.1990.

45 Zitiert nach: Walter Schütze, Frankreich angesichts der deutschen Einheit, in: Europa Archiv,45.Jg.(1990), Nr. 4, Anmerkung 16, S. 137.

46 Walter Schütze weist darauf hin, daß in Heft 3/1989 der Zeitschrift Politique Etrangere ein Modell für die europäische Sicherheit aus dem Jahr 1967 wieder abgedruckt wurde.

47 Vgl. Alfred Frisch, Nach dem Erdrutsch im Osten. Frankreichs Verhältnis zum deutschen Partner, in: Dokumente, 46.Jg.(1990), Nr. 11, S. 11.

Ein weiterer Grund für Irritationen zwischen Bonn und Paris war der Staatsbesuch von Francois Mitterand in der DDR. Die Reise des französischen Staatspräsidenten nach Ost-Berlin, die er noch auf Einladung des Staatsratsvorsitzenden Erich Honecker unternahm, sollte Legitimität und Durchhaltevermögen des ostdeutschen Staates stützen. Als erster und bisher einziger der drei Westalliierten hatte Frankreich 1987 seinen Premierminister Rocard zum Staatsbesuch nach Ost-Berlin gesandt und Honecker im Januar 1988 in Paris empfangen.

Demonstrativ hatte Mitterand seinen Gegenbesuch zunächst auf September 1989 angesetzt, dann auf Oktober, und schließlich, in einer völlig neuen Situation, auf die Tage vor Weihnachten verlegt. Dabei ließ er dem Bundeskanzler gerade noch einen Tag Vortritt für dessen Zusammentreffen mit Ministerpräsident Hans Modrow in Dresden[48]. Mitterand traf während seines zweitägigen Besuchs mit dem amtierenden Staatsratsvorsitzenden Manfred Gerlach, Regierungschef Hans Modrow, dem neuen SED-Vorsitzenden Gregor Gysi sowie mit Oppositionsvertretern zusammen. In seiner Tischrede am 20. Dezember 1989 sagte er: "Sie können auf die Solidarität Frankreichs mit der Deutschen Demokratischen Republik rechnen", denn - mit Betonung - es gebe "diese beiden deutschen Staaten".[49]

In Leipzig diskutierte er mit Studenten. Auch hier erinnerte Mitterand erneut daran, daß der Status Deutschlands nicht allein die Deutschen angehe, sondern gebunden sei an den Status Europas. Ministerpräsident Hans Modrow nannte er einen der Männer, auf denen zur Zeit das europäische Gleichgewicht ruhe. Er erinnerte noch einmal an die "involiabilité des frontières" (Unverletzbarkeit der Grenzen) und betonte, daß er einen sofortigen EG-Beitritt der DDR ablehne. Einen späteren Eintritt der DDR gemeinsam mit Polen und Ungarn befürwortete er jedoch. Außerdem setzte er sich erneut für die Existenz zweier souveräner deutscher Staaten ein. Aus diesen Äußerungen ist sehr deutlich die Intention der französischen Regierung zu ersehen, die Vereinigung zu verlangsamen und zunächst die Zweistaatlichkeit zu stabilisieren.

In seiner Neujahrsansprache am 1. Januar 1990 entwickelte Präsident Mitterand das Konzept einer "Europäischen Konföderation", der nicht nur die bisherigen zwölf Mitgliedsländer der EG angehören, sondern auch die sechs Mitgliedstaaten der Europäischen Freihandelszone EFTA. Die demokratisch gewordenen ostmitteleuropäischen Länder sollten ebenfalls ihren Platz in der europäischen Konföderation finden. Voraussetzung für das Zustandekommen dieses

---

[48] Vgl. Schütze, a.a.O.,Anmerkung 4.

[49] Vgl. Der Spiegel, Nr.1/1990 vom 1. Januar 1991, S 26.

Staatenbundes aber müsse die Zwölfergemeinschaft sein, deren wirtschaftliche und politische Einigung es voranzutreiben gelte.[50]

Präsident Mitterands Konföderationsplan war ein Versuch, auf Veränderungen in Gesamteuropa konzeptionell zu reagieren und Frankreich als mitbestimmenden Akteur in diesen Prozeß einzuführen. Neben der deutschlandpolitischen Zielsetzung ging es dem französischen Staatspräsidenten - wie schon seinem Vorgänger de Gaulle bei der Verkündung des Europas "vom Atlantik bis zum Ural" in den sechziger Jahren - darum, durch die Reaktivierung des traditionellen Zusammenspiels mit Ost- und Mitteleuropa den europäischen Horizont der französischen Außenpolitik zu erweitern.[51] Geschickt hatte sich der französische Präsident die deutschen Interessen an einer Integration Gesamtdeutschlands zu eigen gemacht. Um dem erwarteten Widerspruch der bundesdeutschen und der britischen Regierung im Hinblick auf eine mögliche Brüskierung der Amerikaner zu begegnen, ließ Mitterand außerdem verlauten, daß seiner Meinung nach nichts gegen Vereinbarungen zwischen dieser Konföderation und den Vereinigten Staaten spreche.

Über allgemeine Formeln (wie derjenigen, die deutsche Einheit könne sich nur im Rahmen der Einheit ganz Europas vollziehen) hinaus, fehlte es allerdings offenbar an Vorstellungskraft und Anpassungsfähigkeit in Frankreich.

Während Frankreichs erste Reaktion auf den Fall der Mauer eine Betonung der europäischen Integration und der Garantie für die polnische Westgrenze war, blieb Großbritannien zunächst in Hinsicht auf eine bevorstehende Vereinigung sehr zurückhaltend und setzte im Gegensatz zu Frankreich eher auf die transatlantische Komponente. Die Premierministerin Margaret Thatcher wich der Frage nach der Wiedervereinigung Deutschlands zunächst aus und betonte, daß es zuallererst nur um die Durchführung freier, demokratischer Wahlen in der DDR ginge.[52]

Der britische Außenminister Douglas Hurd versicherte bei seinem ersten Besuch in Berlin am 16. November 1989, die Begeisterung über den Fall der Mauer werde überall in Großbritannien geteilt, aber eine Wiedervereinigung stehe nicht auf der Tagesordnung. Mit dieser Erklärung sei das Prinzip der Selbstbestimmung nicht in Frage gestellt, welches im Grundgesetz festgelegt und von den Westmächten in Erklärungen garantiert worden sei. Er wandte sich auch gegen eine Änderung des Berlin-Status.[53]

---

50 Vgl. Le Monde vom 1.1.1990.

51 Vgl. Renata Fritsch-Bournazel,a.a.O., S.73 f.

52 Vgl. Frankfurter Allgemeine Zeitung vom 15. Dezember 1989.

53 Frankfurter Allgemeine Zeitung vom 17. November 1989.

Diese Haltung bekräftigte Premierministerin Margaret Thatcher in einem Fernsehinterview der BBC am 27. November, in dem sie auf die Möglichkeit einer deutschen Einheit angesprochen wurde, welche für sie (immer noch) nicht auf der Tagesordnung stand. "Hier handelt es sich ausschließlich um Grenzprobleme", ließ sie wissen und fügte hinzu: "Der Kalte Krieg ist keineswegs vorbei, es handelt sich nur um Tauwetter"[54].

Inoffiziell kam der Mauerdurchbruch für die Premierministerin nicht ganz ungelegen, da sie sich davon eine Ablenkung vom Thema EG-Integration, und insbesondere der anstehenden Wirtschafts- und Währungsunion, erwartete. Diese Hoffnung erfüllte sich jedoch nicht.

In Hinsicht auf eine Vereinigung Deutschlands hatten London und Washington unterschiedliche Ansichten. Margaret Thatcher hatte wohl gehofft, daß das deutsche Interesse an engeren Bindungen zu den Staaten Ost-Mitteleuropas die Bundesregierung näher an ihren eigenen Standpunkt bezüglich der Zukunft der EG bringen werde, nämlich einer offenen und "lockeren" Konföderation zugunsten einer intensiveren Integration des Westens allein. Aber Bundeskanzler Kohl unterstützte weiterhin eine Vertiefung der westeuropäischen Integration[55].

Anders als in den USA schien man sich in Großbritannien nur zögernd von der alten Ordnung trennen zu wollen. Innenpolitischen Schwierigkeiten versuchte die konservative Regierung, unbeeindruckt von ihrem reduzierten Einfluß in Europa, durch eine betont nationale, eher auf Konfrontation denn auf Kooperation ausgelegte Außenpolitik zu begegnen. Dabei stand London vor einem doppelten Dilemma: Bei aller Zurückhaltung gegenüber dem Einheitsstreben der Deutschen einerseits die deutsche Frage mit unterstützen zu müssen, um sich nicht dem Vorwurf auszusetzen, man habe den Sinn für die natürliche Ordnung einer Völkergemeinschaft verloren und würde nicht zu seinen jahrelangen Bekenntnissen stehen, andererseits aber dadurch den ungeliebten europäischen Einigungsprozeß voranzutreiben.[56]

Die britische Premierministerin freute sich offen über den "Sieg des Kapitalismus über den Sozialismus"[57], doch welche Folgerungen und Herausforderungen

---

[54] Financial Times vom 25.11.1989.

[55] Stanley Hoffmann, Reflections on the "German Question", in: Survival, Vol.XXXII(1990), No. 4, S. 293.

[56] Vgl. Stefan Fröhlich, Umbruch in Europa. Die deutsche Frage und ihre sicherheitspolitischen Herausforderungen für die Siergermächte, in: Aus Politik und Zeitgeschichte, B 29/90, vom 13.7.1990, S. 39.

[57] Zitiert nach: Angelika Volle, Großbritannien und die deutsche Einheit. Die Auswirkungen des 9. November auf die britische Regierungspolitik, in: Auf der Suche nach der Gestalt Europas. Festschrift für Wolfgang Wagner (hrsg. von Jochen Thies und Günter van Well), Bonn: Verlag für internationale Politik 1990, S. 131.

darin für die Schaffung einer neuen Politik lagen, schien sie nicht begreifen zu wollen. Statt diese Herausforderungen als positiven Anstoß zu sehen, ließ sich die "Eiserne Lady" von Zurückhaltung und dem Festhalten am Status quo leiten.

Auch sie kritisierte den "Blitzstart zur deutschen Einheit"[58]. Für Großbritannien war der 10-Punkte-Plan Helmut Kohls zwar wegen seines weiten Zeitrahmens durchaus begrüßenswert, doch war Margaret Thatcher ebenfalls verärgert darüber, daß die Bundesregierung ihre Partner nicht informiert hatte. Vor dem House of Commons konstatierte sie:

> "Die Wiedervereinigung ist eine Angelegenheit nicht allein für das deutsche Volk. Andere Länder werden sehr ernsthaft davon betroffen sein ... Eine längere Übergangsperiode ist notwendig, so daß alles ordentlich ausgearbeitet werden kann."[59]

Ähnlich wie die beiden anderen Westmächte hob Frau Thatcher in den ersten Wochen nach der Maueröffnung die Gefahr hervor, daß die Schwächung der legitimen Interessen der Sowjetunion durch eine allzu schnelle Wiedervereinigung eine Destabilisierung der Position des sowjetischen Staatschefs Gorbatschow bedeuten könnte. Da die Sowjetunion, und hier besonders die Militärs, einer Einheit Deutschlands skeptisch gegenüberstehe, müsse von deutscher Seite alles unterlassen werden, was eine Gefährdung Gorbatschow bedeuten könnte, argumentierte sie vor einer Gruppe der Konservativen Abgeordneten im Europa-Parlament in Straßburg am 24. Januar 1990 sowie gegenüber dem "Wall Street Journal" am 25. Januar 1990.[60] Wie mit diesen Überlegungen jedoch die Forderung nach einer Integration des vereinigten Deutschland in die NATO vereinbart werden konnte, ließ die Premierministerin offen.

Erst Ende Januar 1990 besuchte Außenminister Douglas Hurd Ost-Berlin und plädierte dort für Besonnenheit beim Einigungsprozeß - zuvor seien komplexere Probleme zu lösen - und erhielt dafür Beifall von der Ostberliner Regierung unter Regierungschef Hans Modrow.

Schon frühzeitig forderte die britische Premierministerin auch eine klare Aussage zur polnischen Westgrenze. Die polnischen Befürchtungen, der Bundeskanzler wolle sich aus wahltaktischen Gründen nicht auf eine Anerkennung der Oder-Neiße-Linie als Westgrenze Polens festlegen, machte sie sich zu eigen und setzte sich öffentlich, gemeinsam mit den Vereinigten Staaten und Frankreich, für eine unzweideutige Haltung der Bundesregierung in dieser Frage ein. Deshalb machte sie vertraglich Grenzgarantien für Polen zur Bedingung für die deutsche

---

58 Ebd., S. 133.

59 Zitiert nach: Frankfurter Allgemeine Zeitung vom 8.2.1990, in: Volle, a.a.O., S. 133.

60 Vgl. Volle, a.a.O., Anmerkung 10.

Vereinigung und riet zur fortgesetzten, aber zeitlich befristeten Stationierung sowjetischer Truppen auf dem Territorium der DDR.[61]

Das Hauptmotiv der britischen Reaktion auf den Fall der Mauer und die "drohende" deutsche Vereinigung lag im Bereich der Sicherheitspolitik. Großbritannien setzte konsequenterweise auf die transatlantische Komponenete, also das NATO-Bündnis. So bemängelte Premierministerin Thatcher, daß in Kohls 10-Punkte-Plan die sicherheitspolitische Einbettung eines vereinigten Deutschlands nicht genug zum Ausdruck kam. Deutschland müsse Teil der NATO bleiben. Amerikanische und andere Truppen sollten weiterhin in der Bundesrepublik stationiert bleiben. Außenminister Douglas Hurd schloß sich im Januar 1990 erstmals der amerikanischen Forderung an, die NATO müsse eine wachsende politische Rolle annehmen, um sich den politischen Veränderungen anzupassen. Zur selben Zeit wurde deutlich, daß Großbritannien ein vereinigtes Deutschland in der NATO wünschte.[62]

Vor einer deutschen Einheit müßten unbedingt Antworten gefunden werden auf Fragen nach der Zukunft der beiden Militärallianzen, nach den künftigen Aufgaben der Nationalen Volksarmee der DDR, nach der Rolle der Vereinigten Staaten in Europa. Premierministerin Thatcher selbst hielt sich dabei an die bewährten Strukturen und sah keinen Anlaß, im sicherheitspolitischen Bereich gesamteuropäischen Institutionen wie der KSZE eine zukünftige Rolle bei der Neuordnung in Europa zu geben. Sie fürchtete, ein neutrales Deutschland würde eine "loose cannon" (lose Kanone) in Europa werden, die ein Loch in gegenwärtige NATO-Strukturen schießen könnte.[63]

Obwohl schon gegen Ende 1989 Signale aus Washington zu vernehmen waren, daß eine Modernisierung der in der Bundesrepublik stationierten Lance-Kurzstreckenraketen angesichts der veränderten Lage möglicherweise nicht erfolgen würde, hielt sie bis Mitte März noch hartnäckig an der Forderung nach einem Nachfolgesystem für die Lance-Raketen fest.[64]

Entgegen den Vorschlägen der französischen Regierung von Mitte November 1989, die europäische Integration zu vertiefen, um das vereinigte Deutschland fest in multinationale Verträge und Institutionen einzubetten, war Margaret Thatcher der Ansicht, die EG sollte "statt mehr Integration engere Beziehungen zu den in Osteuropa hervortretenden Demokratien anstreben"[65].

---

61 Vgl. Frankfurter Allgemeine Zeitung vom 19.2.1990.

62 Vgl. Financial Times vom 10.1. und vom 18.1.1990.

63 Vgl. The Economist vom 27.1.1990, S. 65.

64 Vgl. Financial Times vom 17.11.1989.

65 Frankfurter Allgemeine Zeitung vom 15.11.1989. Vgl. auch: Anthony Hartley, After the Thatcher Decade, In Foreign Affairs, Bd.68, Nr. 5, Winter 1989/90, S. 114.

Im Zusammenhang mit diesen Vorbehalten stand auch die Ablehnung des von Bundeskanzler Kohl vorgeschlagenen Beitritts der DDR als 13. Mitgliedsland zur Europäische Gemeinschaft. Außenminister Hurd sprach sich Ende Januar 1990 in Ost-Berlin ausdrücklich gegen einen Beitritt der DDR zur EG aus, da mit einer "Kommandowirtschaft", wie sie dort noch vorherrsche, keine Vollmitgliedschaft möglich sei. Vor einem EG-Beitritt müsse dort die Marktwirtschaft eingeführt sein.[66] Auch in einem Vortrag vor der Konrad-Adenauer-Stiftung in St. Augustin am 6. Februar schlug er vor, "zumindest für die nächsten drei Jahre bei den grundlegenden Institutionen und der derzeitigen Mitgliedschaft zu bleiben".[67] Noch Ende Februar betonte die Premierministerin gegenüber Außenminister Genscher, die DDR könne nicht automatisch als Teil Deutschlands der EG beitreten.[68]

Die Briten blieben bemüht, die Entwicklung zur deutschen Einheit aufzuhalten. Die britische Premierministerin sprach von 10- bis 15jährigen Zeiträumen bis zur Einheit, stellte so unrealistische Vorbedingungen wie den Abschluß der politischen und wirtschaftlichen Reformen in Osteuropa und orakelte: "Großen Friedensplänen können große Kriege vorangehen"[69].

Zwar begann ab Februar 1990 eine diplomatische Offensive Großbritanniens, um auch die britischen Sympathien für die deutsche Einheit zu unterstreichen und um in der Deutschland-Frage noch mitbestimmen zu können. Doch waren zu diesem Zeitpunkt die Weichen für die Entwicklung neuer politischer Schwerpunkte bereits gestellt: Durch Präsident Mitterand auf dem Dezember-Gipfel in Straßburg bezüglich der Europäischen Wirtschafts-, Währungs- und auch politischen Union sowie durch das Programm des US-Außenministers Baker bezüglich des Wandels der NATO von einem rein militärischen in ein mehr politisches Bündnis und hinsichtlich einer engeren Kooperation zwischen den Vereinigten Staaten und der Europäischen Gemeinschaft.[70]

Insgesamt lassen sich während der ersten drei Monate nach dem Fall der Mauer einige gemeinsame Positionen der drei Westmächte feststellen. Einig war man sich in allen drei Hauptstädten in der Kritik am Tempo der sich anbahnenden Vereinigung. Nachdem die Versuche, für einen gewissen Zeitraum die Eigenstaatlichkeit der DDR zu wahren, durch den Druck der Ereignisse zum Scheitern verurteilt wurden, folgte das Bestreben, den Prozeß unter Berufung auf

---

66 Financial Times vom 25. und 16.1.1990.

67 Rede des britischen Außenministers Douglas Hurd am 6. Februar 1990 bei der Konrad-Adenauer-Stiftung in St. Augustin, in: Britische Dokumentation (Britische Botschaft), D 5/90 vom 6.2.1990, S. 6.

68 Vgl. Financial Times vom 27.2.1990.

69 Der Spiegel, Nr. 8/1990 vom 19.2.1990, S. 160.

70 Vgl. Volle, a.a.O., S. 136.

die Bedeutung der Debatte über die Oder-Neiße-Grenze und auf alliierte Rechte mitzubestimmen. Außerdem stand für alle drei Westmächte fest, daß ein vereinigtes Deutschland Mitglied in der NATO sein müsse und eine Neutralität nicht in Frage käme, daß also die Funktion der NATO, die Bundesrepublik durch Bündnisintegration zu kontrollieren, für das gesamte Deutschland wirksam werden müsse.

Unterschiedlicher Ansicht war man in London und Paris über die Rolle der EG. Frankreich widersetzte sich einer stärkeren Rolle der NATO auf dem europäischen Kontinent; es setzte dagegen eher auf die europäische Integration. Die britische Regierung hatte sich auch mit ihrer Weigerung, einer stärkeren politischen Orientierung der NATO zuzustimmen, isoliert. In einem Interview mit dem "Spiegel" sprach die britische Premierministerin von einer britischen Kursbestimmung in der deutschen Frage - eine Behauptung, die sich kaum verifizieren ließ.[71] Auch bei den Verhandlungen vor und während der "Zwei-plus-Vier"-Verhandlungen blieb die Haltung der britischen Premierministerin eher bremsend.

7.3. Der Weg zur Einheit: Die "Zwei-plus-Vier"-Verhandlungen

Nachdem sich Anfang Januar 1990 abzeichnete, daß eine Vereinigung der beiden deutschen Staaten nicht mehr hinauszuzögern war, mußte ein Weg gefunden werden, um die Vier-Mächte-Rechte in einem ordentlichen Verhandlungsverfahren abzulösen. Das Botschaftertreffen des Alliierten Kontrollrats der Vier Mächte, das auf sowjetischen Wunsch am 11. Dezember 1989 in Berlin einberufen worden war, hatte in der deutschen und internationalen Öffentlichkeit einen zwiespältigen Eindruck hinterlassen.

London, Paris und Moskau waren anfänglich versucht, die Verhandlungen als Gespräch der Vier Mächte mit den beiden deutschen Regierungen zu organisieren. Vor allem die britische Regierung stand einer Beteiligung der Deutschen zunächst ablehnend gegenüber und wollte später höchstens die Formel "4+2" akzeptieren.[72] Der britische Außenminister Douglas Hurd warnte davor, alte

---

71 Vgl. Der Spiegel, Nr. 13/1990 vom 26. 3.1990, S. 182.

72 Vgl. The Guardian Weekly vom 25.2.1990.

Ängste wieder aufleben zu lassen, und forderte einen vorsichtigen Verlauf des Vereinigungsprozesses[73].

Nach der persönlichen Intervention Präsident Bushs in bilateralen Treffen mit Präsident Mitterand und Premierministerin Thatcher sowie intensiven Beratungen zwischen dem sowjetischen und dem amerikanischen Außenminister gelang es schließlich, am Rande der "Open Skies"-Konferenz der KSZE in Ottawa, eine Einigung über das Verfahren zu erzielen.

Am 13. Februar 1990 wurde vereinbart, daß die beiden deutschen Staaten und die vier alliierten Mächte die Bedingungen aushandeln sollten, unter denen ein vereinigtes Deutschland seine volle Souveränität wiedererlangen sollte.

Zum Auftakt der Außenministerkonferenz von NATO und Warschauer Pakt in Ottawa am 12. Februar 1990 war zunächst Widersprüchliches über die Zugehörigkeit eines vereinigten Deutschlands zum westlichen Verteidigungsbündnis zu hören. Schon vor Beginn der Konferenz über militärische vertrauensbildende Maßnahmen im Zeichen eines "offenen Himmels" rückten die Ost-West-Politik und die künftige Gestalt Mitteleuropas mit einem einflußreichen deutschen Kern in den Mittelpunkt.

Während die NATO-Vertreter den Plan von Bundesaußenminister Genscher unterstützten, der einen Verbleib des vereinigten Deutschlands in der militärischen Struktur der nordatlantischen Allianz, aber keine Ausweitung der NATO auf das Gebiet der DDR vorsah, wurden aus dem Kreis der Warschauer-Pakt-Staaten Stimmen laut, die ein nicht näher gekennzeichnetes neutrales Gesamtdeutschland vorzögen.[74] Im Hinblick auf einen deutschen Friedensvertrag erwog die Bundesregierung eine Einladung zu baldigen Gesprächen mit den vier Mächten nach der Wahl in der DDR am 18. März. Sie sollten parallel zu den innerdeutschen Kontakten über die Wiedervereinigung eine begleitende Rolle spielen. Damit verband sich nicht nur die Anerkennung der gemeinsamen Verantwortung der vier Siegermächte des Zweiten Weltkriegs, sondern auch der Versuch, in beruhigender Absicht die Sowjetunion einzubeziehen. Anders als im Dezember 1989, als die Vertreter der vier ehemaligen Alliierten in Berlin zusammengekommen waren, was in Bonn auf leisen Mißmut stieß, wurde nun über eine Einladung der beiden deutschen Staaten an die Vier Mächte und nicht umgekehrt nachgedacht.[75]

---

73 "While the friends and allies of Germany would not wish to obstruct the process of unification, equally it would not be the interests of the German people, to achieve unification in circumstances which aroused anxieties or set nerves jangling throughout Europe." In:Survey of Current Affairs, Februar 1990, S. 61.

74 Vgl. Frankfurter Allgemeine Zeitung vom 13.1.1990.

75 Vgl. ebd.

Die Außenminister Frankreichs, Großbritanniens, der Sowjetunion und der USA sowie der Bundesrepublik und der DDR hatten am Rande der "Open-Skies"-Konferenz der KSZE schließlich vereinbart, sich zu treffen, "um die äußeren Aspekte der Herstellung der deutschen Einheit einschließlich der Fragen der Sicherheit der Nachbarstaaten zu besprechen"[76]. Diese sogenannte Ottawa-Formel hatte die Konsequenz, daß damit der Kreis der Staaten festgelegt war, der an der Regelung teilhaben sollte. Eine Reihe von Staaten protestierte noch in Ottawa gegen die Einengung des Kreises der verhandelnden Staaten. Unter Berufung auf ihre eigenen Sicherheitsinteressen, die durch die Regelung der deutschen Frage berührt würden, forderten sie eine Mitbestimmung. Ihre Bemühungen blieben jedoch erfolglos.

In ihren Gesprächen einigten sich die Außenminister der sechs Staaten darauf, den Weg zur deutschen Einheit in drei Schritten zu vollziehen:

- Unmittelbar nach der Volkskammerwahl am 18. März 1990 sollte es Verhandlungen der Bundesregierung mit der dann demokratisch legitimierten DDR-Regierung über den deutschen Vereinigungsprozeß geben.

- Parallel zu den deutsch-deutschen Verhandlungen über die inneren Aspekte sollten Gespräche der beiden deutschen Staaten mit den Siegermächten stattfinden. Dieses Verfahren bezeichnete die Formel "Zwei-plus-Vier"-Verhandlungen.

- Das Ergebnis dieser Verhandlungen sollte den 35 KSZE-Regierungschefs im Spätherbst 1990 vorgelegt werden. Diese KSZE-Veranstaltung, die das Ergebnis der "Zwei-plus-Vier"-Verhandlungen lediglich europäisieren sollte, war für den 1. und 2. Oktober am Rande der UNO-Vollversammlug in New York vorgesehen.[77]

Dieser Fahrplan stand unter dem Druck der inneren Prozesse in der DDR, die auf eine schnelle staatsrechtliche Vereinigung Deutschlands und eine ebenso schnelle Verständigung über die äußeren Aspekte drängten.

Die Zwei-plus-Vier-Gespräche begannen am 5. Mai 1990 in Bonn, wurden am 22. Juni 1990 in Ost-Berlin und am 17. Juli 1990 in Paris fortgesetzt und fanden schließlich am 12. September 1990 ihren Abschluß in Moskau, wo der "Vertrag über die abschließende Regelung in bezug auf Deutschland" unterzeichnet wurde. Im Verlauf dieses Verhandlungsmarathons fanden neben den offiziellen Treffen der sechs Außenminister eine Reihe von informellen Gesprächen statt. Insbesondere die bilateralen Bemühungen der Bundesregierung in Verhandlungen

---

[76] Vgl. T.L. Friedman/M.R. Gordon, Anatomy of a Reunification Plan: 4 Powers, 2 Germanys, One Goal, in: International Herald Tribune vom 17./18.2.1990

[77] Vgl. Wilhelm Bruns, Die Regelung der äußeren Aspekte der deutschen Einheit, in: Deutschland Archiv,22.Jg.(1990), Nr. 11, S. 1726 f.

mit der sowjetischen Regierung über den künftigen sicherheitspolitischen Status eines vereinigten Deutschland sowie mit Polen über die Grenzfrage verhalfen zu einer schnellen Einigung in einstmals umstrittenen Fragen.

Schon vor dem ersten Treffen der sechs Außenminister umriß die Sowjetunion ihre grundsätzliche Haltung in einer am 14. März in Moskau veröffentlichten Erklärung. Darin sprach das sowjetische Außenministerium sich in scharfer Form gegen einen "Anschluß" der DDR an die Bundesrepublik nach Artikel 23 des Grundgesetzes und gegen "voreilige und einseitige Handlungen"[78] bei der Regelung der deutschen Frage aus.

Am Vorabend der Feierlichkeiten anläßlich des 45. Jahrestags des Sieges über Nazi-Deutschland brachte der sowjetische Präsident eine von vielen in Bonn und Ost-Berlin schon abgehakte Forderung wieder zurück in die Diskussion: "Zu den wichtigen Themen" auf der Zwei-plus-Vier-Konferenz der Siegermächte mit den beiden deutschen Teilstaaten, so Gorbatschow, "gehört ein deutscher Friedensvertrag". Moskauer Experten arbeiteten an Entwürfen, die Gorbatschow beim Washingtoner Gipfel Ende Mai dem amerikanischen Präsidenten präsentieren wolle.

Drei Tage vor Gorbatschows Friedensvertrags-Initiative, bei der ersten Sechser-Runde in Bonn am 5. Mai 1989, hatte der sowjetische Außenminister Eduard Schewardnadse mit zwei Sätzen seines Eingangsstatements für Verwirrung gesorgt. Mit der Bitte, "zu begreifen, daß wir hier nicht spielen oder bluffen", leitete er die entscheidende Passage ein. Bei ihm sei der Eindruck entstanden, daß es ein Kalkül oder eine Absicht gebe, so oder so das ganze Problem einer abschließenden Friedensregelung auf die Ablösung der Viermächterechte und -verantwortung in bezug auf Deutschland und Berlin zu reduzieren.

Für Moskau müsse dies aber "ein Bestandselement und Schlußergebnis einer abschließenden Regelung sein". Schewardnadse fügte dann hinzu:

> "Nach unserer Vorstellung braucht die Regelung der inneren und äußeren Aspekte der deutschen Einheit nicht unbedingt zeitlich zusammenzufallen, muß nicht innerhalb ein und derselben Übergangsperiode vollzogen werden. Selbst nach der Schaffung eines einheitlichen Parlaments, einer Regierung in Deutschland werden sicherlich noch gewisse Maßnahmen wirksam sein, die mit der Lösung der äußeren Aspekte in Zusammenhang stehen."[79]

Dieser Vorschlag, innere und äußere Aspekte der Einheit zu entkoppeln, stieß zunächst auf Zustimmung bei den Teilnehmern der Konferenz. Die Vereinigten Staaten ließen die Deutschen wissen: "Das ist Eure Vereinigung; sagt, wie und

---

78 Erklärung des sowjetischen Außenministeriums zum Beginn der Zwei-plus-Vier-Verhandlungen, abgegeben in Moskau am 14. März 1990, in: Europa Archiv, 45.Jg. (1990), Nr. 19, D 492.

79 Zit. nach Der Spiegel, Nr. 20 vom 14.5.1990, S. 19.

wann ihr es wollt, wir helfen Euch."[80] Frankreich und Großbritannien schlossen sich an. Sie sahen offenkundig in dem Verfahren einen Gewinn, weil sie ihre Statusrechte dadurch noch eine Weile behalten konnten. Daran lag ihnen aufgrund ihres Gewichts als Mittelmächte aus Prestigegründen mehr als der Großmacht Amerika. Bundeskanzler Kohl jedoch bestand darauf, die inneren und äußeren Aspekte der Vereinigung parallel zu verhandeln. Während einer Pressekonferenz nannte er es "eine fatale Entwicklung, wenn die deutsche Einheit nicht in den äußeren und inneren Bedingungen völlig klar wäre, wenn der Tag der deutschen Einheit kommt".[81]

Bundesaußenminister Genscher setzte sich schließlich mit der Position der Bundesregierung durch. Die von Genscher verlesene Schlußerklärung enthielt die Tagesordnung, auf die sich die Sechs geeinigt hatten. Diese sah wie folgt aus:

Erster Punkt: Grenzfragen.

Zweiter Punkt: Politisch-militärische Fragen unter Berücksichtigung von Ansätzen geeigneter Sicherheitsstrukturen in Europa.

Dritter Punkt: Berlin-Probleme.

Vierter Punkt: Abschließende Völkerrechtliche Regelung und Ablösung der Vier-Mächte-Rechte und -Verantwortlichkeiten.[82]

In einer am 8. Mai 1990 veröffentlichten Erklärung betonte das britische Außenministerium die besondere Bedeutung einer fortdauernden NATO-Mitgliedschaft des zu vereinigenden Deutschland [83].

In Ost-Berlin fand am 22. Juni 1990 das zweite Treffen der Außenminister der beiden deutschen Staaten und der vier ehemaligen Siegermächte statt. Der sowjetische Außenminister Schewardnadse legte auf der Tagung einen Entwurf für die abschließende völkerrechtliche Regelung über Deutschland vor. Sie sah eine Begrenzung deutscher Streitkräfte auf maximal 250.000 Soldaten vor. In bezug auf den militärpolitischen Status Deutschlands sah der sowjetische Entwurf die Bestätigung einer Übergangsperiode von fünf Jahren vor, in der "alle internationalen Verträge und Abkommen gültig sind, die bis dahin von der DDR und der BRD abgeschlossen wurden."[84]

---

80 Zitiert nach: Frankfurter Allgemeine Zeitung vom 7.5.1990.

81 Zitiert nach: Der Spiegel,Nr. 20/1990 vom 14.5.1990, S. 19.

82 Presse- und Informationsamt der Bundesregierung, Bulletin, Nr. 54, 8.5.1990.

83 Vgl.: Britische Dokumentation (Britische Botschfat in Bonn), Nr.12/90 vom 9.5.1990.

84 Erklärung des sowjetischen Außenministers, Eduard Schewardnadse, abgegeben beim zweiten Zwei-plus-Vier Außenministertreffen am 22. Juni 1990 in Ost-Berlin, zitiert nach: Karl Kaiser, Deutschlands Vereinigung, a.a.O., S. 237.

Dem widersprachen die Außenminister der Vereinigten Staaten und Großbritanniens heftig. Sie waren der Meinung, die Einheit müsse einhergehen mit der vollen Souveränität Deutschlands. Den Vorschlag Schewardnadses, nach der Vereinigung Deutschlands innerhalb von sechs Monaten die alliierten Truppen aus Berlin abzuziehen, lehnten die West-Außenminister ab. Die USA, Großbritannien und Frankreich waren allenfalls bereit, die Zahl ihrer Soldaten in West-Berlin zu reduzieren. Sie wollten ihre Truppen jedoch erst vollständig abziehen, nachdem die sowjetischen Soldaten das Territorium der DDR verlassen haben. Westliche Verhandlungteilnehmer nannten die Gespräche in Niederschönhausen mühevoll und sehr zäh.[85]

Nachdem der Deutsche Bundestag und die Volkskammer am Tag zuvor die Anerkennung der polnischen Westgrenze beschlossen hatten, fiel den Außenministern die Behandlung der Grenzfrage leichter als erwartet. Darum begannen die Minister ihre Beratungen mit dem Tagesordnungspunkt Polen. Sie konnten die Frage der polnischen Westgrenze als weitgehend geklärt betrachten. Gleichwohl sollte der polnische Außenminister Skubiszewski bei der dritten Runde der Zwei-plus-Vier-Gespräche am 17. Juli in Paris Gelegenheit bekommen, seine Vorstellungen über einen Grenzvertrag und die Wahrung der polnischen Sicherheitsbelange vorzutragen.

Ursprünglich sollte in Niederschönhausen vornehmlich über "politisch-militärische Fragen unter Berücksichtigung von Ansätzen geeigneter Sicherheitsstrukturen in Europa" gesprochen werden. Weil aber die damit verbundene Frage der Bündniszugehörigkeit Gesamtdeutschlands zumindest solange unbeantwortet blieb, bis die NATO im Juli über Anpassungen an die europäischen Veränderungen beraten und der sowjetische Parteikongreß sich damit befaßt hatte, zog man andere Themen vor.[86] Der DDR-Außenminister Meckel setzte in den Verhandlungen einen besonderen Akzent, indem er, offenkundig ohne Übereinstimmung mit Bundesaußenminister Genscher, eine Pufferzone in Zentraleuropa vorschlug.[87]

Am Schluß der Beratungen wurde von allen Beteiligten Optimismus gezeigt, daß es trotz der unterschiedlichen Ansätze gelingen werde, im Oktober dem KSZE-Gipfel das Ergebnis vorzulegen.

Auch als sich die Präsidenten Gorbatschow und Bush am 31. Mai und 1. Juni in Washington zu einem Gipfelgespräch trafen, konnte in bezug auf die Bündniszugehörigkeit eines vereinigten Deutschland noch kein Ergebnis erzielt

---

85 Zitiert nach: Der Spiegel, Nr. 26/1990 vom 25.6.1990, S. 18.

86 Vgl. Frankfurter Allgemeine Zeitung vom 23.6.1990.

87 Vgl. ebd.

werden.[88] Die Amerikaner hatten ein ausgefeiltes Konzept vorgelegt, das die Lösung der Bündnisfrage mit den sowjetischen Sicherheitsinteressen zu verbinden suchte. In Präsident Bushs "Neun Punkten" vom 4. Juni 1990 waren bereits die wesentlichen Zusicherungen deutscher und westlicher Selbstbeschränkung enthalten, die dann den Weg zur NATO-Lösung freimachten: Festlegung nationaler Obergrenzen für Truppen in der zentralen Region Europas, darunter in Deutschland, bei den Wiener Verhandlungen über Streitkräfteabbau; keine Stationierung von NATO-Truppen und -Waffen auf dem Gebiet der DDR; Übergangslösung für einen weiteren Aufenthalt sowjetischer Truppen in der DDR; wirtschaftliche Vereinbarungen zwischen Deutschland und der Sowjetunion; Übernahme von Kosten für die sowjetische Truppenpräsenz und Hilfe bei der Umsiedlung.[89]

Um für die Sowjetunion die deutsche NATO-Mitgliedschaft akzeptabel zu machen, mußte sie mit einer Neudefinition der Rolle der NATO in der internationalen Ordnung verknüpft werden. Auf dem Treffen des Nordatlantikrats am 7. und 8. Juni unterstrich die "Botschaft von Turnberry" die Entschlossenheit der NATO, die durch die grundlegenden Veränderungen gebotene Chance zu nutzen. In der Botschaft reichten die NATO-Mitglieder der Sowjetunion und allen anderen europäischen Staaten die "Hand zu Freundschaft und Zusammenarbeit"[90]. Diese Formel fand Eingang in die "Londoner Erklärung" des NATO-Gipfels vom 6. Juni 1990, zusammen mit anderen Vorschlägen zur Neuorientierung des Bündnisses.[91]

Bei der "historischen" Begegnung zwischen dem deutschen und dem sowjetischen Regierungschef wurde dann der letzte und entscheidende Schritt zur Einheit getan. Am 16. Juli 1990 trafen sich Bundeskanzler Kohl und der sowjetische Staatschef Gorbatschow in Stawropol im Kaukasus zu Gesprächen über die militärische Stärke der Bundeswehr und die Bündniszugehörigkeit eines vereinigten Deutschlands. Kohl bot dabei die Reduzierung der gesamtdeutschen Truppenstärke auf 370.000 Mann an. Bislang standen bei der Bundeswehr 480.000 und bei der nationalen Volksarmee noch 100.000 Mann im Sold. Für seine Zustimmung zum NATO-Beitritt verlangte Gorbatschow außer der

---

88 Karl Kaiser, a.a.O., schreibt (S.56) und belegt durch Hinweis auf "Gespräche mit amerikanischen Regierungsbeamten" in einem Briefwechsel mit der Verfasserin, daß während der bilateralen Gespräche anläßlich des amerikanisch-sowjetischen Gipfels zwischen Bush und Gorbatschow der sowjetische Präsident bereits bestätigte, "Deutschland sei frei in seiner Bündniszugehörigkeit".

89 Vgl. Fritsch-Bournazel, a.a.O., S. 135, sowie U.S. Policy Information and Texts (United States Information Service), No.77 vom 5. Juni 1990, S. 8.

90 Frankfurter Allgemeine Zeitung vom 9. Juni 1990.

91 Vgl. "Londoner Erklärung" der Gipfelkonferenz der Staats- und Regierungschefs der NATO-Mitgliedsstaaten am 5. und 6. Juli 1990, in: Europa Archiv,45.Jg.(1990), Nr. 17, S. 456.

zugesagten Truppenverminderung die Versicherung, daß auf DDR-Gebiet keine westlichen ABC-Waffen, Atomwaffen und -träger verbracht werden dürfen. Hierzu gab der Bundeskanzler seine Einwilligung. Die Bundesrepublik versprach für dieses sowjetische Entgegenkommen große wirtschaftliche Unterstützung. Die beiden Politiker verabredeten einen sowjetisch-deutschen Generalvertrag.

Das Pariser Zwei-plus-Vier-Gespräch am 17. Juli 1990 war durch das Treffen zwischen Michail Gorbatschow und Bundeskanzler Helmut Kohl am Tag zuvor schon fast zur reinen Formsache geworden. Es gelang, sich auf die Festlegung der polnischen Westgrenze zu verständigen. Der amerikanische Außenminister James Baker stellte aus diesem Anlaß fest, daß das vereinigte Deutschland aus der Bundesrepublik, der DDR und Berlin bestehen werde - "nicht mehr und nicht weniger".[92] Hans-Dietrich Genscher kündigte zum Abschluß der Gespräche an, daß innerhalb kürzestmöglicher Zeit nach Herstellung der Souveränität des vereinigten Deutschland der deutsch-polnische Grenzvertrag unterzeichnet und dem gesamtdeutschen Parlament zugeleitet werden solle. In einer 5-Punkte-Erklärung wurden die Prinzipien einer vertraglichen Festschreibung der Oder-Neiße-Grenze fixiert.

Zu ihrer vierten und letzten Runde versammelten sich die Außenminister am 12. September in Moskau. Hier wurde in Anwesenheit von Michail Gorbatschow der Souveränitätsvertrag unterzeichnet.

Eine Schwierigkeit tauchte in letzter Minute am abschließenden Tag der Verhandlungen auf. Großbritannien bestand auf einer ausdrücklichen Klarstellung, daß das Verbot, ausländische Streitkräfte in den Osten Deutschlands zu verlegen, kleinere militärische Aktivitäten wie die Teilnahme an Manövern nicht ausschließen sollte. Diese Frage konnte nur durch eine vereinbarte Protokollnotiz zur abschließenden Regelung gelöst werden, die die Anwendung der Klausel dem "vernünftigen und verantwortungsbewußten" Ermessensspielraum der deutschen Regierung überließ, "wobei sie die Sicherheitsinteressen jeder Vertragspartei ... berücksichtigen wird"[93].

Der Vertrag enthält zehn Artikel, dazu einen Brief der beiden deutschen Außenminister mit der Versicherung an die UdSSR, daß das zukünftige Deutschland Vertrauensschutz für Lieferungen aus der DDR in die Sowjetunion leisten, sowjetische Kreditgeber schützen und Enteignungen aus der Zeit zwischen 1945 und 1949 nicht rückgängig machen werde.

---

92 Erklärung des amerikanischen Außenministers, James A. Baker, abgegeben bei der dritten Runde der Zwei-plus-Vier Verhandlungen in Paris am 17. Juli 1990, in: Europa Archiv,45.Jg.(1990)Nr. 19, D 503.

93 Zitiert nach. Kaiser, a.a.O., S. 76; Zur Weigerung der Briten den Vertrag zu unterschreiben siehe auch: Der Spiegel, Nr. 38/1990 vom 7.1990, S. 19 f.

Zu dem Vertrag gehört auch eine Protokollnotiz über eine westliche Manö-
verbeteiligung auf dem Territorium der ehemaligen DDR. In Präzisierung des
Artikels 5 heißt es, alles, was sich auf das dort verwendete Wort "verlegt" beziehe, werde in vernünftiger und verantwortungsvoller Weise von Deutschland
entschieden werden, so daß die Sicherheitsinteressen jeder Vertragspartei be-
friedigt würden.

In der Präambel wird versichert, daß Deutschland als Staat mit endgültigen
Grenzen zu Frieden und Stabilität in Europa beitragen werde. Weiter ist von der
Bereitschaft die Rede, sich gegenseitig nicht als Gegner zu betrachten. Artikel 1
stellt die Außengrenzen Deutschlands fest, und die Artikel 2 bis 6 enthalten
friedens- und sicherheitspolitische Festlegungen für das künftige Deutschland.
Die wichtigsten Elemente des sicherheitspolitischen Status Deutschlands sind:

- Deutschland ist Mitglied in der NATO.

- Während der Dauer der Präsenz sowjetischer Truppen auf dem Territorium der
  ehemaligen DDR (bis Ende 1994) werden keine NATO-Verbände auf diese
  Gebiet ausgedehnt.

- Nicht in die NATO integrierte Verbände der Bundeswehr können nach der
  Vereinigung Deutschlands auf dem Gebiet der damaligen DDR und in Berlin
  stationiert werden als Territorialkommando Ost der Bundeswehr.

- Die Höchststärke der künftigen deutschen Streitkräfte beträgt 370.000 Soldaten.
  Diese Selbstverpflichtung der beiden deutschen Staaten, die am 30. August
  1990 in Wien erklärt wurde, ist Teil des Moskauer Vertrags.

- Das geeinte Deutschland verzichtet auf die Herstellung, den Besitz von und die
  Verfügung über ABC-Waffen und wird Mitglied des Nichtverbrei-
  tungsvertrags bleiben.

Die Souveränitätsformel, die die Vier-Mächte-Verantwortung für Deutschland als
Ganzes ablöst, lautet (Artikel 7):

"(1) Die Französische Republik, das Vereinigte Königreich Großbritannien und
Nordirland, die Union der Sozialistischen Sowjetrepubliken und die Vereinigten
Staaten von Amerika beenden hiermit ihre Rechte und Verantwortlichkeiten in bezug
auf Berlin und Deutschland als Ganzes. Als Ergebnis werden die entsprechenden
damit zusammenhängenden vierseitigen Vereinbarungen, Beschlüsse und Praktiken
beendet und alle entsprechenden Einrichtungen der Vier Mächte aufgelöst.

(2) Das vereinte Deutschland hat demgemäß volle Souveränität über seine inneren
und äußeren Angelegenheiten."[94]

---

[94] Vertrag über die abschließende Regelung in bezug auf Deutschland, des Presse- und
Informationsamts der Bundesregierung, Bulletin Bonn 14. September 1990, Nr. 109,
S. 1154.

Die Sowjetunion bestand auf einem völkerrechtlich verbindlichen Vertrag, so daß die Moskauer Vereinbarung von den nationalen Parlamenten noch förmlich ratifiziert werden mußte. Erst nach Ratifikation in den betreffenden Staaten und nach Hinterlegung der letzten Ratifikations- oder Annahmeurkunde trat der Vertrag in Kraft (Art.9). Von diesem Tag an ist Deutschland de jure souverän. Auf Drängen des Bundesaußenministers Genscher hat man sich in Moskau darauf verständigt, am 1. Oktober 1990 - am Rande der UNO-Generalversammlung - ein Dokument zu unterzeichnen, in dem festgelegt ist, daß die vier ehemaligen Siegermächte ihre Rechte vom Tag des Beitritts der DDR - also vom 3. Oktober 1990 an - nicht mehr ausüben werden. Das hieß, die alliierten Vorbehaltsrechte wurden suspendiert. Formal galten sie bis zur Hinterlegung der Ratifizierungsakten weiter, praktisch wurden sie aber nicht mehr angewandt.

Am 13. September 1990 paraphierten die Außenminister aus Bonn und Moskau einen "Vertrag über gute Nachbarschaft, Partnerschaft und Zusammenarbeit" zwischen dem künftigen Gesamtdeutschland und der Sowjetunion, mit dem die beiden Staaten an die "guten Traditionen ihrer jahrhundertelangen Geschichte" anknüpfen wollten. Er wurde am 9. November 1990 anläßlich eines Besuchs von Gorbatschow in Bonn unterzeichnet.

Der bilaterale Vertrag sieht eine verstärkte Zusammenarbeit, regelmäßige Treffen auf allen Ebenen und Konsultationen im Krisenfall vor. Die Aufmerksamkeit in anderen Staaten konzentrierte sich besonders auf Artikel 3, der feststellte:

> "Sollte eine der beiden Seiten zum Gegenstand eines Angriffs werden, so wird die andere Seite dem Angreifer keine militärische Hilfe oder sonstigen Beistand leisten."

Hierin konnte eine Beeinträchtigung der deutschen Verpflichtungen gegenüber dem Westen gesehen werden[95]. Die Neutralitätsklausel gilt jedoch nur bei einer Aggresssion durch Nicht-Mitglieder der NATO, da die NATO ein Verteidigungsbündnis ist. Zudem bestätigt der deutsch-sowjetische Vertrag ausdrücklich die Gültigkeit der deutschen Verpflichtungen gegenüber der NATO. Großbritannien, Frankreich und die Vereinigten Staaten hatten zuvor einen Vertragsentwurf erhalten. Die Briten und Franzosen erhoben keine Einwände dagegen und die Amerikaner signalisierten, daß sie mit diesem Artikel keine Probleme hätten.[96]

Als notwendige Ergänzung zum "Souveränitätsvertrag" ist der Statonierungs- und Abzugsvertrag vom 12. Oktober 1990 zu sehen. Er regelt den Abzug der sowjetischen Truppen bis zum Jahr 1994. Außerdem regelte ein

---

95 Vgl. Le Monde vom 9.10. und vom 29.10.1990.

96 Vgl. Kaiser, a.a.O., S. 85.

"Überleitungsabkommen" die finanziellen Leistungen der Bundesregierung an die Sowjetunion.[97]

So war es im Verlauf von sieben Monaten nach dem Treffen von Ottawa gelungen, ein Vertragwerk zu erstellen, welches die Vier-Mächte-Verantwortung für Deutschland ablöste. Damit wurden alle Probleme geklärt, die ein Friedensvertrag hätte lösen müssen. Der Moskauer Vertrag ist jedoch kein Friedensvertrag. Ein Einstieg in eine neue europäische Sicherheitsordnung wurde nicht gefunden. Lediglich in der Präambel des Vertrags gibt es eine vage Bereitschaftserklärung, auf ein "Verhältnis des Vertrauens und der Zusammenarbeit hinzuarbeiten" sowie die "Schaffung geeigneter institutioneller Vorkehrungen im Rahmen der Konferenz über Sicherheit und Zusammenarbeit in Europa positiv in Betracht zu ziehen". Eine konkrete Vorstellung von der Institutionalisierung KSZE-Prozeß zu einer KSZE-Struktur fehlt.

Ein weiterer Schönheitsfehler liegt in der Fortexistenz der u.a. gegen Deutschland gerichteten Feindstaatenklauseln (Art. 53 und 107 der UNO-Charta). Die vier ehemaligen Siegermächte, auf deren Verlangen sie seinerzeit in die UNO-Charta gelangt waren, haben nicht ihre Bereitschaft erklärt, sich für die ersatzlose Streichung dieser beiden Feindstaatenklauseln einzusetzten. Außerdem besteht noch Regelungsbedarf in bezug auf die ausländischen Streitkräfte, die zwischen Rhein und Elbe stationiert sind, da deren Sonderrechte obsolet geworden sind.[98]

Die alte "deutsche Frage" ist durch die "Zwei-plus-Vier"-Regelung von Moskau im Einvernehmen mit allen Parteien gelöst worden. Die neue deutschen Frage wird in Zukunft sein, wie Deutschland seiner neuen Rolle als europäischer Macht gerecht werden wird. Die Neuordnung Europas läßt alte Konfliktlinien zwischen Deutschland und seinen westlichen und östlichen Nachbarn wieder deutlicher hervortreten. Mit dem Ende des Kalten Krieges und des Ost-West-Konfliktes wurde die Bipolarität in Europa durch multipolare Strukturen abgelöst, deren endgültige Erscheinungsform noch unklar ist. Soweit es Deutschland angeht, ist erreicht worden, daß diese neue Mittelmacht fest in das westliche Bündnis und die europäische Gemeinschaft integriert bleibt. Zugleich aber bedeutet der Zusammenbruch des "sozialistischen Lagers" durchaus nicht automatisch das weitere Zusammenwachsen Europas. Integration im Westen und die Wiedergeburt der Nationen in den ehemaligen sozialistischen Ländern sind widerstreitende Tendenzen. Die alte Teilung Europas und Deutschlands ist überwunden. Soll eine neue Teilung verhindert werden, steht Europa insgesamt

---

[97] Vgl. Bruns, a.a.O., S. 1732.

[98] Vgl. Bruns, a.a.O., S. 1731.

vor dem gleichen Problem wie Deutschland: Nach der politischen Spaltung muß auch die ökonomische, soziale und kulturelle Spaltung überwunden werden. Dies ist die zentrale Aufgabe europäischer und deutscher Politik im nächsten Jahrzehnt.

8. Der schwierige Abschied

Thomas Mann hat 1949 in einer Rede zum 200. Geburtstag Johann Wolfgang von Goethes bedauert, daß es der "europäische Demokratismus" in Deutschland nie zu Ansehen und politischer Macht gebracht habe. Das europäische Deutschland, welches Thomas Mann erhoffte, sei "dasjenige, in dem sich leben läßt, das in der Welt nicht Furcht, sondern Sympathie erregt, weil es teilhat an der demokratischen Menschheitsreligion"[1]

In der Phase der Vereinigung beider deutscher Staaten ist Thomas Manns Bild vom europäischen Deutschland gebraucht worden, um Bedenken im Ausland zu zerstreuen. Diese Beruhigungsstrategie ist so antiquiert wie die Ängste, auf die sie antwortet. Das Problem ist wohl nicht ein deutsches Europa unseligen Angedenkens, sondern die Frage nach der politischen Geographie Europas, in der sich Deutschland bewegen wird.

Die politische Grundentscheidung zugunsten der Fortdauer einer westlich-liberalen politischen und sozialen Ordnung ist am 3. Oktober 1990 gefallen. Dies bedeutet nicht, daß es in Zukunft keine Gefährdungen der Demokratie geben kann. Das positive Votum der ehemaligen DDR-Bürger für demokratische Parteien spricht eine klare Sprache. Es ist jedoch auch Ausdruck eines Vertrauens in die Fähigkeit und Bereitschaft demokratischer Institutionen, die wachsenden ökonomischen, sozialen und kulturellen Schwierigkeiten in den neuen Bundesländern zu meistern.

Die Entscheidung für eine politische Ordnung, die vom alten "realsozialistischen" System bereits als historisch überholt auf den Müllhaufen der Geschichte geworfen worden war, ist, so scheint es, eine Gemeinsamkeit der osteuropäischen Umbrüche gewesen. Man kann sie von daher durchaus als "Verfassungsrevolutionen" bezeichnen.[2] Was die Spezifik in der "deutschen Revolution" ausmacht, ist die Tatsache, daß es möglich war, ohne schmerzhafte Umwege, wie sie in Polen, der CSFR und Ungarn zu erwarten sind (ganz zu schweigen von der Sowjetunion), den Schritt zur Demokratie zu vollziehen. Während es für die mittel-osteuropäischen Länder noch nicht feststeht, ob

---

1   Thomas Mann, Goethe und die Demokratie, Politische Schriften und Reden, Fischer: Frankfurt a.M., 1968, S. 214.

2   Vgl.: Ulrich K. Preuß, Revolution, Fortschritt und Verfassung. Zu einem neuen Verfassungsverständnis, Berlin: Wagenbach, 1990.

ihnen der demokratische Transformationsprozeß gelingt, konnte die DDR Teil einer über vierzig Jahre bewährten politischen Ordnung werden.

Das Problem ist nur, daß das Zusammenfügen zweier Staaten in der Mitte Europas, die bisher zwei ideologischen Lagern und feindlichen Bündnissystemen angehört haben, neben erheblichen inneren Problemen auch das europäische Gleichgewicht verändert hat.

Nach der deutschen Einheit, der Mitgliedschaft Gesamt-Deutschlands in der NATO und der EG auf der einen Seite und dem Zerfall des Warschauer Pakts und des RGW auf der anderen, geht es um die Herstellung eines neuen Gleichgewichts - politisch, wirtschaftlich, militärisch und kulturell. Und es geht um die Analyse der Folgen einer Verschiebung der Mitte nach Osten.

Die Polen, Tschechen, Slowaken und Ungarn sind von der Peripherie des sowjetischen Imperiums ins Zentrum Europas gerückt. Die Deutschen, bisher in zwei Staaten am Rande der Blöcke lebend, finden sich plötzlich als wirtschaftliche Großmacht in einer völlig neuen politischen Konstellation im Mittelpunkt Europas wieder. Man muß kein Anhänger eines Mitteleuropakonzepts sein, um zu begreifen, daß sich die geopolitischen Koordinaten nach Osten verschoben haben. Europa wächst zusammen, und Deutschland hat seine Rolle in diesem Europa noch nicht gefunden.

> "Bislang wurde Europa von Frankreich und der Bundesrepublik Deutschland angeführt. In den achtziger Jahren war die Bundesrepublik wirtschaftlich stärker, aber Frankreich war dynamischer. Nun wird Deutschland nicht nur größer als alle anderen europäischen Länder westlich der Sowjetunion. Es wird wahrscheinlich auch eine deutlich höhere Wachstumsrate aufweisen ... Den europäischen Zug wird in Zukunft Deutschland anführen, die anderen werden sich anpassen müssen. Dies wird wirtschaftliche und politische Spannungen erzeugen, nicht nur zwischen den europäischen Staaten, sondern auch innerhalb derselben."[3]

Im zentraleuropäischen Raum treffen nach den Revolutionen in Mittel-Osteuropa unvermittelt zwei unvereinbare Vorstellungen aufeinander: Während die westeuropäische Entwicklung zur Intergration und zum Bedeutungsverlust der Nationalstaaten tendiert, ist die ost-europäische Entwicklung, ist die Befreiung aus der Umklammerung des sowjetischen Sozialismus untrennbar verbunden mit einem neuen Nationalbewußtsein. Dieser Widerspruch geht mitten durch Deutschland.

Die Bürger der DDR verdanken ihre Freiheit wesentlich den nationalen Bestrebungen in Osteuropa. Ohne den Aufbruch in Polen und Ungarn und, ohne die Einsicht der sowjetischen Führung, daß er mit Gewalt nicht aufzuhalten war, hätte es den Umbruch in der DDR nicht gegeben. Ohne (West)Europa, ohne die

---

3   August Pradetto, Zusammenbruch des "Realsozialismus", deutsche Einheit und europäische Integration, in: Europäische Rundschau, 13.Jg.(1990), Nr. 4, S. 50.

Intergration der alten Bundesrepublik in das westliche Bündnis und die europäische Gemeinschaft hätte es keine Zustimmung der westlichen Länder, ohne eine klare Ortsbestimmung des vereinten Deutschland hätte es keine Bereitschaft der vier Alliierten gegeben, die staatliche Vereinigung zu akzeptieren.

Ralf Dahrendorf hat recht, wenn er bemerkt, daß es keinerlei Anzeichen gebe, daß der Prozeß der europäischen Einigung den Nationalstaat im Hinblick auf seine kritischen Aufgaben überflüssig mache. Er sieht sie vor allem darin, daß der Nationalstaat für alle praktischen Zwecke noch immer der Raum sei, in dem die Grundrechte aller Bürger garantiert werden.[4] Die Verfassungsordnung der Bundesrepublik Deutschland bietet dafür alle Voraussetzungen.

Doch die Berufung auf diese Ordnung allein vermag noch nicht die vielfältigen Probleme zu lösen, vor denen das vereinte Deutschland heute und in der Zukunft steht und stehen wird.

Die Verfassungsordnung, die sich in der Bundesrepublik über vierzig Jahre bewährt hat und die, was leicht vergessen wird, auch neuen Gegebenheiten vorsichtig angepaßt worden ist, muß von den ehemaligen DDR-Bürgern erst noch als ihre eigene erfahren werden. Dazu braucht es Zeit und Erfahrung. Erfahrung mit den demokratischen Regeln, Erfahrung mit den Möglichkeiten und Chancen der Partizipation und Einsicht in die Beschränkungen, denen komplexe demokratische Gesellschaften unterworfen sind.

Die Wahlen des Jahres 1989 waren ein klares Bekenntnis der DDR-Bevölkerung zur Demokratie. Diese Entscheidung als den Wunsch nach der "schnellen D-Mark" oder zugunsten von "Bananen" zu denunzieren, spricht von Ignoranz und Unverständnis für die täglichen Beschwernisse, denen das Leben in der DDR unterlag.

Obwohl die Mehrheit der DDR-Bevölkerung das Ende des alten Systems gewollt hat, fällt ihr der Abschied davon unübersehbar schwer. Das kann kaum verwundern, ist sie doch ohne Vorbereitung in eine gesellschaftliche Wirklichkeit versetzt worden, die sie nur vom Hörensagen kannte, die ihr andererseits aber immer als Ideal vor Augen gestanden hat.

Die Ostdeutschen waren zwar Nummer eins in "ihrem" Teil der Welt, hatten den höchsten Lebensstandard in der östlichen Wirtschaftsgemeinschaft; ihr unerreichbares politisches, ökonomisches und kulturelles Vorbild aber war immer die Bundesrepublik. Sie war über das Fernsehen ständig präsent und doch

---

4 Ralf Dahrendorf, Betrachtungen über die Revolution in Deutschland in einem Brief, der an einen Herrn in Warschau gerichtet ist, Stuttgart: Deutsche Verlagsanstalt, 1990, S.126 f.; Dahrendorf wendet sich mit diesem Argument gegen: Peter Glotz, Renaissance des Vorkriegsnationalismus?, in: Die Neue Gesellschaft/Frankfurter Hefte, 37.Jg.(1990), Nr. 1, S. 40 ff.

unerreichbar fern. Zugleich verstellten ihnen ideologische Schautafeln, Parolen und die unüberwindbare Grenze den Blick auf die Welt. Das Bild der Bundesrepublik war häufig auch bei denen merkwürdig holzschnittartig, die der Herrschaft der SED und den Realitäten des "realen" Sozialismus kritisch bis ablehnend gegenübergestanden haben. (Daß gegensätzliche Weltbilder auch in der Bundesrepublik verbreitet waren, soll hier der Vollständigkeit halber angemerkt werden.)

Als Beispiel sei aus dem "Aufruf für eine eigenständige DDR" vom 26. November 1989 zitiert, der u.a. von Volker Braun, Christa Wolf, Stefan Heym, Dieter Klein, Günter Krusche, Sebastian Pflugbeil, Ulrike Poppe, Friedrich Schorlemmer und Konrad Weiß als Erstunterzeichner veröffentlicht worden war - von Menschen mit höchst verschiedenen und differenzierten politischen und normativen Positionen, die sich aber in der Absicht fanden, für die Eigenständigkeit der DDR einzutreten. Es gehe darum, "in unserem Land eine solidarische Gesellschaft zu entwickeln, in der Frieden und soziale Gerechtigkeit, Freiheit des einzelnen, Freizügigkeit aller und die Bewahrung der Umwelt gewährleistet sind." Entweder könne dieser Ausweg aus der Krise des Landes gewählt werden mit dem Ziel, "eine sozialistische Alternative zur Bundesrepublik zu entwickeln" oder ein anderer, wenig attraktiver:

"Wir müssen dulden, daß veranlaßt durch starke ökonomische Zwänge und durch unzumutbare Bedingungen, an die einflußreiche Kreise aus Wirtschaft und Politik in der Bundesrepublik ihre Hilfe für die DDR knüpfen, ein Ausverkauf unserer materiellen und moralischen Werte beginnt und über kurz oder lang die Deutsche Demokratische Republik durch die Bundesrepublik vereinnahmt wird."[5]

Es geht hier nicht darum, den Realitätsgehalt der einen oder anderen Behauptung oder Vorhersage zu bewerten - manches hat sich ja recht ähnlich abgespielt. Worum es mir geht, ist das gegensätzliche Weltbild, das in diesem Aufruf deutlich wird: Schwarz - Weiß, Gut - Böse, die schöne Utopie gegen die schnöde Wirklichkeit. Hier spiegelt sich eine Befindlichkeit wider, die für die DDR-Gesellschaft in der Umbruchphase nicht untypisch war.

Die einen klammerten sich an einen Strohhalm, hofften, eine lange gehegte und/oder neu aufkeimende Hoffnung zu realisieren, einen wahren Sozialismus, eine wirklich gerechte Gesellschaft auf den Trümmern des "realen" Sozialismus aufbauen zu können. Dabei hatte ihr Bild der Bundesrepublik unverkennbare Ähnlichkeiten mit dem der Propagandisten des Marxismus-Leninismus, denen sie nie geglaubt hatten.

---

5 Aufruf für eine eigenständige DDR vom 26. November 1989. In: Charles Schüddekopf (Hrsg.): Wir sind das Volk! Flugschriften, Aufrufe und Texte einer deutschen Revolution, Reinbek : Rowohlt 1990, S. 240 f.

Die anderen ließen sich von der Illusion leiten, die Übernahme der westlichen Wirtschaftsordnung werde die größten Probleme sehr schnell, wenn nicht gar sofort, lösen. Am 18. März 1990 hofften die Wähler mit ihrer Entscheidung auf einen schnellen Wandel. Es war die Hoffung, einen radikalen Bruch mit der politischen, wirtschaftlichen, sozialen und kulturellen Vergangenheit vollziehen und in kurzer Zeit ein Leben in politischer Freiheit und wirtschaftlicher Prosperität führen zu können - so wie die Deutschen "im Westen". Daß damit auch Risiken verbunden wären, z.B. für die in der DDR als selbstverständlich hingenommene staatliche Absicherung aller Lebensrisiken, wurde vielen erst später klar.

Die Hoffnungen des Frühjahrs 1990 sind zerstoben und die hohen Erwartungen enttäuscht worden. Als im Sommer und Frühherbst die ökonomische Lage bedrohliche Formen annahm und die Währungsunion nicht, wie erhofft, zu kurzfristigen Verbesserungen, eher zur weiteren Zuspitzung der Lage führte, wandelte sich der anfängliche Optimismus. Tiefe Resignation machte sich breit. Es drohte der Rückfall in eine alte Haltung, die in der Formel zusammengefaßt war: "Es geht seinen (damals noch) sozialistischen Gang", oder: es lohnt sich nicht, sich zu engagieren, das bringt nur Ärger. Der Abschied von solchen tiefverwurzelten Einstellungen und Verhaltensweisen wird lange dauern.

Auch bei denen, die noch wenige Monate zuvor ein schnelles Ende der (alten) DDR herbegesehnt hatten, machte sich eine gewisse "DDR-Nostalgie" bemerkbar - die Erinnerung an eine schwere, aber berechenbare Zeit. Oder, um es in den Worten einer älteren Erfurterin auszudrücken, die im Sommer 1990 in einem Brief schrieb: "Neulich sagte eine Frau im Laden: Bald haben wir keine Heimat mehr, und so ganz unrecht hat sie nicht. Man möchte es anders formulieren: Bald haben wir in unserer Heimat nichts mehr zu sagen. Wenn wir auch eine solche Situation noch nicht erlebt haben, so erinnert es doch ein bißchen an 1945 - die bedingungslose Kapitulation." Wichtig ist hinzuzufügen, daß diese Frau aus dem Bürgertum nie etwas vom Sozialismus, schon gar nichts vom "realen" gehalten hat. Wenn heute eine gewisse "DDR-Nostalgie" zu beobachten ist, dann drückt sich darin nicht der Wunsch aus, die alten Verhältnisse wiederherzustellen, sondern Verunsicherung angesichts wachsender ökonomischer und sozialer Probleme und die Einsicht, daß man die Erfahrungen von über vierzig Jahren nicht einfach abschütteln kann.

Das Gefühl, von einer Abhängigkeit in die nächste geraten zu sein, war und ist weit verbreitet. Das ist, wie die Erfahrungen beim Übergang von Diktaturen zu Demokratien in anderen Ländern zeigen, nichts Außergewöhnliches. Nur hat es in diesem Falle eine besondere, für das Zusammenleben der Deutschen in einem einheitlichen Gemeinwesen problematische Dimension: Die neue Ordnung ist eine angenommene, keine selbst entwickelte, ihre Repräsentanten sind mit den Gegebenheiten und Befindlichkeiten der (ehemaligen) DDR und ihrer Bürger kaum vertraut und verbergen ihre eigene Unsicherheit nicht selten hinter einer Haltung, die arrogant und besserwisserisch erscheint. Der in den neuen Ländern gebräuchliche Ausdruck "Besserwessi" belegt das zutreffend.

Die Übernahme der rechtlichen Regelungen, Institutionen, Verhaltensweisen und routinisierten Verfahren wird diese Ungleichheit auf absehbare Zeit bestehen lassen. Neue Institutionen werden noch lange als "fremd" begriffen werden, zumal wenn ihre führenden Vertreter aus dem Westen kommen, weil die Ausbildung neuer Eliten Zeit braucht. Die internalisierten Verhaltensformen gegenüber Institutionen, die zwischen Anpassung und Rebellion schwankten, aber wenige Zwischenstufen kannten, werden lange nachwirken. Auch die Gesellschaft der alten Bundesrepublik brauchte etwa zwanzig Jahre, um obrigkeitshöriges Verhalten abzulegen und einen neuen, demokratischen Umgang mit Institutionen zu lernen. Der große Vorteil, den die ehemalige DDR gegenüber den anderen ehemaligen "Bruderländern" hat, ist, daß das demokratische Institutionensystem bereits existiert und nicht ernsthaft in Frage gestellt wird.

Der politisch durchaus sinnvolle, angesichts der weltpolitischen Situation sogar gebotene Weg des Beitritts der DDR zur Bundesrepublik nach Art. 23 des Grundgesetzes hat eine höchst problematische Begleiterscheinung: Er bedeutet zwangsläufig, daß das Eigene nicht bewahrt werden kann und das Fremde übernommen werden muß. Damit werden Lebenserfahrungen, Verhaltensmuster, Sozialformen, Qualifikationen massenweise entwertet und durch neue ersetzt, die nicht von heute auf morgen, sozusagen im "Crash-Kurs" erlernt werden können. Eine ganze Gesellschaft findet sich in der Situation des Schülers wieder. Lothar de Maizière hat dieses Problem in seiner Regierungserklärung angedeutet, als er sagte:

> "Dort, wo wir uns an Bevormundung und Passivität gewöhnt hatten, werden wir gesellschaftlich erwachsen werden müssen. Selbstbestimmt und aktiv. Das gilt für jeden Bürger, das gilt auch für das Parlament und die Regierung und für das gesamte gesellschaftliche Leben."[6]

Die Häutungen der ehemaligen DDR-Bürger dauern lange und sind schmerzhaft. Erst allmählich werden die kollektiven psychischen Beschädigungen sichtbar, die das alte System hinterlassen hat. Das Leben in der DDR war von einem tiefen Widerspruch geprägt: Ablehnung der Verhältnisse und Glaube an die vorgeblichen Ziele des Systems lagen oft ebenso eng beieinander wie Opfer und Täter. Heute ist ein neuer Sozialcharakter gefragt, der sich von dem der alten DDR fundamental unterscheidet.

---

6   Volkskammer der Deutschen Demokratischen Republik, 10. Wahlperiode, 3. Tagung, 19.4.1990. Stenographische Niederschrift, S. 43.

Partei und Staat hatten unbedingten Gehorsam erwartet und als Kompensation soziale Sicherheit und bescheidenen Wohlstand geboten. Individuelles Scheitern wurde durch einen zwar autoritären, aber auch fürsorglichen Staat geheilt, Aufbegehren empfindlich bestraft. Je länger das von der SED geformte politisch-soziale System währte, um so mehr setzten sich einerseits die von der Partei propagierten und bis zu einem gewissen Maße auch realisierten Vorstellungen einer Gesellschaft relativer Gleichheit durch. Es zeigte sich aber andererseits, daß die Gesellschaft der Gleichen nur ein ideologisches Konstrukt war.

Die Daten eines "Sozialreports", die nach dem Umbruch veröffentlicht wurden, zeigen, daß Differenzierungen im Einkommen, der sozialen Lage, den Arbeitsbedingungen, der Qualifikation, zwischen Stadt und Land, in den einzelnen Regionen der DDR seit Anfang der 70er Jahre zugenommen hatten.[7] Die verschiedenen Schichten der Gesellschaft, Arbeiter, Angestellte, Bauern, die "Intelligenz", Stadt und Land, Nord und Süd, Alt und Jung, hatten ihre eigenen, unterschiedlichen Erfahrungen und bestanden darauf, sich von diesen Erfahrungen und nicht von ideologisch gestanzten Formeln, die ihnen einredeten, im Grunde seien sie alle gleich, in ihrem täglichen Leben leiten zu lassen. Allzu großer Individualismus aber galt als verdächtig. Wo Zweifel an der uneingeschränkten Unterstützung der Politik von Partei und Staat aufkamen, waren soziale und politische Sanktionen nicht weit.

Da bis zum September des Jahres 1989 nichts darauf hindeutete, daß die Herrschaft der SED ein Koloß auf tönernen Füßen sein könne, verwundert es nicht, daß die meisten DDR-Bürger ein "Doppelleben" lebten. Ein öffentliches, in dem sie sich zwangsläufig so verhielten, wie es Partei und Staat von ihnen erwarteten und ein privates, in dem sie ihre eigenen Vorstellungen von Individualität und Solidarität zu verwirklichen suchten. Das Leben in diesem Widerspruch war jedem DDR-Bürger zur zweiten Natur geworden. Nur einige wenige haben diesen Kreislauf durchbrochen. Vor allem die Bürgerbewegungen haben hier ein bleibendes historisches Verdienst. Es gehört jedoch zu dem beschämendsten Erfahrungen der letzten Jahre, daß sie in einem Maße von inoffiziellen Mitarbeitern des Staatssicherheitsdienstes durchsetzt waren, daß es gegenwärtig kaum möglich ist zu sehen, was "originäres" Handeln der Bewegung und was von diesen "Inoffiziellen" lancierte Strategie und Taktik eines alles überwuchernden Sicherheitsapparates war. In der Zeit nach der "Wende" war eine der am häufigsten zu hörenden Antworten auf die Frage, was denn von der alten DDR bewahrenswert sei, die Antwort: "Das Vertrauen in den Freundeskreisen und die solidarische Hilfe in Notlagen". Die Erkenntnis, daß gerade diese positive Erfahrung häufig auf einer Illusion beruhte, daß selbst die

---

7 Vgl. Sozialreport 1990 (Hrsg. Gunnar Winkler), Berlin (DDR) 1990.

privatesten Beziehungen nicht vor der Ausspähung durch die Staatssicherheit sicher waren, droht zu einem kollektiven Trauma zu werden.

Es sind nicht nur die unterschiedlichen Erfahrungen mit der Politik, die das Verhalten ehemaliger DDR-Bürger auf Jahre hinaus beeinflussen und sie anders denken und handeln lassen werden als ehemalige Bundesbürger. Es sind vor allem die höchst verschiedenen sozialen Erfahrungen, die in beiden deutschen Staaten gemacht worden sind. Um nur einige Beispiele für die Unterschiede zu nennen, die längerfristig nachwirken werden: Trotz wachsender Differenzierung war die DDR-Gesellschaft im ökonomischen und sozialen Bereich durch größere Gleichheit als die der Bundesrepublik bestimmt. Einkommensunterschiede spielten eine untergeordnete Rolle. Damit entfielen materielle Anreize für Leistung, zumal Sanktionsmechanismen bei Nichtleistung kaum vorhanden waren. Konkurrenz als innovatives Element des gesellschaftlichen Lebens lohnte sich nicht und war politisch unerwünscht. Die DDR-Gesellschaft war eine Gesellschaft, in der es angeraten war, nicht allzuviel Eigeninitiative zu zeigen - sie wurde allemal als Störung im bürokratischen Getriebe angesehen und mit einem gewissen Mißtrauen beäugt sowohl vom Nachbarn oder Kollegen, der darin einen Verstoß gegen allgemein akzeptierte Verhaltensnormen sah, als auch von den vielfältigen Überwachungsapparaten, die nicht zu Unrecht fürchteten, daß zuviel Eigeninitiative ein Zeichen für ungebrochene Individualität und Eigensinn sei.

Die DDR war eine Gesellschaft, die soziale Unsicherheit wie Arbeitslosigkeit oder Obdachlosigkeit nicht kannte; die Kinder wurden versorgt, die Mieten waren niedrig, Kultur und Verkehrsmittel für jeden erschwinglich. Die Vorstellung, daß es Aufgabe des Staates sei, dies alles für seine Bürger bereit zu stellen, ist tief im Wertehaushalt der DDR-Bürger eingegraben.

Andererseits war die DDR eine Gesellschaft von extremer Ungleichheit, was die Teilhabe an der Macht, immaterielle soziale Gratifikationen wie Reisemöglichkeiten, bevorzugte Belieferung mit Privatautos und andere Vorteile anging, die in aller Regel mit politischer Linientreue erkauft waren. Solche Erfahrungen lassen sich nicht von heute auf morgen vergessen, auch wenn man es gern möchte.

Zwei durch gegensätzliche politische, wirtschaftliche und soziale Systeme geprägte Gesellschaften, die gleichwohl eine gemeinsame Geschichte und Kultur haben, wachsen in einem atemberaubenden Tempo zusammen. Und erst jetzt können sie erkennen, daß in den beiden Teilen Deutschlands höchst verschiedene soziale Charakteristika entstanden sind, die sich fundamental voneinander unterscheiden und die man nicht per Gesetz oder mit Hilfe der Deutschen Bundesbank aneinander angleichen kann.

Für die ehemaligen DDR-Bürger ist ein nicht hinterfragtes und nicht hinterfragbares Idealbild zerstört worden. Ihre ersten Erfahrungen mit der Wirklichkeit der Bundesrepublik und der marktwirtschaftlichen Ordnung waren, wie konnte es anders sein, zwiespältig. Oft glichen sie eher dem Zerrbild, das die SED von der "BRD" gezeichnet hatte: Herrschaft des Mammon, Profitorientierung, Konkurrenz, soziale Kälte. Dies hängt damit zusammen, daß in der ersten Phase des Umbruchs, aber auch noch nach der Wirtschafts-, Währungs- und Sozialunion in der DDR ein Zustand der Gesetzlosigkeit herrschte, der ein Verhalten ermöglichte, das in der Bundesrepublik durch arbeitsrechtliche, tarifrechtliche, verbraucherrechtliche u.a. ausgebaute Schutzrechte nicht möglich gewesen wäre, von den DDR-Bürgern aber als "typisch" westlich wahrgenommen werden mußte. Es wird einige Zeit dauern, bis diese Erfahrungen verarbeitet sind, eine wirkliche Gewöhnung an die neue soziale Wirklichkeit erfolgt ist und Normalität einkehrt.

Während den Bürgern in den neuen Ländern gar nichts anderes übrig bleibt, als sich mit einer völlig veränderten Lebenssituation auseinanderzusetzen, hat sich das Leben in der alten Bundesrepublik auf den ersten Blick kaum verändert - je weiter man sich von der ehemaligen deutsch-deutschen Grenze entfernt, umso weniger. Erst allmählich schafft sich die Erkenntnis Platz, daß das Ende der DDR auch das Ende der alten Bundesrepublik war. Nichts wird bleiben, wie es war, weder Deutschlands Stellung in der Welt und Europa noch die ökonomische, soziale und kulturelle Konstellationen, an die man gewöhnt war.

Die Mauern aus Stein und Stacheldraht sind gefallen, die ökonomischen, sozialen und kulturellen Barrieren nicht, und auch die Mauern in den Köpfen der Menschen werden noch lange bestehen bleiben. Fünfundvierzig Jahre unterschiedlicher Hoffnungen, Illusionen und Entäuschungen, sozialer und politischer Erfahrungen und individueller Lebensschicksale können Anlaß für vielfältige Mißverständnisse, ja soziale Konflikte sein, bieten aber auch die Chance, gemeinsam etwas Neues zu gestalten. Voraussetzung dafür ist, zu akzeptieren, daß beide deutsche Teilgesellschaften vor einem Neubeginn stehen und daß die politischen, ökonomischen, sozialen, kulturellen und psychologischen Probleme sich in Zukunft erheblich anders darstellen werden als gewohnt.

Bibliographie

Ackermann, Anton: Gibt es einen besonderen deutschen Weg zum Sozialismus?, in: Einheit, 1. Jg. (1946), Nr. 1, S.22 ff.

Andert, Reinhold/Herzberg, Wolfgang: Der Sturz. Erich Honecker im Kreuzverhör, Berlin: Aufbau 1990.

Arendt, Hannah: Elemente und Ursprünge totalitärer Herrschaft, München: Piper 1986.

Arendt, Hannah: Über die Revolution, München: Piper 1974.

Bahr, Egon: Das Gebot staatlicher Einheit und das Ziel Europa im Widerspruch, in: Frankfurter Rundschau (Dokumentation) v. 13.12.1988, S.10.

Bahr, Egon: Sicherheit für und vor Deutschland. Vom Wandel durch Annäherung zur Europäischen Sicherheitsgemeinschaft, München: Hanser 1991

Bahro, Rudolf: Die Alternative. Zur Kritik des real existierenden Sozialismus, Köln/Frankfurt a.M.: Bund-Verlag 1977.

Bálla, Balint: Kaderverwaltung. Versuch zur Idealtypisierung der "Bürokratie" sowjetisch-volksdemokratischen Typus, Stuttgart: Enke 1972.

Barzel, Rainer: Zur Deutschlandpolitik der neuen Bundesregierung, in: Texte zur Deutschlandpolitik (hrsg. vom Bundesministerium für innerdeutsche Beziehungen), Reihe III/Bd.1, Bonn 1985.

Bauer, Tamas: Reforming or Perfecting the Economic Mechanism, in: Social Research, 55. Jg. (1988), Nr. 4, S. 679 ff.

Belwe, Katharina: Psychosoziale Befindlichkeit der Menschen in den neuen Bundesländern nach der Wende im Herbst 1989. Pressespiegel, herausgegeben vom Gesamtdeutschen Institut Bonn, 1991.

Benda, Ernst: "Königsweg" oder "Holzweg". Professor Ernst Benda über verfassungsrechtliche Fragen der deutschen Vereinigung, in: Der Spiegel Nr.18 v. 30.4.1990, S. 75 ff.

Benda, Ernst: Das letzte Wort dem Volke. Auch die ostdeutschen Bürger müssen sich unsere Verfassung zu eigen machen, in: Die Zeit Nr.38 v. 14.9.1990, S.13.

Bericht der Bundesregierung zur Lage der Nation im geteilten Deutschland , in: Presse- und Informationsamt der Bundesregierung, Bulletin Nr. 123 v. 9. November 1989, S. 1059 ff.

Beziehungen der Deutschen Demokratischen Republik zur Bundesrepublik Deutschland. Dokumente 1971-1988, Berlin(Ost) 1990.

Boveri, Margret: Der Verrat im 20. Jahrhundert, I. Für und gegen die Nation. Das sichtbare Geschehen, II. Für und gegen die Nation. Das unsichtbare Geschehen, Hamburg: Rowohlt 1956.

Brandt, Peter/Ammon, Herbert (Hrsg.): Die Linke und die nationale Frage. Dokumente zur deutschen Einheit seit 1945, Reinbek: Rowohlt 1981.

Brandt, Willy: Deutsche Wegmarken, in: Der Tagesspiegel vom 13.9.1988, S.9.

Bruns, Wilhelm: Die Regelung der äußeren Aspekte der deutschen Frage, in:Deutschland Archiv, 22. Jg. (1990), Nr. 11, S.1726 ff.

Bruns, Wilhelm: Von der Deutschland-Politik zur DDR-Politik? Prämissen, Probleme, Perspektiven, Opladen 1989.

Bürger, Ulrich: Das sagen wir natürlich so nicht! Donnerstag-Argus bei Herrn Geggel, Berlin: Dietz 1990.

Christlich-demokratische Perspektiven zur Außen-, Sicherheits-, Europa- und Deutschlandpolitik, in: Frankfurter Allgemeine Zeitung v. 19.2.1988, S.4.

Dahrendorf, Ralf: Betrachtungen über die Revolution in Deutschland in einem Brief, der an einen Herrn in Warschau gerichtet ist, Stuttgart: Deutsche Verlagsanstalt 1990.

Das deutsch-deutsche Treffen am Werbellinsee. Dokumentation zum Treffen des Bundeskanzlers der Bundesrepublik Deutschland, Helmut Schmidt, mit dem Generalsekretär des ZK der SED und Vorsitzenden des Staatsrates der DDR, Erich Honecker, vom 11. bis 13. Dezember 1982 (Hrsg: Bundesministerium für innerdeutsche Beziehungen), Bonn 1982.

Davy, Richard: Großbritannien und die deutsche Frage, in: Europa Archiv, 45. Jg. (1990), Nr. 4, S.139 ff.

DDR. Gesellschaft Staat Bürger, 2. Aufl., Berlin (DDR): Staatsverlag 1978.

Demokratie jetzt. Dokumentation des Arbeitsbereichs DDR-Forschung und - Archiv (zusammengestellt von Helmut Müller-Engbers), Berliner Arbeitshefte und Berichte zur sozialwissenschaftlichen Forschung, Nr. 19, Berlin, Januar 1990.

Deppe, Rainer/Dubiel, Helmut/Rödel,Ulrich (Hrsg.): Demokratischer Umbruch in Osteuropa, Frankfurt a.M.: Suhrkamp 1991.

Der Besuch von Generalsekretär Honecker in der Bundesrepublik Deutschland. Dokumentation zum Arbeitsbesuch des Generalsekretärs der SED und Staatsratsvorsitzenden der DDR,Erich Honecker, in der Bundesrepublik Deutschland im September 1987, Bonn 1988.

Deubner, Christian: Die Logik des eingeschlagenen Weges. Europäische Perspektiven der deutschen Frage, in: Dokumente, 46. Jg. (1990), Nr. 3, S. 188 ff.

Die Verträge zur deutschen Einheit, München: Beck 1990.

Dittmer, Lowell: Comparative Communist Political Culture, in: Studies in Comparative Communism, Vol. 16 (1983), No. 1/2, S. 9 ff.

"Eine eminente Fehlentscheidung". Interview mit Oskar Lafontaine , in: Der Spiegel, Nr. 22 vom 28.5.1990, S.26 ff.

Ein Erfolg der Politik der Vernunft und des Realismus. Offizieller Besuch des Generalsekretärs des Zentralkomitees der Sozialistischen Einheitspartei Deutschlands und Vortsitzenden des Staatsrates der Deutschen Demokratischen Republik, Erich Honecker, in der Bundesrepublik Deutschland vom 7. bis 11. September 1987, Berlin(Ost) 1987.

Einführung in die marxistisch-leninistische Staats- und Rechtslehre (Hrsg.: Akademie für Staats- und Rechtswissenschaft der DDR), 2. vollst. überarb. Aufl., Berlin (DDR): Staatsverlag 1986.

Eisenmann, Peter: Die Jugend in den neuen Bundesländern. Sozialistische Bewußtseinsbildung und ihre Folgen, in: Aus Politik und Zeitgeschichte, B 27/91 vom 28. Juni 1991, S. 3 ff.

Erklärung der CDU/CSU-Bundestagsfraktion zur aktuellen Lage der Berlin- und Deutschlandpolitik in Berlin(West) am 19. Januar 1988, in: Informationen (hrgs. vom Bundesministerium für innerdeutsche Beziehungen), Nr. 2/1988 Dokumentation, S.19f.

Erste Beratung der Ostverträge im deutschen Bundestag am 23., 24. und 25. Februar 1972. Mit dem Bericht der Bundesregierung zur Lage der Nation (Hrsg. Presse- und Informationsamt der Bundesregierung) o.J. (1972).

Falkner, Thomas: Von der SED zur PDS. Weitere Gedanken eines Beteiligten, in: Deutschland Archiv, 24. Jg. (1991), Nr.1, S. 30 ff.

Forschungsgruppe Wahlen: Wahl in den neuen Bundesländern. Eine Analyse der Landtagswahlen vom 14. Oktober 1990. Berichte der Forschungsgruppe Wahlen, Mannheim, Nr. 60 vom 14. Oktober.

Friedrich, Carl Joachim (Ed.): Revolution, New York: Atherton 1966.

Frisch, Alfred: Nach dem Erdrutsch im Osten. Frankreichs Verhältnis zum deutschen Partner, in: Dokumente, 46. Jg. (1990), Nr. 1, S. 9ff.

Fritsch-Bournazel, Renata: Europa und die deutsche Einheit, Bonn: Europa Verlag 1990.

Fröhlich, Stefan: Umbruch in Europa. Die deutsche Frage und ihre sicherheitspolitischen Herausforderungen für die Siegermächte, in: Aus Parlament und Zeitgeschichte, B 29/90 vom 13.7.1990, S.35 ff.

218

Gasteyger, Curt: Die beiden deutschen Staaten in der Weltpolitik, München: Piper 1976.

Gauck, Joachim: Die Stasi-Akten. Das unheimliche Erbe der DDR, Reinbek: Rowohlt 1991.

Gaus, Günter: Wo Deutschland liegt. Eine Ortsbestimmung, Hamburg: Hoffmann und Campe 1983.

Geiger, Wolfgang: "Die Konturen des neuen Deutschland sind alles andere als klar...". Frankreich und die Wiedervereinigung, in: Die Neue gesellschaft/Frankfurter Hefte, 37. Jg. (1990), Nr. 3, S. 210 ff.

Geiger, Wolfgang: "Wenn Deutschland erwacht...". Die deutsche Frage aus französischer Sicht, in: Die neue gesellschaft/Frakfurter Hefte, 37. Jg. (1990), Nr. 1, S. 68 ff.

Geißler, Rainer: Soziale Ungleichheit zwischen Frauen und Männern im geteilten Deutschland, in: Aus Politik und Zeitgeschichte, B 14-15/91 vom 29. März 1991, S. 13 ff.

Gibowski, Wolfgang G.: Demokratischer (Neu-)Beginn in der DDR. Dokumentatilon und Analyse der Wahl vom 18. März 1990, in: Zeitschrift für Parlamentsfragen, 21. Jg. (1990), Nr. 1, S.5 ff.

Glaeßner, Gert-Joachim (Hrsg.): Die DDR in der Ära Honecker. Politik - Kultur - Gesellschaft, Opladen: Westdeutscher Verlag 1988.

Glaeßner, Gert-Joachim (Hrsg.): Eine deutsche Revolution. Der Umbruch in der DDR, seine Ursachen und Folgen, Frankfurt a.M./u.a.: Peter Lang 1991.

Glaeßner, Gert-Joachim/Scherer, Klaus-Jürgen: Auszug aus der Gesellschaft. Gemeinschaften zwischen Utopie, Reform und Reaktion, Berlin: Verlag Europäische Perspektiven 1986.

Glaeßner, Gert-Joachim: Ende der Reformen? Bedingungen und Grenzen der Wandlungsfähigkeit sowjet-sozialistischer Systeme am Beispiel der DDR, in: Deutschland Archiv, 15. Jg. (1982), Nr. 7, S.7 ff.

Glaeßner, Gert-Joachim: Herrschaft durch Kader. Leitung der Gesellschaft und Kaderpolitik in der DDR am Beispiel des Staatsapparates, Opladen: Westdeutscher Verlag 1977.

Glaeßner, Gert-Joachim: Sozialistische Systeme. Einführung in die Kommunismus- und DDR-Forschung, Opladen: Westdeutscher Verlag 1982.

Glaeßner, Gert-Joachim: Vom "realen Sozialismus" zur Selbstbestimmung. Ursachen und Konsequenzen der Systemkrise in der DDR, in: Aus Politik und Zeitgeschichte, B 1-2/90 vom 5. Januar 1990, S. 3 ff.

Gleserman, G.J.: Klassen und Nation, Berlin (DDR): Dietz 1975.

Glotz, Peter: Renaissance des Vorkriegsnationalsimus? in: Die Neue Gesellschaft/Frankfurter Hefte, 37. Jg.(1990), Nr. 1, S.

Greiner, Bernd: Angst vor Rapallo? Amerikanische Reaktionen auf den Fall der Mauer, in: Blätter für deutsche und internationale Politik, 35. Jg. (1990), Nr. 2, S. 159 ff.

Grundmann, Siegfried/Schmidt, Ines: Wanderungsbewegungen in der DDR 1989, Berliner Arbeitshefte und Berichte zur sozialwissenschaftlichen forschung, Nr. 30, 1990.

Grundmann, Siegfried: Außen- und Binnenmigration der DDR 1989. Versuch einer Bilanz, in: Deutschland Archiv, 22. Jg.(1990), Nr. 9, S. 1422ff.

Gwertzman, Bernhard/Michael T. Kaufman: The Collapse of Communism, New York: Random house 1990.

Gysi, Gregor/Falkner, Thomas: Sturm auf das große Haus. Der Untergang der SED, Berlin: Edition Fischerinsel 1990.

Habermas, Jürgen: Die nachholende Revolution. (Kleine politische schriften VII), Frankfurt: Suhrkamp 1990.

Haltzel, Michael H.: Amerikanische Einstellungen zur deutschen Wiedervereinigung, in: Europa Archiv, 45. Jg. (1990=, Nr. 4, S. 127 ff.

Hanke, Helmut: Kulturelle Traditionen des Sozialismus, in: Zeitschrift für Geschichtswissenschaft, 33. Jg. (1985), Nr. 7, 589 ff.

Hanke, Irma: Alltag und Politik. Zur politischen Kultur einer unpolitischen Gesellschaft. Eine Untersuchung zur erzählenden Gegenwartsliteratur in der DDR in den 70er Jahren, Opladen: Westdeutscher Verlag 1987.

Hanrieder, Wolfram F.: Deutschland, Europa, Amerika. Die Außenpolitik der Bundesrepublik Deutschland 1949 - 1989, Paderborn: Schöningh 1991.

Havemann, Robert: Dialektik ohne Dogma. Naturwissenschaft und Weltanschauung, Reinbek: Rowohlt 1964.

Hefty, Paul: Die Drohung des Artikels 146, in: Frankfurter Allgemeine Zeitung Nr. 222 v. 24.9.1990, S. 1.

Hegedüs, Andràs: Sozialismus und Bürokratie, Reinbek: Rowohlt 1981.

Henrich, Rolf: Der vormundschaftliche Staat. Vom Versagen des real existierenden Sozialismus, Reinbek: Rowohlt 1989.

Herles, Helmut/Rose, Ewald (Hrsg.): Parlaments-Szenen einer deutschen Revolution. Bundestag und Volkskammer im November 1989, Bonn: Bouvier 1989.

Herles, Helmut/Rose, Ewald: Vom Runden Tisch zum Parlament, Bonn: Bouvier 1990.

Hoffmann, Stanley: Reflections on the "German Question", in: Survival, Vol. 32 (1990), No. 4, S.291 ff.

Huntington, Samuel: Political Order in Changing Societies, New Haven, CT: Yale University Press 1968.

Ich liebe Euch doch alle! Befehle und Lageberichte des MfS Januar - November 1989, (Hrsg.: Armin Mitter/Stefan Wolle), Berlin: Basisdruck 1990.

infas-Report Wahlen DDR 1990. Wahl der Volkskammer der DDR am 18. März 1990. Analysen und Dokumente, Bonn-Bad Godesberg, März 1990.

Jancar, Barbara: Political Culture and Political Change, in: Studies in Comparative Communism, Vol. 17 (1984), No. 1, S. 69 ff.

Janka, Walter: Schwierigkeiten mit der Wahrheit, Reinbek: Rowohlt 1990.

Jung, Matthias: Parteiensystem und Wahlen in der DDR. Eine Analyse der Volkskammerwahl vom 18. März 1990 und der Kommunalwahlen vom 6. Mai 1990, in: Aus Politik und Zeitgeschichte, B 27/90 vom 29. Juni 1990, S. 3 ff.

Just, Gustav: Zeuge in eigener Sache. Die fünfziger Jahre, Berlin: Buchverlag Der Morgen 1990.

Kaiser, Karl: Deutschlands Vereinigung. Die internationalen Aspekte, Bergisch Gladbach: Bastei Lübbe 1991.

Kielmansegg, Peter Graf: Entscheiden muß die Politik. Die Verfassung kann kein Regierungsprogramm sein,, sie bestimmt nur die Regeln für den demokratischen Meinungsstreit, in: Die Zeit, Nr. 20 vom 10.5.1991, S. 8.

Kimmel, Michael, S.: Revolution. A Sociological Interpretation, Cambridge: Polity Press 1990.

Kirchheimer, Otto: Der Wandel des europäischen Parteiensystems, in: Politische Vierteljahresschrift, 6. Jg. (1965), Nr. 1, S. 20 ff.

Klages, Helmut: Überlasteter Staat - verdrossene Bürger? Zu den Dissonanzen der Wohlfahrtsgesellschaft, Frankfurt a.M./New York: Campus 1981.

Klaus, Georg: Kybernetik - eine neue Universalphilosophie der Gesellschaft?, Berlin (DDR): Akademie-Verlag 1973.

Klaus, Georg: Kybernetik und Gesellschaft, Berlin (DDR): Deutscher Verlag der Wissenschaften 1964 (3. bearb. u. erw. Aufl. 1973).

Kleines Politisches Wörterbuch, 4. Aufl., Berlin (DDR): Dietz 1983.

Knabe, Hubertus: Politische Opposition in der DDR. Ursprünge, Programmatik, Perspektiven, in: Aus Politik und Zeitgeschichte, B 1-2/90 vom 5. Januar 1990, S.21 ff.

Korbonski, Andrzej: The Politics of Economic Reforms in Eastern Europe: The Last Thirty Years, in: Soviet Studies, Vol.XLI (1989), No. 1, S.11 ff.

Kosig, Alfred: Nation in Geschichte und Gegenwart. Studie zur historisch-materialistischen Theorie der Nation, Berlin (DDR): Dietz 1976.

Krenz, Egon: Wenn Mauern fallen. Die friedliche Revolution: Vorgeschichte - Ablauf - Auswirkungen, Wien: Paul Neff, 1990.

Krockow, Christian Graf von: Nationalismus als deutsches Problem, München: Piper 1976.

Lange, Gerhard: Zur moralisch-poitischen Erneuerung im Einigungsprozeß, in: Aus Politik und Zeitgeschichte, B 19/91 vom 3. Mai 1991, S. 11 ff.

Lange, Klaus (Hrsg.): Aspekte der deutschen Frage,Herford: Busse Seewald 1986.

Lapp, Peter Joachim: Anspruch und Alltag der Volkskammer vor dem Umbruch 1989/90, in: Zeitschrift für Parlamentsfragen 21. Jg. (1990), Nr. 1, S.115 ff.

Lehmann, Albrecht: Studien zur Arbeiterkultur. Beiträge der 2. Arbeitstagung der Kommission "Arbeiterkultur" in der Deutschen Gesellschaft für Volkskunde in Hamburg vom 8. bis 12. Mai 1983, Münster: F. Coppenrath 1984.

Leicht, Robert: Königsweg zur Einheit. Das Saarland als Beispiel:Wie ein abgestufter Beitritt zur Bundesrepublik gelang, in: Die Zeit Nr.10 v. 2.3.1990, S.7.

Liebert, Ulrike/Merkel, Werner (Hrsg.): Die Politik zur deutschen Einheit. Probleme.Strategien.Kontroversen, Leverkusen: Leske u. Budrich 1991.

Linz, Juan J.: Totalitarian and Authoritarian Regimes, in: Nelson Polsby/Fred Greenstein (Eds.): Handbook of Political Science, Vol. III, Reading, Mass.: Adison Wesley Press 1975.

Linz, Juan J.: Transitions to Democracy, in: The Washington Quarterly, Summer 1990, S.143 ff.

Löst sich die CDU von ihrer bisherigen Deutschlandpolitik?, in: Frankfurter Allgemeine Zeitung v. 15.2.1988, S.1f.

Löwenthal, Richard: World Communism: The Desintegration of a Secular Faith, New York/London/Oxford: Oxford University Press 1964.

Ludz, Peter Christian: Parteielite im Wandel. Funktionsaufbau, Sozialstruktur und Ideologie der SED-Führung. Eine empirisch-systematische Untersuchung, 3. Aufl. Köln/Opladen: Westdeutscher Verlag 1970.

Maaz, Hans-Joachim: Psychosoziale Aspekte im deutschen Einigungsprozeß, in: Aus Politik und Zeitgeschichte, B 19/91 vom 3. Mai 1991, S. 3 ff.

Mann, Thomas: Goethe und die Demokratie. Politische Schriften und Reden III, Frankfurt a.M.: Fischer 1968

Meier, Helmut/Schmidt, Walter: Erbe und Tradition in der DDR. Eine Diskussion der Historiker, Berlin (DDR): Akademie-Verlag 1988.

Meinel, Reinhard/Wernicke, Thomas: Mit tschekistischem Gruß. Berichte der Bezirksverwaltung für Staatssicherheit Potsdam 1989, Potsdam: Edition Babelturm 1990.

222

Mengel, Hans-Joachim: Keine Zeit für eine neue Verfassung? Der Einigungsprozeß mit der DDR erschöpft sich im Transfer eines wirtschaftlichen Systems, in: Frankfurter Rundschau Nr.155 v. 7.7.1990, S.5.

Meuschel, Sigrid: Legitimation und Parteiherrschaft. Zum Wandel der Legitimitätsansprüche der SED, 1945-1989, Habilitationsschrift Freie Universität Berlin 1991.

Mintzel, Alf: Die CSU. Anatomie einer konservativen Partei, Opladen: Westdeutscher Verlag 1975.

Mitscherlich, Alexander und Margarete: Die Unfähigkeit zu trauern. Grundlagen kollektiven Verhaltens, München: Piper 1977 (1. Ausgabe 1967)..

Modrow, Hans: Aufbruch und Ende, Hamburg: Konkret Literatur Verlag 1991.

Mühler, Kurt/Wilsdorf, Steffen H.: Die Leipziger Montagsdemonstration - Aufstieg und Wandel einer basisdemokratischen Institution des friedlichen Umbruchs im Spiegel empirischer Meinungsforschung, in: Berliner Journal für Soziologie, Jg. 1 (1991) Nr. 1, S. 37 ff.

Müller-Engbergs, Helmut: Volkskammerwahlen in der DDR 1990 - Synopse von (Wahl-)Programmen 15 kandidierender Parteien, Berliner Arbeitshefte und Berichte zur sozialwissenschaftlichen Forschung, Nr. 28, 1990.

Müller-Enbergs, Helmut/Schulz, Marianne/Wilgohs, Jan: Von der Illegalität ins Parlament. Werdegang und Konzept der neuen Bürgerbewegungen, Berlin: LinksDruck 1991.

Müller-Gangloff, Erich: Mit der Teilung leben. Eine gemeindeutsche Aufgabe, München: List 1965.

Negt, Oskar/Kluge, Alexander: Geschichte und Eigensinn, Frankfurt a.M.: Zweitausendeins 1981.

Neubert, Ehrhart: Protestantische Kultur und DDR-Revolution, in: Aus Politik und Zeitgeschichte, B 19/91 vom 3. Mai 1991, S.21 ff.

Neubert, Erhart: Eine protestantische Revolution, Osnabrück: Edition Kontext, 1990.

Neumann, Sigmund: The International Civil War, in: World Politics, 3. Jg. (1949), Nr. 1, S. 333 ff.

New German Critique. Special Issue on German Unification, No. 52, Winter 1991.

Pöhl, Karl Otto: Das Diktat der Stunde ließ längeres Warten nicht zu. Zur Währungsunion - Die Sicht der Bundesbank, in: Frankfurter Rundschau vom 4.7.1990, S.6.

Pollack, Detlef (Hrsg.): Die Legitimität der Freiheit. Politisch alternative Gruppen in der DDR unter dem Dach der Kirche, Frankfurt a.M./u.a.: Peter Lang 1990.

Pradetto, August: Zusammenbruch des "Realsozialismus", deutsche Einheit und europäische Integration, in: Europäische Rundschau, 13. Jg.(1990), Nr. 4, S. 45 ff.

Preuß, Ulrich K.: Auf der Suche nach der Zivilgesellschaft. Der Verfassungsentwurf des Runden Tisches, in: Frankfurter Allgemeine Zeitung Nr.99 vom. 28.4.1990.

Preuß, Ulrich K.: Grundgesetz-Chauvinismus oder..., in: Die Tageszeitung vom. 3.3.1990, S.2.

Preuß, Ulrich K.: Revolution, Fortschritt und Verfassung. Zu einem neuen Verfassungsverständnis, Berlin: Wagenbach 1990.

Probst, Lothar: Bürgerbewegungen, politische Kultur und Zivilgesellschaft, in: Aus Politik und Zeitgeschichte, B 19/91 vom 3. Mai 1991, S. 30 ff.

Przybylski, Peter: Tatort Politbüro. Die Akte Honecker. Berlin: Rowohlt 1991.

Pye, Lucian/Verba,Sidney (Eds.): Political Culture and Political Development, Princeton: Princeton University Press 1965.

Regierungserklärung von Bundeskanzler Willy Brandt am 2. Oktober 1969, in: Presse- und Informationsamt der Bundesregierung, Bulletin Nr. 132/1969.

Reichel, Peter (Hrsg.): Politische Kultur in Westeuropa. Bürger und Staaten in der Europäischen Gemeinschaft, Frankfurt a.M./New York: Campus 1984.

Rein, Gerhard (Hrsg.): Die Opposition in der DDR. Entwürfe für einen anderen Sozialismus, Berlin: Wichern 1989.

Ritter, Gerhard A. (Hrsg.): Arbeiterkultur, Königstein/Ts.: Anton Hain 1979.

Roggemann, Herwig: Die Verfassungsentwicklung der deutschen Staaten auf dem Wege in die gesamtdeutsche Föderation, in: Juristische Rundschau, H.7,1990,S.265 ff.

Saña, Heleno: Das Vierte Reich. Deutschlands später Sieg, Rasch und Röhrig: Hamburg 1990.

Schabowski, Günter: Das Politbüro. Ende eines Mythos. Eine Befragung, Reinbek: Rowohlt 1990.

Schelsky, Helmut: Der Mensch in der wissenschaftlichen Zivilisation, Köln/Opladen: Westdeutscher Verlag 1961.

Schmidt, Helmut: Einer unserer Brüder. Zum Besuch Erich Honeckers, in: Die Zeit Nr. 31 v. 24.7.1987, S.3.

Schmidt, Helmut: Was ist der Deutschen Vaterland? Ein endgültiger Verzicht auf die Einheit würde nur das Mißtrauen unserer Nachbarn in Ost und West verstärken, in: Die Zeit Nr.29 v. 14. Juli 1989, S.4.

Schmidt, Peter: Erster Parteitag der CDU Deutschlands in Hamburg, in: Deutschland Archiv, 22. Jg. (1990), Nr. 11, S. 1662 ff.

Schmidt, Walter: Nation und deutsche Geschichte in der bürgerlichen Ideologie der BRD, Frankfurt a.M.: Verlag Marxistische Blätter 1980.

Schumann, Michael: Sozialistische Ideologie und Politik in unserer Epoche, in: Staat und Recht, 37. Jg. (1988), Nr. 3, S. 195 ff.

Schüddekopf, Charles (Hrsg.): Wir sind das Volk! Flugschriften, Aufrufe und Texte einer deutschen Revolution, Reinbek: Rowohlt 1990.

Schütze, Walter: Frankreich angesichts der deutschen Einheit, in: Europa Archiv, 45. Jg. (1990), Nr. 4, S. 133 ff.

Seifert, Jürgen: Ein bloßer Beitritt wird der DDR nicht gerecht Verfassungsfragen der deutschen Einigung, in: Frankfurter Rundschau Nr.67 v.20.3.1990, S.16.

Simon, Helmut: "Vom deutschen Volk in freier Selbstbestimmung..." Die geeinte Nation braucht ihre Verfassung, in: Die Zeit Nr.29 v.13.7.1990, S. 8 f.

Skilling, Gordon/Griffith, Franklyn (Eds.): Pressure Groups in der Sowjetunion, Wien: Europa Verlag 1972.

Skocpol, Theda: States and Social Revolutions, New York: Cambridge University Press 1979.

Sodaro, Michael J.: Moscow, Germany, and the West from Khrushev to Gorbachev, Ithaca/London: Cornell University Press 1990.

Sommer, Theo: Quo vadis, Germania? Eine Standortbestimmung der Bundesrepublik nach dem Besuch von Bush und Gorbatschow, in: Die Zeit Nr. 26 vom 23.6.1989, S. 3.

Sozialismus und Nationen, Berlin (DDR): Dietz 1976.

Starck, Christian: Das Grundgesetz für Deutschland - Schritt für Schritt. Beitritt der DDR oder ihrer Länder - die schonende Lösung der deutschen Frage, in: Thüringer Tageblatt Nr.102 v.3.5.1990, S.4.

Stasi intern. Macht und Banalität (Hrsg. Bürgerkommitee Leipzig), Leipzig: Forum Verlag 1991.

Statut der Sozialistischen Einheitspatrei Deutschlands, Berlin (DDR): Dietz 1976.

Stojanov, Christo: Das "Immunsystem" des "real existierenden Sozialismus", in: Aus Politik und Zeitgeschichte, B 19/91 vom 3. Mai 1991, S. 36 ff.

Strauß, Franz Josef: Die moralische Substanz der Nation bleibt erhalten. Beitrag von Franz Josef Strauß beim Münchner Podium 84 "Reden über das eigene Land: Deutschland", in: Frankfurter Rundschau (Dokumentation) v. 2.1.1985, S.16.

Der Streit der Ideologien und die gemeinsame Sicherheit, in: Vorwärts Nr. 35 v. 29.8.1987, S.31 ff.

Swoboda, Jörg (Hrsg.): Die Revolution der Kerzen. Christen in der Umwälzung der DDR, Wuppertal/Kassel: Onkenverlag 1990.

Synopse zur Deutschlandpolitik 1941 - 1973 (Hrsg. Werner Weber/Werner Jahn), Göttingen: Otto Schwartz 1973.

Templin, Wolfgang: Eine bittere Lektion, in: Bündnis 2000. Forum für Demokratie, Ökologie und Menschenrechte, 1. Jg. (1990), Nr. 1, S. 7 ff.

Texte zur Deutschlandpolitik (Hrsg. Bundesministerium für innerdeutsche Beziehungen), Reihe III, Bd. 5, 1987; Bd. 6, 1988.

Thaysen, Uwe: Der Runde Tisch. Oder: Wo bleibt das Volk? Der Weg der DDR in die Demokratie, Opladen: Westdeutscher Verlag 1990.

Thies, Jochen/van Well, Günther (Hrsg.): Auf der Suche nach der Gestalt Europas. Festschrift für Wolfgang Wagner, Bonn: Verlag für internationale Politik 1990.

Ullmann, Wolfgang: Das Volk muß entscheiden. Das vereinte Deutschland braucht eine neue Verfassung, in: Die Zeit, Nr. 22 vom 24. 5. 1991, S. 5/7.

Valance, Georges: France - Allemagne. le Retour de Bismarck, Paris: Flammarion 1990.

Vertrag zwischen der Bundesrepublik Deutschland und der Deutschen Demokratischen Republik über die Herstellung der Einheit Deutschlands - Einigungsvertrag -, Presse- und Informationsamt der Bundesregierung, Bulletin Nr. 104/S. 877 v. 6.9.1990.

Weber, Max: Der Sozialismus. Rede zur allgemeinen Orientierung von österreichischen Offizieren in Wien 1918, in: ders.: Gesammelte Reden und Aufsätze zur Soziologie und Sozialpolitik, Tübingen: J.C.B. Mohr (UTB) 1988.

Weber, Max: Wirtschaft und Gesellschaft. Grundrisse der verstehenden Soziologie, 5. rev. Auflage, Tübingen: J.C.B. Mohr 1972.

Weidenfeld, Werner (Hrsg.): Die Deutschen und die Architektur des Europäischen Hauses. Materialien zu den Perspektiven Deutschlands. Köln: Verlag Wissenschaft und Politik 1991.

Weston, Charles: Die USA und der politische Wandel in Europa, in: Aus Politik und Zeitgeschichte, B 49/90 vom 30.11.1990, S. 28 ff.

Wickert, Ulrich (Hrsg.): Angst vor Deutschland?, Hamburg: Hoffmann und Campe 1990

Wilms, Dorothee: Deutschlandpolitik im Rahmen der europäischen Einigung (Rede vor dem Institut Francais des Relations Internationales am 25. Januar 1988 in Paris), in: Texte zur Deutschlandpolitik (hrsg. vom Bundesministerium für innerdeutsche Beziehungen), Reihe III/Bd.6 - 1988, Bonn 1989, S.22 ff.

Wilms, Dorothee: Probleme und Perspektiven der Deutschlandpolitik (Rede vor dem deutschlandpolitischen Forum der Friedrich-Ebert-Stiftung in Bonn am 24. Januar 1989), in: Informationen (hrgs. vom Bundesministerium für innerdeutsche Beziehungen) Nr. 3/1989, Dokumentation.

Wingen, Max: Familien im gesellschaftlichen Wandel: Herausforderungen an eine künftige Familienpolitik im geeinten Deutschland, in: Aus Politik und Zeitgeschichte, B 14-15/91 vom 29. März 1991, S. 3 ff.

Winter, Martin: Ein ostpolitisches Godesberg auf Raten. Heiner Geißler, die CDU und die Formulierung christdemokratischer Deutschlandpolitik, in: Frankfurter Rundschau v. 19.2.1988, S.3.

Wir treten aus unseren Rollen heraus. Dokumente des Aufbruchs Herbst '89, Berlin: Zentrum für Theaterdokumentation und -information, 1990.

Wörterbuch des wissenschaftlichen Kommunismus, Berlin (DDR): Dietz 1982.

Wörterbuch zum sozialistischen Staat, Berlin (DDR): Dietz 1974.

Wuttke, Carola/Musiolek, Berndt (Hrsg.): Parteien und Politische Bewegungen im letzten Jahr der DDR, Berlin: Basis Druck 1991.

Chronologie

1989

15.1. Am 70. Jahrestag der Ermordung von Rosa Luxemburg und Karl Liebknecht fordern mehrere hundert Demonstranten in Leipzig das Recht auf freie Meinungsäußerung, Versammlungs- und Redefreiheit. 80 werden verhaftet.

2.5. Ungarn kündigt den Abbau der Grenzbefestigungen zu Österreich an. Das Politbüro der SED ignoriert diese Entscheidung.

7.5. Bei den Kommunalwahlen in der DDR kommt es zu massiven Fälschungen. Erstmals wird die Auszählung der Stimmen in vielen Orten von Bürgern überwacht. 250 Menschen erheben Einspruch gegen das Ergebnis.

5.6. Das "Neue Deutschland" verteidigt das Massaker in Peking.

8.8. Die Ständige Vertretung der Bundesrepublik in Ost-Berlin wird wegen des Ansturms von Ausreisewilligen geschlossen.

14.8. Auch die Botschaft der Bundesrepublik in Budapest wird wegen Überfüllung geschlossen.

23.8. Die Botschaft in Prag schließt aus den gleichen Gründen.

24.8. Die DDR-Bürger aus der Budapester Botschaft dürfen ausreisen.

19.8. Hunderte von DDR-Bürgern nutzen ein Fest der "Paneuropa-Union" im ungarischen Sopron zur Flucht nach Österreich.

11.9. Ungarn öffnet die Grenzen. Innerhalb von drei Tagen reisen 15.000 DDR-Bürger aus.

18.9. Das "Neue Forum" beantragt vergeblich die Zulassung als politische Vereinigung.

25.9. In Leipzig demonstrieren 5000 Menschen für die Zulassung des Neuen Forums.

30.9. Bundesaußenminister Genscher teilt den Botschaftsbesetzern in Prag mit, daß sie ausreisen dürfen. In den folgenden Tagen kommen 15.000 Menschen in die Bundesrepublik.

1.10. Gründung des "Demokratischen Aufbruchs".

2.10. Die Polizei beendet gewaltsam eine Demonstration von 25.000 Menschen in Leipzig.

6.10. Pompöse Feierlichkeiten zum 40. Jahrestag der DDR. Michail Gorbatschow mahnt Reformen an. Eine oppositionelle Demonstration in Berlin wird von Polizei und Staatssicherheitsdienst niedergeknüppelt.

9.10. An einer genehmigten Großdemonstration in Leipzig nehmen 70.000 Menschen teil.

18.10. Nach 18jähriger Herrschaft wird Erich Honecker zum Rücktritt genötigt. Egon Krenz wird Generalsekretär der SED.

20.10. Die neue SED-Führung kündigt liberalisierte Reisegesetze an.

24.10. Egon Krenz wird zum Vorsitzenden des Staatsrates und des Nationalen Verteidigungsrates gewählt.

4.11. Nach wöchentlichen Demonstrationen in Leipzig mit jeweils etwa 300.000 Menschen findet in Berlin die größte Kundgebung für Demokratie und freie Wahlen mit mehr als 500.000 Menschen statt.

7.11. Die Regierung der DDR tritt geschlossen zurück.

8.11. Beginn der 10. Tagung des ZK der SED.

9.11. Am Abend gibt Politbüromitglied Günter Schabowski die Öffnung der Grenzen zur Bundesrepublik und Berlin(West) bekannt. Hunderttausende eilen spontan zur Grenze, die unter dem Druck der Massen vorzeitig geöffnet werden.

13.11. Hans Modrow wird Ministerpräsident.

14.11. Die 11. ZK-Tagung beruft auf grund des Drucks der Parteibasis einen außerordentlichen Parteitag der SED ein.

20.11. Treffen von Egon Krenz mit Kanzleramtsminister Seiters.

22.11. Das Politbüro bietet Gespräche am Runden Tisch an.

1.12. Die Volkskammer streicht den Führungsanspruch der SED aus der Verfassung.

3.12. Politbüro und ZK des SED treten zurück.

6.12. Egon Krenz tritt auch als Staatsratsvorsitzender ab. Neuer amtierender Staatsratsvorsitzender wird Manfred Gerlach, LDPD.

7.12. Erstes Treffen des Runden Tisches.

8.12. Beginn des Sonderparteitages der SED, auf dem Gregor Gysi zum Vorsitzenden gewählt wird.

11.12. Auf der 10. Montagsdemonstration in Leipzig wird der Ruf nach Wiedervereinigung laut.

15.12. Fortsetzung des Sonderparteitages der SED. Sonderparteitag der CDU der DDR, in dessen Verlauf Lothar de Maizière zum Vorsitzenden gewählt wird. Gründungsparteitag des "Demokraischen Aufbruchs". Wolfgang Schnur wird zum Vorsitzenden gewählt.

19.12. Bei ihrem ersten Treffen einigen sich Bundeskanzler Helmut Kohl und Ministerpräsident Hans Modrow auf Verhandlungen über eine deutsch-deutsche Vertragsgemeinschaft.

20.12. Präsident Mitterand beginnt den einzigen Staatsbesuch eines Staatsoberhaupts eines der drei westlichen Siegermächte in der DDR.

22.12. Das Brandenburger Tor wird geöffnet.

24.12. Aufhebung des Zwangsumtauschs und visafreier Reiseverkehr zwischen der DDR und der Bundesrepublik.

1990

1.2. Nach der Rückkehr aus Moskau legt Hans Modrow seine Vorstellungen zur Vereinigung Deutschlands unter dem Titel "Deutschland einig Vaterland" vor.

10.2. Bei einem Blitzbesuch des Bundeskanzlers und des Außenministers der Bundesrepublik sagt Präsident Gorbatschow zu, daß die Sowjetunion die Entscheidung der Deutschen, in einem Staat zu leben, akzeptieren wird.

13.2. Besuch Modrows in Bonn. Die Forderung der DDR nach finanzieller Unterstützung wird von der Bundesregierung abgelehnt und statt dessen Verhandlungen über eine Währungsunion und Wirtschaftsgemeinschaft vorgeschlagen.

18.3. Erste freie Wahlen zur Volkskammer der DDR. Sieg der konservativen "Allianz für Deutschland".

12.4. Die DDR-Volkskammer wählt Lothar de Maizière zum Ministerpräsidenten einer großen Koalition.

27.4. Beginn der offiziellen Gespräche über eine Währungs- und Wirtschaftsunion.

5.5. In Bonn beginnen die Zwei-plus-Vier-Gespräche der Außenminister beider deutscher Staaten, der USA, UdSSR, Großbritanniens und Frankreichs.

18.5. Unterzeichnung des ersten Staatsvertrages zwischen der Bundesrepublik und der DDR.

17.6. Die DSU beantragt in der Volkskammer den sofortigen Beitritt der DDR zur Bundesrepublik.

21.6. Der Staatsvertrag über die Währungs-, Wirtschafts- und Sozialunion sowie eine Entschließung über die endgültige Anerkennung der polnischen Westgrenze werden vom Bundestag, dem Bundesrat und der Volkskammer verabschiedet.

1.7. Inkrafttreten der Währungs-, Wirtschafts- und Sozialunion. Einführung der D-Mark in der DDR.

6.7. Beginn der Verhandlungen über den 2. Staatsvertrag ("Einigungsvertrag").

16.7. Nach Gesprächen in Moskau verkünden Bundeskanzler Kohl und Präsident Gorbatschow der Durchbruch in der bislang offenen Bündnisfrage: Das vereinigte Deutschland soll noch 1990 die volle Souveränität erhalten und über seine Bündniszugehörigkeit selbst entscheiden.

8.8. Die Volkkammer der DDR bittet die Bundesregierung, den Weg für eine frühe gesamtdeutsche Wahl zum 14. Oktober mit gleichzeitigem Beitritt der DDR freizumachen.

19.8. Bruch der großen Koalition in der DDR.

23.8. Die DDR-Volkskammer beschließt in einer historischen Sondersitzung den Beitritt der DDR zur Bundesrepublik zum 3. Oktober. Der Bundestag billigt das mit der DDR ausgehandelte Wahlgesetz.

31.8. In Ost-Berlin wird der Einigungsvertrag unterschrieben, der den Beitritt der DDR detailliert regelt.

12.9. In Moskau wird der Souveränitätsvetrag von den Außenministern der vier Siegermächte und der beiden deutschen Staaten unterzeichnet.

13.9. Der deutsch-sowjetische Vertrag wird in Moskau paraphiert. Über den Abzug sowjetischer Truppen aus der DDR bis 1994 wird Einigkeit erzielt.

18.9. Gemeinsame Erklärung über die zukünftige Zusammenarbeit Deutschlands und Frankreichs.

20.9. Bundestag und Volkskammer stimmen dem Einigungsvertrag zu.

21.9. Der Bundesrat billigt den Einigungsvertrag.

3.10. Die deutsche Einheit ist vollzogen.

Aus dem Programm
Politikwissenschaft

Uwe Thaysen

**Der Runde Tisch. Oder:
Wo blieb das Volk?**

Der Weg der DDR in die
Demokratie.

1990. 215 S. Kart.
ISBN 3-531-12228-2

Gezeigt wird, wie sich die Bewegungen in der DDR aus dem Widerstand konspirativ zu einer „Kontaktgruppe" am Runden Tisch zusammenfanden, um dort die SED und den Stasi niederzuringen; wie sich der Runde Tisch von einem Veto-Organ zur Steuerungsinstanz des alten Regimes entwickelte, wie es Modrow gelang, die Oppositionellen in seine Regierung einzubinden. Dokumentiert wird der Kampf um die politische Macht, der in die Wahl am 18. März 1990 mündete. Repräsentierte der Runde Tisch das Volk oder eilte das Volk dem Runden Tisch davon? Welche Rolle spielten die DDR-Flüchtlinge, die Demonstranten, die Kirchen, Hans Modrow? Hat es in der DDR wirklich eine „Revolution" gegeben?

Dirk Käsler u. a.

Der politische Skandal

Zur symbolischen und dramaturgischen Qualität von Politik.

1991. 328 S. Mit Zeichnungen von Ernst Maria Lang. Kart.
ISBN 3-531-12286-X

Dieses Buch über politische Skandale will den Blick schärfen für die normativen und symbolischen Qualitäten von Politik. Mit Hilfe der Metapher von der „Politik als Theater" werden ausgewählte politische Skandale als Beispiele für die Tendenzen der immer perfekter inszenierten Dramatisierung und Personalisierung von Politik präsentiert. Die sieben Skandal-Stücke zeigen auf, wie auf unterschiedlich dekorierten Bühnen, an verschiedenen Orten und zu unterschiedlichen Zeiten, in diversen Rollen und Inszenierungen bis in unsere Tage Skandale ablaufen – nicht selten zur vergnügten Belustigung des allgemeinen Publikums. Das abschließende Kapitel über dramatisch inszenierte Theater-Skandale stellt die ironische Spiegelung der Theater-Metapher auf das Theater selbst dar.

Rudolf A. Mark

**Die Völker
der Sowjetunion**

Ein Lexikon.

1989. 220 S. Kart.
ISBN 3-531-12075-1

Dieses praktische Nachschlagewerk informiert in Stichwortartikeln über Herkunft, Anzahl, Siedlungsgebiet, Wirtschaft, Kultur, Sprache und Religion von mehr als 140 verschiedenen Nationalitäten der heutigen Sowjetunion. Die Einführung bietet einen Abriß über die Geschichte und die Nationalitätenpolitik der UdSSR. Im Anhang erhält der Leser Auskunft über nationale Zusammensetzung, Größe und Besonderheiten der einzelnen Sowjetrepubliken sowie über die territoriale und Verwaltungsgliederung. Karten, das russische Alphabet, ein Glossar und ein Literaturverzeichnis vervollständigen den Band.

**WESTDEUTSCHER
VERLAG**

OPLADEN · WIESBADEN

Aus dem Programm
Politikwissenschaft

Gert-Joachim Glaeßner

Sozialistische Systeme

Einführung in die Kommunismus- und DDR-Forschung

1982. 315 S. (Studienbücher zur Sozialwissenschaft, Bd. 44) Pb.
ISBN 3-531-21546-9

Das Buch macht den Leser mit den wesentlichen Ansätzen und Konzepten der Kommunismus- und DDR-Forschung vertraut, stellt die Forschung über die sozialistischen Systeme in ihrem historischen und politisch-gesellschaftlichen Kontext dar und präsentiert einen eigenen Ansatz des Verfassers für eine politische Soziologie der Länder des „realen Sozialismus", der aus der Kritik bisheriger Konzeptbildungen entstanden ist.

Christiane Lemke

Die Ursachen des Umbruchs 1989

Politische Sozialisation in der ehemaligen DDR.

1991. 297 S. (Schriften des Zentralinstituts für sozialwissenschaftliche Forschung der FU Berlin, Bd. 62) Kart.
ISBN 3-531-12232-0

Durch den dramatischen Zusammenbruch des Staatssozialismus in der DDR 1989/90 wurde schlagartig eine der zentralen Schwächen dieses Herrschaftssystems bloßgelegt. Auch nach über 40 Jahren war es nicht gelungen, „sozialistische" Werte und Normen in der Bevölkerung zu verankern; die umfassende politisch-ideologische Erziehung hatte zweifellos versagt. Dieses Buch geht der Frage auf den Grund, wie es möglich war, daß sich das Herrschaftssystem angesichts der schwachen Fundierung überhaupt so lange halten konnte und was schließlich den Bruch mit den Herrschenden herbeigeführt hat. Es argumen-

tiert, daß eine der wesentlichen Ursachen für den schließlich erfolgten Bruch im systemtypischen Prozeß der politischen Sozialisation zu sehen ist.

Irma Hanke

**Alltag und Politik.
Zur politischen Kultur einer unpolitischen Gesellschaft**

Eine Untersuchung zur erzählenden Gegenwartsliteratur der DDR in den 70er Jahren.

1987. 402 S. (Studien zur Sozialwissenschaft, Bd. 61) Kart.
ISBN 3-531-11810-2

Politische Kultur zeigt sich im Alltagsleben. Da die Literatur der DDR sich ausführlich mit der Darstellung von Alltagsverhalten und Alltagskonflikten befaßt, hat die Verfasserin den literarischen Prozeß und die Funktion der Literatur in der DDR als Ersatzöffentlichkeit eingehend untersucht. Themenwahl, räumliche und zeitliche Dimensionen politischer Sozialisation und politischen Verhaltens wurden dabei für ein breites Feld der Literatur des letzten Jahrzehnts systematische ausgewertet.

WESTDEUTSCHER
VERLAG
OPLADEN · WIESBADEN